Jana Sobieskiego
nauki i peregrynacje

POLSKA AKADEMIA NAUK
INSTYTUT HISTORII NAUKI, OŚWIATY I TECHNIKI

KAROLINA TARGOSZ

Jana Sobieskiego nauki i peregrynacje

WROCŁAW · WARSZAWA · KRAKÓW · GDAŃSK · ŁÓDŹ
ZAKŁAD NARODOWY IMIENIA OSSOLIŃSKICH
WYDAWNICTWO POLSKIEJ AKADEMII NAUK
1985

Okładkę projektował
Stanisław Skiba

Redaktor Wydawnictwa
Jan Forkiewicz

Redaktor techniczny
Jan Szyngwelski

Korektor
Ewa Krawczuk

ISBN 83-04-01833-0

ZAKŁAD NARODOWY IM. OSSOLIŃSKICH — WYDAWNICTWO, WROCŁAW 1985
ODDZIAŁ W GDAŃSKU
Nakład: 5000 egz. Ark. wyd. 15,50. Ark. druk. 14,00. Papier druk. sat. III kl. 80 g Bl.
Oddano do składania w lutym 1984 r. Podpisano do druku i druk ukończono w lipcu 1985 r.
Zam. 1650   E-5   Cena zł 230.-
Zakłady Graficzne w Gdańsku, ul. Trzy Lipy 3

WSTĘP

Jan III Sobieski, z marszałka i hetmana wyniesiony na tron Rzeczypospolitej król-Piast, wielki i zwycięski wódz, ceniony był współcześnie również jako człowiek szerokiego umysłu, zainteresowany różnymi dziedzinami wiedzy mecenas. Takie opinie o nim, przez potomnych powtarzane najczęściej już tylko z gołosłownym panegiryzmem, czekają ciągle na właściwe udokumentowanie i wprowadzenie do literatury naukowej[1]. Będzie to możliwe dopiero po pełniejszym prześledzeniu kształtowania się osobowości przyszłego monarchy.

Rozpoczynam je od okresu dzieciństwa spędzonego na Rusi, po którym nastąpiły lata nauki i studiów w Krakowie. Pięcioletni okres życia Jana, związany ze Szkołami Nowodworskimi i Akademią Krakowską, jest jedynym dotąd dobrze poznanym zagadnieniem. Przedstawia je studium Henryka Barycza, tym cenniejsze, że wyzyskane przez autora źródła rękopiśmienne częściowo przepadły w czasie II wojny światowej na zawsze[2]. Okres ten włączam do niniejszego opracowania jako podstawowe ogniwo w całości procesu wychowawczo-kształceniowego przyszłego króla, odsyłając Czytelnika do wyczerpującej i nadal aktualnej książki Barycza, w odniesieniu do szeregu zagadnień szczegółowych. Dla całości obrazu nieodzownym było również ponowne sięgnięcie do pierwszej instrukcji wychowawczej ojca Jana Sobieskiego, Jakuba, opraco-

---

[1] Panegirycznym ocenom tej strony działalności Sobieskiego w dawniejszej literaturze przeciwstawił się ostro T. Boy-Żeleński w swej kontrowersyjnej książce *Marysieńka Sobieska*, Warszawa 1974 (wyd. 7), s. 276—285. Ze względu na jej siłę oddziaływania i nieustającą poczytność uznałam za celowe wypunktować poniżej te sformułowania Boya, które w świetle dzisiejszej wiedzy o kulturze XVII w. nie dadzą się utrzymać. Ogólne jego stanowisko spotkało się od razu z odporem ze strony M. Brahmera, *Z dziejów włosko-polskich stosunków kulturalnych*, Warszawa 1939, s. 96—99 (świeże wznowienie tej książki nosi tytuł *Powinowactwa polsko-włoskie*, Warszawa 1980, s. 116—118). Ostatnio wysoką ocenę króla dał w szkicu o szerszym zakresie tematycznym W. Fijałkowski (*Jan III Sobieski i jego mecenat kulturalny*, Studia Wilanowskie I, Warszawa 1977, s. 7—46). Przedstawienie sylwety intelektualnej i mecenatu naukowego Sobieskiego pozostaje tematem dotąd nie opracowanym. Postulował je zresztą sam Boy, op. cit., s. 280——281).

[2] H. Barycz, *Lata szkolne Marka i Jana Sobieskich w Krakowie*, Kraków 1939, Biblioteka Krakowska nr 98.

wanej jeszcze wcześniej przez Antoniego Danysza, którego oceny wymagają już pewnych korektur[3].

Zasadniczym przedmiotem mych rozważań jest dalszy etap młodzieńczego kształcenia Jana — studia i wędrówka zagraniczna, które nigdy dotąd nie stały się przedmiotem szerszej analizy[4]. Do podstawowych, znanych faktów odwołują się wprawdzie wszyscy kolejni biografowie króla, często sięgają do nich historycy kultury, zwłaszcza badacze myśli pedagogicznej. Zachowane źródła, mimo że dawno wydane drukiem, kryją jednak nie w pełni wykorzystany, cenny materiał informacyjny. Zaznaczmy zaś od razu, że otrzymane w młodości wykształcenie nie mogło pozostać bez wpływu na główną domenę działalności i sukcesów przyszłego zwycięzcy spod Chocimia i Wiednia — militarną, i tym więcej zasługuje na wydanie wyważonej i uzasadnionej oceny.

Zarówno okres lat szkolnych w kraju, jak i studiów za granicą, łączy Jana Sobieskiego z jego starszym bratem Markiem. W okresie krakowskim Marek dystansował Jana, co wyraźnie wychodzi na jaw z wypracowań szkolnych i mów okolicznościowych. Trudno zawyrokować, czy decydowały o tym większe uzdolnienia starszego z braci, czy też nieobojętna w ich wieku różnica ponad roku, przy jednakowym trybie nauczania. Z okresu następnego nie posiadamy danych, które pozwoliłyby uchwycić utrzymywanie się takiego stanu rzeczy· Być może zniwelowało go samo dorastanie Jana. Marek, jakkolwiek dobrze mógł się zapowiadać, zakończył życie przedwcześnie i tragicznie w wieku dwudziestu czterech lat, ścięty po bitwie pod Batohem w 1652 r. Efekty długiej edukacji oraz obycia w szerokim świecie zaowocować mogły jedynie w młodszym Janie na tak odpowiedzialnych polach działania, jakie stworzyły mu osiągnięte godności, z koroną królewską włącznie. Toteż mimo wymieniania obu braci, z Markiem na pierwszym miejscu z racji starszeństwa, bohaterem niniejszej książki jest oczywiście Jan.

Niech mi będzie wolno podziękować za szereg cennych uwag i uzupełnień Panom Profesorom dr. dr. Henrykowi Baryczowi i Michałowi Komaszyńskiemu oraz za pomoc w zgromadzeniu materiału ilustracyjnego Paniom Prof. dr Antonie M. Luyendijk-Elshout i dr Magdalenie Piwockiej. Osobne podziękowanie kieruję do Dyrekcji mego macierzystego Instytutu Historii Nauki, Oświaty i Techniki PAN za specjalne poparcie druku książki, aby z racji obchodów 300 rocznicy odsieczy wiedeńskiej mogła się ona ukazać możliwie szybko. Zainteresowanie, jakie na pewno

---

[3] A. D a n y s z, *Instrukcja wychowawcza Jakuba Sobieskiego,* Poznań 1899 oraz przedruk w t e g o ż: *Studia z dziejów wychowania w Polsce,* Kraków 1921, s. 210—231.

[4] Najwięcej powiedział na ten temat w książeczce sprzed stu lat, nie pozbawionej wartości, ale dziś już nie wystarczającej, a do tego prawie zupełnie zapomnianej, J. B a c z y ń s k i (*Jan Sobieski do dwudziestego roku życia,* Kijów 1884).

6

rozbudzą one wokół osoby Jana III, sprawia, że publikacja niniejsza dotycząca jego młodości i podróży, tematyki barwnej ze swej natury, adresowana jest do szerszego kręgu czytelników.

Kraków, lipiec 1983 r.

INTRODUCTION

Jan III Sobieski, from a marshal and hetman, was raised
by election, to the throne of Poland a great and victorious commander,
he was also held in esteem by his contemporaries as a man of great
intellect, a Maecenas interested in various fields of learning. Such
opinions, repeated by later generations most frequently only as unfounded
panegyrics, still await proper documentary evidence and introduction
to scientific literature. This will only be possible after a more comprehensive study of the shaping of the future monarch's personality.

I shall commence from his childhood spent in Ruthenia, this being
followed by his years of learning and studies in Cracow. The five-year
period in Jan's life linked with the Nowodworski Schools and the
Cracow Academy, is the only question which has been well studied so
far. This is presented in Henryk Barycz's study which is the more
valuable in that the manuscript source material used by the author was
partially lost during the II World War. This period has been included
in the present paper as a basic link in the whole educational process
of the future king, referring the Reader to the comprehensive and still
topical book by Barycz, in respect of several detailed questions. To give
a fuller picture it was also necessary to refer once more to the first
educational instructions by Jakub, Jan Sobieski's father, elaborated
earlier by Antoni Danysz, whose appraisals now require certain corre-
ctions.

The basic subject of my considerations is the further stage of Jan's
education in his youth — studies and travel abroad, which have never
hitherto been the subject of more detailed analysis. Admittedly, all
the successive biographers refer to the basic, known facts. From these,
historians of culture, often borrow information in particular researchers
of educational theories. The surviving sources, despite the fact that
they were published many years ago, hide valuable material which has
not been utilized in full. It must first be pointed out that the military
education received in his youth could not but influence the main sphere
of activities and successes of the future victor of Chocim and Vienna
and thus deserves a balanced and justified appraisal.

Jan Sobieski's school years in Poland and studies obroad were spent with his older brother, Marek. During the Cracow period, Marek outdistanced Jan, which is clearly visible in school compositions and occasional speeches. It is difficult to decide whether this was due to the older brother's greater aptitude or the one-year's difference in age which is not indifferent, despite the similar course of studies. No details are available which would enable us to observe the maintaining of such a state of affairs during the following period. It may have been that Jan's adolescence evened things out. Marek, although he might have been promising, ended his life prematurely and tragically, at the age of twenty four, beheaded after the battle of Batoh in 1652. The effects of the extended education and familiarity with worldly affairs could only bear fruit in the younger Jan, in such responsible fields of activity afforded by the ranks attained, including the royal crown. Thus although both brothers are mentioned, with Marek in first place in view of his seniority, the hero of the present book is, of course, Jan.

I wish to express my thanks to Professors Henryk Barycz nad Michał Komaszyński for their valuable comments and supplementary material, also Professor Antonie M. Luyendijk-Elshout and Dr. Magdalena Piwocka for their kind assistance in collecting the illustrations. I would like to offer special thanks to the Heads of my parent Institute of the History of Science, Education and Technology of the Polish Academy of Sciences for their backing of the publication of the book, in order that on the occasion of the 300th anniversary of the relief of Vienna, it might be published earlier. The interest which the celebrations will attract around the person of Jan III means that the publication concerning his youth and travels, a subject colourful by it very nature, is addressed to a wider circle of Readers.

Cracow, July, 1983.

AVANT-PROPOS

       Jean III Sobieski, maréchal et hetman élevé ensuite trône de Pologne, grand chef victorieux, était également glorifié par ses contemporains en tant qu'esprit large et mécène s'intéressant aux différents domaines du savoir. De telles opinions sur lui, rabâchées par la postérité en des termes dithyrambiques, attendent toujours leur documentation et leur introduction dans la le plus souvent dénuées de fondament, littérature savante. Ceci ne sera possible qu'après un examen plus complet de la formation de la personalité du futur souverain.

    Cet examen, je le commence par l'enfance, vécue en Ruthénie, suivie des années d'apprentissage et d'études à Cracovie. La seule période dans la jeunesse de Jean éclucidée jusqu'a présent est celle de cinq ans, liée aux Ecoles de Nowodworski et à l'Académie de Cracovie. Elle est décrite dans l'étude de Henryk Barycz, d'autant plus précieuse que les sources manuscrites traitées par l'auteur périrent en partie au cours de la deuxiéme guere mondiale. J'inclus dans le présent ouvrage cette période, que je considère comme le principal maillon dans l'ensemble du processus éducatif et formateur du futur monarque, tout en renvoyant le lecteur au livre exhaustif et toujours valide de Barycz pour ce qui concerne de nombreux problèmes de détail. Pour compléter le tableau, il a été aussi indispensable de s'en référer à première instruction éducative du père de Jean Sobieski, Jacques, analysée auparavant par Antoine Danysz, dont les jugements nécessitaient certaines corrections.

    L'objet de mes réflexions est principalement l'étape suivante de la formation juvénile de Jean: les études et la pérégrination à l'étranger, auxquelles, jusqu'a présent, aucune analyse plus approfondie n'a été consacrée, même si tous les biographes successifs s'en rapportent aux données de base connues, où puisent aussi les historiens de la culture et, en premier lieu, ceux qui étudient la pensée pédagogique. Les sources sauvegardées, bien que publiées il y a longtemps, recèlent un matériel riche en informations qui n'a pas encore été mis en valeur. Soulignons aussitôt que l'éducation reçue dans la jeunesse n'avait pu rester sans influences le champ principal de l'activité et des succès du futur vainqueur de Khotime et de Vienne, à savoir le domaine militaire, et qu'à ce titre elle mérite une appréciation d'autant plus pondérée et justifiée.

La période scolaire au pays d'origine aussi bien que les années d'études à'étranger lient Jean à son frère aîné Marc. Celui-ci prévalait contre son cadet dans l'époque cracovienne, ce qui apparaît au grand jour lorsque l'on compare leurs compositions de classe et leurs discours de circonstance. Il est difficile de juger si la raison en étaient les capacités plus grandes du frère aîné ou la différence de plus d'un an, non négligeable à leur âge, compte tenu du même mode d'enseignement. Pour la période suivante, nous manquons de données qui nous permettraient de saisir la constitution de cet état de choses. L'écart a été peut--être nivelé par l'épanouissement même de Jean. Marc, quelque promettant qu'il fût, perdit la vie prématurément et d'une façon tragique, à l'âge de 24 ans, décapité après la bataille de Batoh en 1652. Les effets d'une éducation prolongée et d'un entragent acquis dans le vaste monde n'ont pu fructifier qu'en la personne du frère cadet dans les domaines d'activités et de responsabilités ouverts par les dignités qui lui furent conférées, y compris la couronne royale. Par consequent, bien que Marc soit cité en premier lieu en raison de sa primogéniture, c'est son frère qui est évidemment le héros du présent ouvrage.

Qu'il me soit permis de remercier MM. les Professeurs Henryk Barycz et Michał Komaszyński de leurs précieux apports et observations, ainsi que Mmes le Professeur Antonie Luyendijk-Elshout et le Docteur Magdalena Piwocka qui m'ont aidée à rassembler les illustrations du volume. J'adresse un remerciement particulier à la Direction de mon Institut d'attache, celui de l'Histoire des Sciences, de l'Enseignement et de la Technique de l'Académie polonaise des Sciences (PAN) du soutien qu'elle a apporté à la publication du livre afin que celui-ci puisse paraître au plus tôt en raison du tricentenaire de la campagne au secours de Vienne. Prenant en considération l'intérêt envers la personne de Jean III qu'éveillera à coup sûr la commémoration de cet événement, la plésente publication, portant sur la jeunesse et les voyages du futur roi, sujet haut en couleurs par nature, est adressée à un vaste cercle des lecteurs.

Cracovie, juillet 1983.

I. DZIECIŃSTWO I NAUKI KRAJOWE

1. DOMY W OLESKU, ZŁOCZOWIE I ŻÓŁKWI

„Roku 1627 dnia 16 maja jam szła za mąż" — zapisała Teofila z Daniłowiczów fakt swego ślubu. Mając lat dwadzieścia wyszła za starszego od siebie o lat siedemnaście Jakuba Sobieskiego. Pod tą notatką zamieszczała do 1641 r. siedem kolejnych wpisów „jako się moje dzieci rodzili". Układają się one w krótką, ale niezwykłą, spisaną ręką niewieścią kroniczkę rodzinną[1].

„Urodził mi się syn Jan — czytamy w drugim z tych wpisów — roku 1629, dnia 17 sirpnia, między godziną czternastą a piętnastą, w piątek, ostatniego dnia miesiąca [tzn. miesiąca księżycowego — K.T.], a nazajutrz nów nastał, w Olesku".

O miejscu i okolicznościach swych narodzin wspominać będzie po latach również i sam Jan III w listach do Marysieńki i przede wszystkim w wywodzie swych przodków, napisanym na życzenie nuncjusza. Są to znów niezwykłe w swoim rodzaju zabytki pisarskie, jakie wyszły spod pióra polskiego monarchy.

Z wywodu przodków wybierzmy jednak najpierw to, co Jan dopowiedział do matczynego registru o losach swego rodzeństwa[2]. Notatkę Teofili o przyjściu na świat Jana poprzedzała wcześniejsza: „Urodził mi się syn Marek, roku 1628, dnia 24 maja, o godzinie 22, we środę, w siedm dni po pełni, przed ostatnią kwadrą na trzy dni, we Złoczowie". Jan, opisując dokonania i przedwczesną śmierć starszego brata, podkreśli, że Marek pozostał zawsze dla matki „najukochańszy z dzieci, jako primogenitus".

Pięć następnych wpisów jest równie dokładnych co do daty, godziny, dnia tygodnia, fazy księżyca — danych, które niezawodnie służyć miały stawianiu astrologicznych przepowiedni nowo narodzonym.

Na świat przyszły kolejno trzy córki: Zofia w 1630 r., Katarzyna

---

[1] Kroniczka ta znajduje się w rkps. 384 Bibl. Kórnickiej. Tekst zob. *Pisma do wieku i spraw Jana Sobieskiego*, wyd. F. K l u c z y c k i, Kraków 1880, t. I, cz. I, s. 10; reprodukcję fotograficzną zamieścił A. S a j k o w s k i (*Nad staropolskimi pamiętnikami*, Poznań 1964, s. 30).

[2] *Pisma do wieku... Jana Sobieskiego*, t. I, cz. I, s. 1—9

w 1634 r., Anna w 1636 r. Tylko Katarzyna jako księżna Ostrogska-Zasławska, a potem hetmanowa Radziwiłłowa, doczeka wraz z królem późnego wieku. Zofia zmarła w dzieciństwie, Anna jako dziewiętnastoletnia benedyktynka w lwowskim klasztorze. Po córkach porodziła Teofila jeszcze w latach 1638 i 1641 dwóch Stasiów (Stanisława i Michała, jak ich rozróżnia brat-król), określonych przez matkę zdrobniale, obydwaj bowiem pomarli wkrótce po urodzeniu.

Jan jako jedyne z dzieci ujrzał światło dzienne w Olesku. Nie była to rezydencja jego rodziców[3]. Teofila odbywała ten poród u swej matki, Zofii z Żółkiewskich Janowej Daniłowiczowej, w zamku należącym wówczas do jej syna, Stanisława Daniłowicza. „Jam się urodził w domu jego i matki jego, a babki mojej [...]" — pisał sam król w wywodzie przodków, dalej zaś dodawał: „Urodziłem się w Olesku, zamku na wysokiej górze, mila od Białego Kamienia, gdzie się też król Michał rodził. Podczas urodzenia mego biły pioruny barzo, tak że aż krawiec matki mojej od tego ogłuchł i był głuchym do samej śmierci. Tatarowie też podpadli w tenże właśnie czas pod zamek, których zaś ów sławny gromił Chmielecki [mowa tu o sławnym wówczas zagończyku Stefanie Chmieleckim — K.T.)".

Jan III nie byłby człowiekiem epoki baroku, by nie wyławiać z faktów i zjawisk otaczającej go rzeczywistości wszelkiego autoramentu zbieżności, opozycji, omenów i dziwności, do czego okoliczności własnych narodzin dostarczały mu wdzięcznego materiału. Michał Korybut Wiśniowiecki przyszedł na świat jedenaście lat później, a wcześniej zasiadł na tronie jako pierwszy król-Piast, niefortunnego jednak i niedługiego panowania. Towarzysząca urodzinom Jana burzliwa aura i wojenna zawierucha jakby zapowiadały burzliwość i wojowniczość całego jego żywota. Późniejsze czasy dorzuciły jeszcze podanie o stole (przechowywanym potem w zamku w Podhorcach), którego marmurowy blat pękł w momencie, gdy położono na nim nowo narodzone dziecię[4].

Samo miejsce urodzenia przyszłego króla było dziwem natury i architektury, różnym od okolicznych rezydencji. Oleski zamek, zbudowany na miejscu jednego z najstarszych na Rusi Czerwonej grodów, wznosił się na izolowanej górze, wyrastającej sponad ogromnego bagna. Francuz Franciszek Paulin Dalerac, znający dobrze Olesko, pisał pod koniec XVII w., że było to największe bagno w Rzeczypospolitej i że góra sprawiała wrażenie sztucznie usypanego kopca-mogiły antycznego pochodzenia. Zamek przyrównywał do gołębnika, strażnicy lub wartowni. Niewygody, jakie sprawiało mieszkanie w nim, określał zaś z humorem jako sytuację św. Szymona Słupnika[5].

---

[3] Jak wykazał w przeciwieństwie do poprzednio panujących opinii A. Czołowski (*Jan III i zamek w Olesku*, Lwów 1935).

[4] J. Baczyński, *op. cit.*, s. 3, 30—31.

[5] F. P. Dalerac, *Les anecdotes de Pologne ou mémoires secrets du règne*

Zamek, ukończony przez Jana Daniłowicza, wojewodę ruskiego, w ostatnim roku XVI w., tworzył nieregularny kompleks pomieszczeń wokół ciasnego dziedzińca, wpisany w owal, jaki zakreślało wzniesienie u szczytu. Droga do wjazdowej wieży pięła się bokiem po grobli, podbudowanej pięcioma arkadami. Przy wieży na piętrze znajdowała się komnata z alkową, w której najpewniej wśród huku piorunów i zagrożenia tatarskiego Teofila powiła syna. Gdy Jan powrócił tu po latach, ze wzruszeniem datował 21 kwietnia 1682 r. list do Marysieńki „w oleskim zamku z tego miejsca i pokoju, gdziem się urodził". Wyznawał wówczas, że przywiodła go tu przemożna chęć, „aby się temu przypatrzeć miejscu, którego ledwiem już co pamiętał"[6].

Z Oleskiem związało się nie tylko urodzenie Jana, ale i najpewniej pierwsze lata jego życia. Wszystko to nie było przypadkowe. Pani Sobieska miała pierworodnego i ukochanego Marka, prawdopodobnie więc w rodzinie zdecydowano już zawczasu, że Jan będzie się wychowywał pod opieką babki Daniłowiczowej. Jej kobiece wychowanie doprowadzić go miało prawie do zwyczajowego progu przejścia pod kuratelę męską. „U której-em się chował — pisze król — aż do śmierci Jej". Uczuciowy związek, jaki wytworzyć się musiał między nim i babką, zastępującą mu matkę w najwcześniejszych latach życia, zdaje się stanowić rozwiązanie zagadki stosunku Teofili i Jana, tak intrygującej biografów króla. Dalerac posunął się aż do stwierdzenia, że Teofila w równym stopniu kochała starszego z synów, co nienawidziła młodszego[7]. Nieszczęśliwa matka, załamana później śmiercią pierworodnego, pociechy z wyniesienia na tron Jana nie miała doczekać.

Przeciwstawianie charakteru obydwóch braci — rzekomo spokojnego Marka i żywego Janka, jest sprawą późniejszych domysłów[8], nie znajduje bowiem żadnego oparcia we współczesnych źródłach. To jednak jest prawdopodobne, że mały Jan był od początku „humorowatym kawalerem", jak nazywał sam swego syna Jakuba. Nosił też zapewne takie ubranka, w jakich życzył sobie widzieć własne dziecko — „kiereczkę", „tuzłuczek" i „krymeczkę", do której „ogonki umyślnie przyszyto, żeby je sam sobie pourywał". Od Marysieńki wymagał też, aby ich syna chowano tak, jak jego, ustawicznie nosząc po dworze, a więc hartując i przyzwyczajając do otwartego powietrza[9].

Poznawanie otaczającego świata przeżywał Jaś w Olesku, a zacho-

de Jean Sobieski III du nom, Amsterdam 1699, t. II, s. 288—291; A. C z o ł o w s k i, op. cit., s. 18—20.

[6] Jan S o b i e s k i, Listy do Marysieńki, oprac. L. K u k u l s k i, Warszawa 1970, s. 492.

[7] F. P. D a l e r a c, op. cit., s. 230—231; T. Ż e l e ń s k i, op. cit., s. 42—43.

[8] G. F. C o y e r, Histoire de Jean Sobieski, roi de Pologne, Paris 1761, t. I, s. 165—166; J. B a c z y ń s k i, op. cit., s. 5.

[9] Jan S o b i e s k i, Listy..., s. 257, 267, 288.

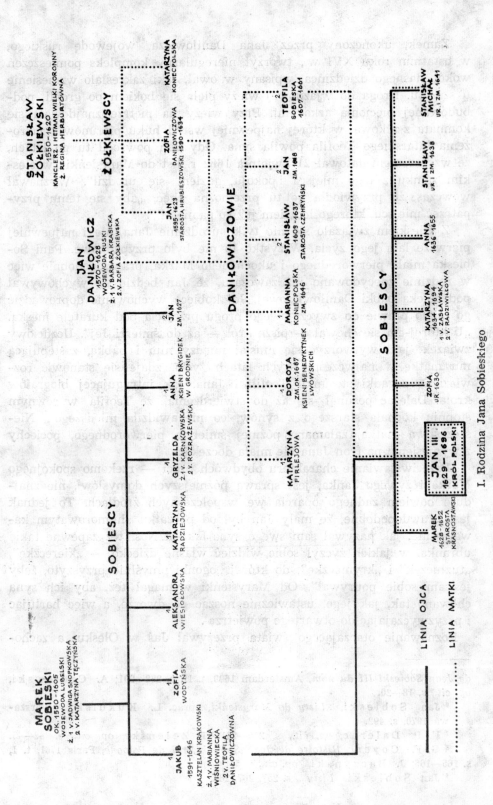

I. Rodzina Jana Sobieskiego

wany opis inwentaryzacyjny zamku z 1664 r.[10] swą prostotą oddaje nam to, co było przedmiotem dziecinnego rozglądania się wokół, sięgającego od ciemnych piwnic i lochów aż po strychy. Pokój z alkową, prawdopodobnie miejsce urodzenia Jana, usytuowany był nad „kuchnią murowaną wielką, kamieńmi ciosowymi wybrukowaną", „z kominem wielkim murowanym na prętach żelaznych i hakach"· Jeszcze kondygnację niżej mieściła się spiżarnia i piekarnia. Na lewo od bramy wjazdowej, w jednym z pomieszczeń kryła się głęboka, niebezpieczna studnia. Najokazalszą z komnat musiała być „izba wielka stołowa, malowana od wierzchu królewskimi osobami [...], z piecem białym kaflowym tureckiej roboty, starym". I inne izby były „od wierzchu malowane do koła", miały czerwone powały, białe piece lub pobielane kominki, trofea myśliwskie rozwieszone na ścianach. Sklepiona kaplica odznaczała się „rzezaniem barzo pięknem z wierzchem złocistem".

Kilkuletniego chłopca pociągać już mógł „cekhaus w zamku murowany z dwoma oknami okrągłemi". Były tu dwa działa „mierne spiżowe", „hakownic starych nieoprawnych dwanaście, a w łożach oprawnych sześć". W bramie stało jeszcze „działo na kołach okowane, wielkie, w starym łożu". Wzmianki o starości tych egzemplarzy zamkowej broni świadczą, że znajdowały się one tam już w latach dzieciństwa przyszłego wielkiego wojownika.

O tym, jak drogie mu były wspomnienia wyniesione z Oleska, świadczy fakt, że gdy przybył tu pod koniec życia, zapragnął za wszelką cenę odzyskać ową „dziadowiznę", czyli posiadłość dziadka macierzystego, Jana Daniłowicza (zmarłego w rok przed jego urodzeniem, pochowanego w miejscowym kościele). Po nim to wszak nosił imię Jana, podczas gdy jego starszy brat otrzymał imię dziadka ojczystego, Marka. Spłata siedemnastu wierzycieli ówczesnego dziedzica Oleska, potomka przyrodniej siostry Teofili, doprowadziła szczęśliwie na początku 1683 r. do nabycia dóbr oleskich przez Marię Kazimierę. Renowowano wówczas zamek i mimo jego niewygodnego usytuowania i przykrych doznań z owych późnych lat — pożaru miasta, zawalenia się podjazdu pod królewską karocą — Jan III będzie tu powracał wraz z rodziną prawie co rok i to w sierpniu lub wrześniu, właśnie w okresie bliskim swym urodzinom.

Rodzinne ziemie ruskie z ich malowniczym pejzażem i bogatym folklorem pozostaną w ogóle dla króla „najweselszymi", najbardziej ulubionymi.

Wraz z babką mógł mały Jan bywać również i w Żółkwi, założonej przez jej wielkiego ojca, Stanisława Żółkiewskiego, która wówczas należała już do Daniłowiczów i w której Zofia kontynuowała ożywioną działalność swoich rodziców[11].

---

[10] A. C z o ł o w s k i, *Dawne zamki i twierdze na Rusi Halickiej*, Lwów 1892, s. 30—33.

[11] S. B a r ą c z, *Pamiątki miasta Żółkwi*, Lwów 1877, s. 58 i nast.

Zamek żółkiewski, zbudowany przez hetmana Żółkiewskiego w czworobok z wieżami na narożach, usytuowany był wraz z założonym przez niego miastem na płaskim terenie i otoczony wspólnym systemem fortyfikacji. Nad bramą wjazdową widniał herb Lubicz oraz tablica upamiętniająca właściciela i twórcę tej rezydencji. Wdowa po nim, Regina z Herburtów, po tragicznej śmierci męża pod Cecorą, pozostawiła jego komnaty w stanie niezmienionym, co otoczyły czcią następne pokolenia. W równe sto lat po klęsce cecorskiej Maria z Wesslów, królewiczowa Konstantynowa, oglądała: „Sprzęty jego, zbroje i broń [...] w tym samym układzie i szyku, jak gdyby hetman był wczoraj jeszcze to miejsce zamieszkiwał. Nad prostym, bez żadnych draperii i ozdób polowym łóżkiem, wisiał obraz Matki Boskiej Częstochowskiej i gorejąca nieustannym światłem złotolita lampa, która — według tradycji — służyła hetmanowi w czasie jego wypraw wojennych i sprowadzona tu była przez jego wdowę razem z ciałem z Tureczczyzny. Obok obrazu zawieszony jest zakrwawiony i porąbany płaszcz jego, miecz z rękojęścią bogatymi kamieniami wysadzoną, ozdoby łowieckie, buława ofiarowana przez papieża w nagrodę usług przez hetmana chrześcijaństwa oddanych"[12]. W farze w Żółkwi znajdował się nagrobek hetmana i wszystko to znał Jan od owych najwcześniejszych lat życia. Często rezydując później właśnie tutaj, będzie sam upiększał i rozbudowywał zamek oraz całe miasto.

W dziecinnych latach nasłuchać się tu musiał najwięcej opowieści z życia swego wielkiego pradziadka, które wówczas mogli mu jeszcze przekazać „domowi i familiares" Żółkiewskiego, a przede wszystkim sama babka. Jan III wykorzystał te opowieści w swym wywodzie przodków — od wydarzenia z niemowlęctwa przyszłego hetmana, gdy niedbała niańka zostawiła go na letnim upale w trawie, a ptak roztoczył nad nim cień skrzydłami, po wielkie zwycięstwo pod Kłuszynem, wybór na „prawitela całego carstwa" moskiewskiego i aż po ostatnią tragiczną ekspedycję cecorską, przed którą oglądano w Żółkwi na niebie „ogniste wojska, niby się z sobą potykające". Jan III z satysfakcją stwierdzał zbieżność tych omenów z podobnymi, notowanymi w historii rzymskiej. Szeroko rozwodził się nad końcową tragedią i pełną determinacji śmiercią hetmana. Opisywał losy jego syna Jana, synowca oraz zięcia, którzy wszyscy trzej dostali się do niewoli. Hetmanowa wykupiła rychło syna, ale odniesiona w kolano ciężka rana przyprawiła go o śmierć w trzy lata później, w 1623 r. Jan Żółkiewski uczczony został w farze w Żółkwi wspólnym wraz z ojcem nagrobkiem.

Wychowanie pod okiem babki Daniłowiczowej przecięła Janowi jej przedwczesna śmierć w wieku około czterdziestu pięciu lat, która nastąpiła 20 sierpnia 1634 r. i musiała stanowić bolesne przeżycie dla ma-

---

[12] A. C z o ł o w s k i, *Dawne zamki...*, s. 66—70.

łego chłopca. W jej wyniku znalazł się w domu rodziców Sobieskich, w Złoczowie.

Złoczów był rezydencją nabytą przez jego dziada ojczystego, Marka Sobieskiego, który przeniósł się na Ruś z województwa lubelskiego. Jan III opisze jego czyny na czele swego wywodu przodków, podkreślając, że był protegowanym, przyjacielem i współuczestnikiem zwycięstw hetmana Jana Zamoyskiego. Opowie o nim, jak to uratował życie Stefanowi Batoremu na polowaniu, jak król ten „nieraz mawiał i wspominał, że gdyby mu przyszło stawić całe Królestwo Polskie o jeden pojedynek, nie wybrałby na to tylko jednego Marka Sobieskiego". Wspominał też, że Zamoyski zszedł do grobu rozżalony na Zygmunta III za to, że nie oddał Markowi laski wielkiej marszałkowskiej. Dziad Jana zmarł jako wojewoda lubelski (pierwszy w tej rodzinie senator w 1605 roku.

Po ojcu Złoczów odziedziczył Jakub Sobieski, najstarszy z rodzeństwa, liczącego pięć sióstr oraz najmłodszego, przyrodniego brata. Jakub, po odbyciu gruntownych nauk i studiów, do których jeszcze powrócimy, rozpoczął karierę wojskową, wystawiając swym kosztem roty husarskie, zwane złotymi, „od munderunku bogatego i porządku osobliwego", jak podaje król. Jakub Sobieski wsławił się desperackim czynem (chcąc odzyskać łaski królewicza Władysława) przy niefortunnym oblężeniu Moskwy w 1617 r., gdzie odniósł ranę w rękę. Z biegiem lat coraz bardziej brał w jego działalności górę talent dyplomaty i męża stanu. Służył przeto ojczyźnie głównie jako poseł na sejmy, wielokrotny marszałek izby poselskiej oraz komisarz uczestniczący w rozlicznych rokowaniach. W chwili przyjścia na świat syna Jana był starostą krasnostawskim i krajczym koronnym i w roku tym pełnił funkcję komisarza przy podpisywaniu rozejmu ze Szwecją w Altmarku.

Gdy Jana przywieziono do Złoczowa, ojciec jego kończył właśnie fortyfikowanie zamku. Jan wjeżdżał zatem przez most zwodzony nad głębokim rowem i przez bramę z napisem „Sub tuum praesidium" na obszerny dziedziniec otoczony czworobokiem wałów, od zewnątrz oskarpowanych kamiennymi ciosami. Z naroży występowały pięciokątne bastiony zakończone wieżyczkami, na których w tymże roku 1634 umieszczono kamienne kartusze z czterema rodowymi herbami, monogramami Jakuba i datą. Jeśli dla pięcioletniego Jana litery i cyfry były jeszcze nieczytelne, to znaki herbowe z Janiną na czele musiały już być mu znane i zrozumiałe. Jan zamieszkał teraz w domu rodziców wraz z rodzeństwem. Dom ten wznosił się wzdłuż zachodniej kurtyny obwarowań[18].

W przyszłości, w 1661 r., po śmierci matki Złoczów przypadnie w udziale Janowi. Odrestauruje go po zniszczeniu z czasów wojen ko-

---

[18] *Ibid.*, s. 65—66.

zackich, ponownie zaś — po zdobyciu go i odzyskaniu z rąk Turków w latach siedemdziesiątych. Zaskoczony tu przez Tatarów w 1690 r. omal nie popadnie w jasyr. W dzieciństwie w Złoczowie nie przebywał jednak długo. W 1637 r. dotknęło jego matkę jedno z kolejnych, rodzinnych nieszczęść — śmierć jej jedynego brata, Stanisława Daniłowicza, bliskiego Janowi wuja. O jego czynach i śmierci król rozpisał się szeroko w wywodzie przodków. Młody Daniłowicz pałał chęcią pomszczenia macierzystego dziada, Stanisława Żółkiewskiego i jego syna Jana, po których dziedziczył dobra i rycerski zapał. Chciał położyć kres ciągłemu niebezpieczeństwu od strony Tatarów, „którzy szeroko w dzikich polach, aż ku włości naszej rozszerzać i rozgaszczać się poczęli". Zbyt jednak daleko poniosło go osobiste męstwo i pierwsze odniesione sukcesy. Walcząc nierównymi siłami, popadł w niewolę i zgładzony został na rozkaz strasznego Kantymira „Krwawe Żelazo", mszczącego się za śmierć własnego syna. Ciało jego odesłał jakiś „ludzki murza — jak kończy Jan III historię swego wuja — do Żółkwi, do siostry rodzonej i matki mojej".

Po zgonie Stanisława Daniłowicza Teofila Sobieska stała się dziedziczką całej rozległej Żółkiewszczyzny, a wraz z nią jej mąż, Jakub Sobieski; z dawnego sąsiada i przyjaciela Daniłowiczów i Żółkiewskich, który prawie wszystkich członków tych rodzin żegnał pogrzebowymi oracjami, przemienił się w pana ich ogromnych fortun. W 1638 r. wszedł w szeregi senatorskie, otrzymując godność wojewody bełskiego. Rodzina Sobieskich osiadła odtąd w Żółkwi.

W farze żółkiewskiej obok nagrobków Stanisława i Jana Żółkiewskich przybył już na oczach małego Jana nagrobek Stanisława Daniłowicza. Ta niespotykana w innych rodzinach seria zgonów z rąk „niewiernych" — pradziada, dziada (wujecznego) i wuja, do których dołączy się w przyszłości śmierć brata Marka, dały Janowi Sobieskiemu „okazyją zemsty — jak pisał — i niby jakąś przyrodzoną domu z pogany antypatyją", uczyniły z niego, w myśl jednego z napisów w farze żółkiewskiej — „mściciela"[14].

Z inskrypcją na nagrobku pradziada Żółkiewskiego splotły się też w pamięci króla Jana wspomnienia dotyczące początków nauki czytania. „Rodzice nasi — wspomina — procreati fortes ex fortibus, bo i matka nasza nie białogłowskiego, ale męskiego była serca, największe za nic sobie mając niebezpieczeństwa, wprawowali nas z młodu, abyśmy nie byli degeneres od przodków swych, wystawując nam na oczy, jeszcze w dziecinnym będącym wieku, wielką sławę ich, ochotę i odwagi na zaszczyt Kościoła Bożego i Ojczyzny, kazawszy nas zaraz z obie-

---

[14] Tak też zatytułował swój szkic K. S z a j n o c h a (*Mściciel. Z opowiadań o królu Janie III*, Żytomierz 1860, Lwów 1892). Ostatnio wojenne zasługi przodków króla przedstawił J. W i m m e r, *Tradycje wojskowe rodu Sobieskich*, „Sobótka", XXXV, 1980, nr 2, s. 149—161.

cadłem tego wiersza uczyć z nagrobku pradziada naszego: »O quam dulce et decorum pro patria mori«". Poznawanie przeszłości rodu stanowiło więc wstępny etap wychowania patriotyczno-moralnego, zazębiającego się już o naukę czytania, pisania i początków łaciny.

Łaciński werset z pradziadowego nagrobka, wskazujący potomkom drogę do naśladowania, stanowi też najlepszy, dwuaspektowy symbol całego procesu kształcenia, jakie ich czekało — humanistycznego, opartego na antycznych wzorach z jednej strony i patriotyczno-wojskowego z drugiej. Ta dwuaspektowość była ważnym problemem w ówczesnej pedagogice dotyczącej szlacheckich synów, przedmiotem dyskusji i różnych praktycznych realizacji.

O sposobie i przebiegu kształcenia synów od samego początku przemyśliwał Jakub z wielką troską i pieczołowitością. Osobista rola ojca w nauczaniu synów była niegdyś przedstawiana nawet z zupełną przesadą, niezgodną z ówczesnym postępowaniem pedagogicznym[15]. To pewne jednak, że Jakub najściślej według swych zamiarów kierował linią edukacyjną synów, czego dowodem są dwie jego instrukcje wychowawcze. Linię tę modelował wedle ustalonych już pewnych tradycji stanowych, wedle tradycji rodzinnych w szczególności oraz własnych doświadczeń i obserwacji. Sam uchodził za jednego z najwykształceńszych współcześnie ludzi. W pokierowaniu synami uwzględnił też, jak zobaczymy, ważkie nowe elementy dyktowane aktualną potrzebą czasu. Posiadał już niejaką zaprawę w dyrygowaniu młodszymi od siebie. Interesował się najpierw nauką, a na pewno studiami znacznie od siebie młodszego, przyrodniego brata Jana, z kolei zaś miał w swej pieczy swych dwóch osieroconych siostrzeńców, synów siostry Gryzeldy i Jana Rozrażewskiego — Krzysztofa i Jakuba.

Choć średniowieczne rycerstwo dawno przekształciło się w warstwę ziemiańską, której sprawność i przydatność bojowa stale malała, tytułem jej uprzywilejowania pozostawało nadal powołanie wojenne. Od z góry stu lat, oprócz dawnego ideału rycerskości, postawiony został przed nią ponadto i ideał renesansowego wykształcenia i ogłady. Przypomnijmy, co pisał na ten temat Szymon Marycjusz, autor pierwszego traktatu pedagogicznego w Polsce O szkołach, czyli akademiach (Kraków 1551 r.), w rozdziale księgi I pt. „Wojsko potrzebuje także wykształcenia". Autor z góry uprzedzał głosy tradycjonalistów: „Ale może się ktoś zapytać: Cóż ci przychodzi do głowy, że wojskowość ma związek z naukami wyzwolonymi i ze studiami filozoficznymi? Cóż wspólnego mają dziewicze Muzy z surowym Marsem, cóż wojna z naukami"? W imieniu swych opozycjonistów lojalnie przytaczał przykłady sławnych polskich wojowników pierwszej połowy XVI w. — Konstantego Ostro-

[15] N. A. de Salvandy, *Histoire du roi Jean Sobieski*, Paris 1844, s. 119; S. Barącz, *op. cit.*, s. 75.

gskiego (zwycięzcy spod Orszy), Eustachego Daszkiewicza, Mikołaja Sie-
niawskiego i innych, ,,którzy wszystkim innym raczej się zajmowali aniżeli
studiami humanistycznymi i filozofią". Odpowiadał na to jednak, że
gdyby do swych wrodzonych zdolności dodali ,,jeszcze jakiś zapas wiedzy pochodzący z wykształcenia książkowego, zamiast Konstantynów,
Eustachych [...] mielibyśmy Fabiuszów, Kamillów, Emilianów" — na
wzór rzymski. Marycjusz znajdował już współcześnie idealne wcielenie
wykształconego, w pełni renesansowego wodza w osobie Jana Tarnow-
skiego. Szeroko wywodził, że oprócz indywidualnej bystrości rozumu
kształcona wymowa jest ,,równie potrzebna dowódcy, jak broń", a dalej
— również i astronomia, arytmetyka i geometria, których ,,sztuka wojenna nie wyklucza". Wywody te kończył Marycjusz apostrofą do
szlachcica-wojownika: ,,Przeto przezacny rycerzu, wybij to sobie z głowy [...], że twoje zatrudnienie nie ma nic wspólnego z literackim wy-
kształceniem, ze szlachetnymi Muzami i dziewiczą Minerwą", bo ta nie
przez przypadek jest wszak boginią nauk i równocześnie wojny[16]. Współcześnie, choć nie tak szeroko, pisał w tym samym duchu Andrzej Frycz
Modrzewski, uznając wielką wartość wykształcenia ogólnego dla wojownika[17].

Po wspomnianym przez Marycjusza Janie Tarnowskim z następnych polskich hetmanów zabłysnął zarówno jako niezwykle wykształcony humanista, a zarazem niepospolity wódz, Jan Zamoyski. Z jego
to szkoły wyszedł i w bezpośrednie ślady wstępował Stanisław Żółkiewski. Nie kto inny, a Jakub Sobieski w jednej ze swych mów sławił
go za doskonałą znajomość rzymskich pisarzy, poetów, zwłaszcza zaś
historyków. Zadziwiał współczesnych fenomenalną pamięcią, pozwalającą
mu korygować cytaty i wskazywać dokładnie na ich źródła[18]. Znamy
też własne słowa hetmana skierowane do syna Jana: ,,Młode lata swe
naukami poleruj [...]. Nie mów, jako wiele ich: nie mam chęci do nauki,
w twojej mocy ta chęć, kożdy kto chce, może ją mieć".: Dalej zaś za-
chęcał go przede wszystkim do zgłębiania wiedzy historycznej: ,,Miałem
i sam nie małą wiadomość historyji — wyznawał — i w biegu spraw
siłam się tem ratował, żem przeszłych wieków sprawy wiedział"[19].
Tam większe aspiracje humanistyczne spotykamy u tych, którzy, jak
Jakub Sobieski, obrali za główną rolę życiową nie rolę wojownika
(,,bellator"), lecz męża stanu (,,togator"). Właśnie w gronie tych ostat-

---

[16] S. Marycjusz z Pilzna, *O szkołach czyli akademiach*, oprac.
H. Barycz, Wrocław 1955, s. 66—75.

[17] A. Frycz Modrzewski, *Dzieła wszystkie*, t. I: *O poprawie Rzeczypospolitej*, Warszawa 1953, s. 596.

[18] K. Niesiecki, *Herbarz polski*, Lipsk 1845, t. X, s. 185; S. Żółkiewski,
Pisma, wyd. A. Bielowski, Lwów 1881, s. XXX.

[19] S. Żółkiewski, *op. cit.*, s. 174.

22

nich ojciec Marka i Jana uznany zostanie za „Demostenesa polskiego i najtęższą głowę" swoich czasów[20].

Podczas gdy droga do zdobycia wykształcenia humanistycznego prowadziła do szkół i posiadała dzięki nim cechy instytucjonalne, przygotowanie wojskowe było ich pozbawione. Ze względu na fizyczno-praktyczny charakter odbywało się drogą ćwiczeń i zaprawy w środowisku domowym, zwłaszcza w większych ośrodkach dworskich i przeplatało w różny sposób z nauką szkolną. Od połowy XVI w. coraz częściej pojawiały się jednak wypowiedzi podkreślające niewystarczalność takiego stanu rzeczy i postulujące wprowadzenie nowych, instytucjonalnych rozwiązań. Pozostaną one w sferze projektów aż do XVIII w.; ciągłe ich ponawianie i podejmowane wysiłki zmierzające do ich realizacji odzwierciedlają jednak dobrze coraz mocniej odczuwalną potrzebę nowego typu szkół[21].

Pierwszy myśl taką utrwalił już Modrzewski. W księdze „O obyczajach" swego fundamentalnego dzieła *O naprawie Rzeczypospolitej* (Kraków 1551 r.) gromił zwyrodnienia kultury dworskiej, wytykając, że na dworach, które winny być „szkołą wychowania obywatelskiego", młodzi dworzanie uczą się „schlebiać, biesiadować, tańczyć, gamracić". Do spraw tych powracał szerzej w księdze „O wojnie", w rozdziale „O sztuce i ćwiczeniu żołnierskim", zalecając wdrażanie synów szlacheckich od lat najmłodszych do surowego trybu życia i ćwiczeń pod okiem nauczycieli, „których by się ustanawiało i utrzymywało na koszt publiczny". Szkolenie takie obejmowałoby biegi w zbroi, skakanie na drewnianego konia, rzuty oszczepem i kopią „do jakiej figury czy słupa", szykowanie hufców, dokonywanie manewrów bojowych. Modrzewski jako przykład przywodził Turków, pisząc: „pewne też, że mają szkoły tylko na to przeznaczone, by młodzież przyuczała się w nich do wojny, nie należy tedy i nam tego zaniedbywać"[22].

Pod sam koniec XVI w. pojawiły się bardzo konkretne projekty połączone jednocześnie z ostrą krytyką odbywanego przez młodzież szlachecką kształcenia szkolnego jako niedostosowanego do jej naczelnego przeznaczenia. Biskup kijowski Józef Wereszczyński rzucił myśl utworzenia „kolegium rycerskiego" i dawał jej wyraz kilkakrotnie w różnych pismach, zwłaszcza zaś w *Publice... tak ze strony fundowania*

---

[20] P, Potocki, *Saeculum bellatorum et togatorum*, Cracoviae 1702, s. 150, 276—282.

[21] W dotychczasowych badaniach nad studiami synów szlacheckich jedynie marginalne uwagi poświęcano kształceniu wojskowemu. Traktują o nim natomiast osobne opracowania: J. T. Głębockiego, *Wywód o szkołach rycerskich czyli wojskowych w Polsce w ciągu dziejowym*, Kraków 1866; A. Knota, *Dzieje szkolnictwa wojskowego w Polsce*, Lwów 1938; ostatnio T. Nowaka, *Polska technika wojenna XVI—XVIII w.*, Warszawa 1970, s. 117—140 (rozdział pt. „Próba założenia wojskowej uczelni technicznej w Polsce w XVII w.").

[22] A. Frycz Modrzewski, *op. cit.*, s. 118, 119, 319 i nast.

Szkoły Rycerskiej synom koronnym na Ukrainie, jako też Krzyżakom według reguły maltańskiej (Kraków 1594 r.). Wereszczyński zaradzić chciał temu, by syn szlachecki „nie wszystko też doma albo w kolegium krakowskim, albo też gdzie indziej w partykularnych kolegiach uczy się »scamnum« deklinować, albo na kwestyje się dialektyczne zdobywać". Takie bowiem formalne nauki są bezużyteczne, a młodzieńcy, gnuśniejąc potem po ziemiańskich dworach, „rodzicom się swym miłym niepotrzebnie przykrzą, a ławy jeno w domu ze wstydem w próżnowaniu pocierają". Skutkiem zaś tego, jak wywodził autor, „jest takowych siła domaków, którzy i drzewa w rękę wziąć nie umieją, a z ruśnice albo z półhaku dobrze strzelić, ledwie ze sta jeden się obierze". Wyjście z sytuacji widział w stworzeniu praktycznej szkoły-obozu, skupiającej dziesięć tysięcy młodzieży i to usytuowanej nie wewnątrz Królestwa — „in visceribus Regni na bruku krakowskim, lecz pod gołym niebem" — na kresach wschodnich, potrzebujących stałej obrony[23]. Tak radykalne rozwiązanie nie przyoblekło się jednak w czyn, choć i w pismach politycznych z czasów rokoszu Zebrzydowskiego odezwały się znów głosy, że „nie masz inszego remedium na syny szlacheckie jeno szkoła rycerska"[24].

Sebastian Petrycy w komentarzach do *Polityki* Arystotelesa, pisanych z punktu widzenia warunków i potrzeb współczesnych mu czasów, postulował stworzenie specjalnych szkół szermierczych dla szlachty, „przykładem narodów dawnych, przykładem teraźniejszych postronnych ludzi obyczajów" — a zatem zarówno za wzorami antycznymi, doceniającymi kulturę fizyczną jednostek, jak i za aktualnie już istniejącymi tego typu instytucjami w Niemczech, Włoszech, Francji, Hiszpanii i Anglii[25].

Bardzo bliskie realizacji zdawały się być plany powołania do życia Akademii Rycerskiej w Polsce, z jakimi w latach dwudziestych XVII w. wystąpił włoski inżynier w służbie polskiej, Andrzej dell'Aqua. Pozyskał on dla swej myśli wielu polskich magnatów, a w 1631 r. otrzymał odpowiedni przywilej i uposażenie od króla Zygmunta III. Szkoła nosi w przywileju nazwę „gymnasium seu palaestra"[26]. Do popierania realizacji tego projektu zobowiązał się w pacta conventa Władysław IV i w latach trzydziestych sprawa kilkakrotnie wypływała na forum sejmowym. Szkoła ta, podobnie jak i w projektach Wereszczyńskiego, usytuowana być miała na kresach wschodnich — w Barze lub Lwowie.

---

[23] J. W e r e s z c z y ń s k i, *Pisma polityczne*, wyd. K. J. T u r o w s k i, Kraków 1858, passim.

[24] J. N o w a k - D ł u ż e w s k i, *Okolicznościowa poezja polityczna w Polsce. Zygmunt III*, Warszawa 1971, s. 217.

[25] S. P e t r y c y, *Przydatki... do Arystotelesa Polityki ksiąg ośmioro*, Kraków 1605, s. 188 i nast., 349 i nast.

[26] Tekst tego przywileju wydał T. N o w a k: A. d e l l'A q u a, *Praxis ręczna działa*, Wrocław 1969, s. 31—33, Źródła do Dziejów Nauki i Techniki, t. VI.

Przyznane na ten cel uposażenie dell'Aqua będzie pobierać co najmniej do 1656 r. — i ten projekt nie wyjdzie jednak nigdy poza fazę bliżej nieznanych zalążków i przygotowań[27]. Następne zaś ważne poczynania w tym zakresie przypadną już na okres panowania Jana III, nie bez jego osobistego, dużego zaangażowania.

Nie wiadomo niestety, jak poszczególni projektodawcy zapatrywali się na kwestię wieku uczniów i rozdziału bądź powiązania z trybem pobierania nauk ogólnokształcących. Petrycy np. dawał zdecydowane pierwszeństwo — tak w czasie, jak i co do jego waloru — kształceniu intelektualnemu. Przyznawał natomiast, że „szermierstwo nie odwodzi od potrzebnych nauk młodzi, owszem do philosophijej zaostrza, gdy swoich czasów te dwoje ćwiczenia odprawione będą". I choć argumentów przeciwko racjom opozycjonistów zgromadził sporo, nie sprecyzował, jak sobie w praktyce te dwa nurty szkolenia wyobrażał[28]. Dell'Aqua pragnął, aby do jego akademii synowie szlacheccy udawali się już „w dziecinnym swym wieku"[29]. Znane konkretne przykłady wskazują na to, że dla zdolniejszej i bogatszej młodzieży obowiązujące było najpierw kształcenie intelektualne, na lata zaś późniejsze i tym samym dojrzalsze fizycznie przesuwano przysposobienie i zaprawę wojskową. Tak np. Stanisław Żółkiewski odkładał w wypadku swego syna Jana przygotowanie do sztuki wojennej na czas, „gdy do męskiego wieku będzie przychodził", choć podkreślał, że dla jego przyszłości posiada ono największą wagę[30]. Często lata szkolnych nauk przeplatano w ich stadiach wyższych okresami praktycznej służby wojskowej, o czym świadczy znów przykład Jana Żółkiewskiego oraz syna Jana Zamoyskiego, Tomasza[31].

Dodać również należy, że choć plany utworzenia zorganizowanego i regularnego kształcenia wojowników nie dochodziły do skutku, to jednak postulaty i dyskusje nie pozostały bez wpływu na istniejące szkoły typu tradycyjnego, do czego jeszcze powrócimy.

Choć o niejednym przyszłym wodzu pisano w panegirykach, że od dzieciństwa zaprawiał się do rycerskiego rzemiosła, to jednak najczęściej zaczynało się od długich nauk intelektualnych. Tak też Marka i Jana Sobieskich nie należy sobie wyobrażać w ich wieku chłopięcym

---

[27] Projekty i działalność dell'Aquy przedstawił T. N o w a k (*Polska technika...*, s. 121—140). Należy tu jednak rozgraniczyć plany związane ze szkoleniem puszkarzy i szkółką typu mieszczańsko-cechowego, łatwiejsze w realizacji, od planów stworzenia akademii dla synów szlacheckich (określanej jako „gymnasium" „palaestra"), stanowiących nurt odrębny.

[28] S. P e t r y c y, *op. cit.*, s. 191.

[29] A. d e l l' A q u a, *op. cit.*, s. 44.

[30] S. Ż ó ł k i e w s k i, *op. cit.*, s. 171.

[31] K. S z a j n o c h a, *op. cit.*, s. 70; S. Ż u r k o w s k i, *Żywot Tomasza Zamoyskiego*, wyd. A. B a t o w s k i, Lwów 1860, s. 10, 18.

od razu na koniu, ćwiczących bronią i zajmujących się myślistwem[32]. Bracia nie mieli w dzieciństwie silnego zdrowia. Przed 1637 r. Marek przeszedł jakąś bardzo ciężką chorobę i był o krok od śmierci[33]. Zapewne jednak już w Żółkwi wychowanie chłopców miało cechy surowe. Czuwająca nad nimi matka, przy częstych wyjazdach ojca, „nie białogłowskiego, ale męskiego była serca". Zagrożenie na kresach i przebyte tragedie rodzinne tak ją właśnie ukształtowały[34]. Wiemy też np., że Jakub pilnował, by jego synowie od najwcześniejszych lat nie byli karmieni „papinkowato i pieszczenie". Sam bowiem miał przykre doświadczenie, gdy po delikatnej kuchni jego żołądek miał ciągłe kłopoty z „grubszymi potrawami" na wojennych wyprawach.

W latach 1637-1639 Marek i Jan Sobiescy musieli przechodzić wstępną, domową naukę, obejmującą poznawanie rudymentów łaciny, a na jej kanwie — elementarnych wiadomości z historii starożytnej i ojczystej. Nazwiska ich prywatnego nauczyciela, który tą nauką kierował, nie znamy. O tym, że nauki pobierane w Żółkwi dały już chłopcom dobre podstawy, świadczy wyższa chyba, niż to zakładał ojciec, ocena ich wyników na progu następnego etapu nauk. Ten następny etap otworzyć musiał wybór szkoły.

2. W SZKOŁACH NOWODWORSKICH W KRAKOWIE

Najbliżej położoną od Żółkwi szkołą było kolegium jezuitów we Lwowie, przy którego powstaniu na początku XVII w. pomocą służył zakonnikom Stanisław Żółkiewski[35]. Były też dalsze kolegia w Lublinie, Sandomierzu i Przemyślu, sieć szkół jezuickich zdążyła już bowiem od połowy poprzedniego stulecia rozprzestrzenić się na cały obszar Rzeczypospolitej. Przeznaczone były one przede wszystkim właśnie dla młodzieży z wyższych warstw. Wychowankowie kształceni byli bardziej w duchu kosmopolitycznym niż narodowym, w efektownej retoryce pokrywającej jednak brak realnej wiedzy, z przerostem logiki nie służącej

---

[32] Jak to czyni tylu autorów, poczynając od N.A. de Salvand'ego (op. cit., s. 119), poprzez J. Baczyńskiego (op. cit., s. 7) po L. Podhoreckiego (Jan Sobieski, Warszawa 1964, s. 17).

[33] Wspomina o niej J. Witeliusz w dedykacji pisma cytowanego poniżej w przyp. 45 oraz Jakub Sobieski w instrukcji „krakowskiej", cyt. w przyp. 46.

[34] „Niewiasty tego rycerskiego domu pałały równie marsowym duchem jak ich mężowie i ojcowie" pisał K. Szajnocha (op. cit., s. 73) już o matce hetmana Żółkiewskiego i jego żonie, Reginie z Herburtów. Męstwo tej ostatniej — jako przeciwne naturze kobiecej — tym bardziej podnosił w mowie pogrzebowej sam Jakub Sobieski (mowa wydana przez J. Ostrowskiego-Daneykowicza, Swada polska i łacińska, Lublin 1745, s. 36).

[35] S. Załęski, Jezuici w Polsce, Kraków 1905, t. IV, cz. II, s. 593 i nast.

żadnym istotnym treściom. Do nich więc odnosiły się przede wszystkim zarzuty zbyt formalnego i nieprzydatnego dla szlachty profilu nauczania, przed którym ustrzec chciał swych synów, jak zobaczymy, Jakub Sobieski. Miał on wprawdzie stryjecznego brata, Stefana, który był jezuitą (zm. w 1660 r.) i tego to stryja zalecał później wizytować swym synom w Krakowie. Jego przyrodni młodszy brat, Jan, prawdopodobnie przechodził przez krajowe szkoły jezuickie[36] (być może na życzenie swej matki, Katarzyny z Tęczyńskich). Sam Jakub jednak wyniósł swe wykształcenie z innych ośrodków.

Nieco dalej położona była Akademia Zamojska, szkoła o charakterze wyższym. Ufundowana przez wielkiego mecenasa kultury Jana Zamoyskiego w 1594 r., roku narodzin jego syna Tomasza, powstawała z myślą tak o nim, jak i o całej młodzieży szlacheckiej. Przynosić jej miała obywatelsko-humanistyczne wychowanie i wykształcenie na najnowocześniejszym europejskim poziomie[37]. Okres początkowy, za życia fundatora, był okresem najświetniejszym w dziejach tej instytucji, gdy kierowana przez Szymona Szymonowicza Akademia stanowiła twórcze centrum, utrzymujące bliskie kontakty z wieloma ośrodkami zagranicznymi. Stanisław Żółkiewski, wysyłając tu swego syna Jana, cieszył się, że „w Zamościu się zaczęła nauka godna dzieci szlacheckich"[38]. Nic też dziwnego, że w murach Akademii Zamojskiej znalazł się i syn przyjaciela fundatora, Marka Sobieskiego, Jakub (sam także związał się przyjaźnią z Tomaszem Zamoyskim)[39].

Krajowe wykształcenie zarówno Jakuba Sobieskiego, jak i Jana Żółkiewskiego, kojarzy się jednak ponadto z Akademią Krakowską, najstarszym i jedynym pełnym uniwersytetem polskim. Ojciec przyszłego króla wpisał się w album studentów Akademii na początku 1604 r. i studiował tu prawie dwa lata[40]. Nauki pobierane przez zamożnych uczniów polegały głównie na lekcjach prywatnych u profesorów uniwersyteckich. We wdzięcznej pamięci, jak zobaczymy, zachował Jakub swego profesora Adama Opatowczyka. U niego również uczył się reto-

---

[36] Jak wynika z instrukcji Jakuba dla tegoż brata, spisanej, gdy wyruszał za granicę, rkps 110, Bibl. Jag., k. 187.

[37] S. Łempicki, *Działalność Jana Zamoyskiego na polu szkolnictwa*, Kraków 1921.

[38] S. Żółkiewski, *op. cit.*, s. 171.

[39] Z. Trawicka, *Studia Jakuba Sobieskiego*, Odrodzenie i Reformacja w Polsce XIV, 1969, s. 171—181. Autorka ustaliła datę urodzin Jakuba na 5 maja 1591, a pobyt jego w Zamościu przyjęła bardzo szeroko na lata ok. 1597—1604 i po 1605. Pobyt po 1605 r. za jedynie pewny uznał H. Barycz (*Jakub Sobieski starszy czy Wawrzyniec Świczkowic, Gawęda bibliograficzna w sprawie autorstwa najstarszej biografii Bartłomieja Nowodworskiego*, „Biuletyn Biblioteki Jagiellońskiej" XXXI, 1981, s. 128).

[40] *Album studiosorum Universitatis Cracoviensis*, ed. A. Chmiel, Cracoviae 1896, t. III, s. 238; H. Barycz, *Szkice z dziejów Uniwersytetu Jagiellońskiego*, Kraków 1933, s. 154, Biblioteka Krakowska nr 30.

ryki Jan Żółkiewski około 1610 r. O profesorach tego ostatniego wiemy nieco więcej. W prawie kształcił się on pod kierunkiem Jakuba Janidły, W filozofii moralnej znalazł nauczycieli w osobach Wojciecha Borowiusza i Jana Przecławczyka. W geometrii wreszcie kształcił się najpierw u Walentego Fontany, z kolei zaś u Jana Brożka, któremu wszystkie te informacje zawdzięczamy[41].

Na początku lat czterdziestych Jakub Sobieski wybrał dla swych synów jako jedyny i wyłączny ośrodek kształcenia Kraków, z pominięciem Zamościa. W Akademii Zamojskiej bardzo szybko załamał się niestety jej pierwotny rozmach. Podupadając, obniżała ona swój poziom do poziomu szkoły mieszczańskiej. W dopływie kadry nauczycielskiej uzależniona była całkowicie od Akademii Krakowskiej. Wprawdzie w Zamościu kształcony być musiał w tym czasie nowy, młodziutki dziedzic ordynacji, Jan II, zwany później Sobiepanem, przyszły pierwszy mąż Marysieńki o rok starszy od Jana Sobieskiego. Ojciec jego, kanclerz Tomasz Zamoyski, zakończył życie wcześnie, już w 1638 r. I choć on sam wychowywany był niegdyś po śmierci swego ojca pod okiem opiekunów, nie było już dla Jana II równie korzystnych po temu warunków w rodowym gnieździe.

W Krakowie natomiast rozwinęła się tymczasem bujnie nowa instytucja szkolna związana z Uniwersytetem, przyciągająca silnie młodzież szlachecką i magnacką. Aby położyć kres kształceniu niezorganizowanemu, prywatnemu i zaspokoić potrzebę szkoły średniej typu humanistycznego, stworzono tu tzw. classes. Powstały one wprawdzie już w 1588 r., ale dopiero dzięki fundacji z 1617 r. mogły rozwijać się naprawdę pomyślnie. Fundatorem był zaś sławny wojownik, kawaler maltański, Bartłomiej Nowodworski, którego Jakub Sobieski darzył podziwem i przyjaźnią[42]. Pewną przeszkodą na drodze rozwoju szkoły były jeszcze wprawdzie walki, które musiała toczyć uczelnia z jezuitami w obronie niezależności swego bytu i zachowania narodowych tradycji. Do zwolenników i protektorów starej uczelni zaliczał się również Jakub Sobieski, który kilkakrotnie spieszył jej z pomocą i zyskał sobie miano jej mecenasa i obrońcy[43]. Wreszcie na początku panowania Władysława IV sprawa Uniwersytetu została wygrana, a Szkoła dzięki nowym fundacjom byłego nauczyciela króla, Gabriela Prewancjusza Władysławskiego oraz samego monarchy weszła na drogę prawdziwego rozkwitu.

Już w latach trzydziestych studiowali w Krakowie wspomniani siostrzeńcy Jakuba — Krzysztof i Jakub Rozrażewscy, a razem z nimi rów-

---

[41] J. Brożek, *Wybór pism*, oprac. H. Barycz, Warszawa 1956, t. I, s. 425, 426.

[42] H. Barycz, *Historia Szkół Nowodworskich*, Kraków 1939—1947 oraz tenże, *Jakub Sobieski czy Wawrzyniec Świczkowic...*, s. 119—133.

[43] Tenże, *Lata szkolne...*, s. 8—10; S. Cynerski, dedykacja wydania M. Wudy, *Hendecasyllabi Bethleemici*, Cracoviae 1641.

nież i Sobieski, Adam[44]. Krzysztof Rozrażewski wydał tu w 1637 r. mowę z okazji przyjazdu do Polski królowej Cecylii Renaty, a profesor elokwencji Jakub Witeliusz (Vitelius) zaopatrzył druczek w dedykację zwróconą do Jakuba Sobieskiego jako drugiego ojca i opiekuna młodych Rozrażewskich[45]. Wychwalał ich jako przykładnych studentów, zapewniając, że będą mieli co naśladować Marek i Jan Sobiescy, „podpory rodziny, dziedzice nie tylko zdolności, ale i cnót ojcowskich".

Sobieski nosił więc się już od jakiegoś czasu z planami wysłania synów do Krakowa i w środowisku uniwersyteckim było o tym wiadomo. Z końcem 1639 lub na początku 1640 r. przystąpił do szczegółowego spisania wskazówek dotyczących przyszłego pobytu synów w Krakowie. Jest to *Instrukcyja Jakuba Sobieskiego, wojewody belskiego, starosty krasnostawskiego, dana JMć Panu Orchowskiemu jako dyrektorowi JMć Pana Marka, Jana Sobieskich, wojewodziców belskich, gdy ich na studia do Krakowa oddawał, przez punkta pisana*[46]. Po tej pierwszej instrukcji, „krakowskiej", wygotuje kilka lat później, przed wyprawieniem synów za granicę, drugą instrukcję, „paryską", które w sumie stanowią najobszerniejsze tego typu zabytki ojcowskiej myśli wychowawczej w staropolszczyźnie. I słusznie były już nie raz przedmiotem wysokich ocen[47].

Paweł Orchowski, w którego ręce składał Sobieski swą instrukcję, miał być „dyrektorem" wojewodziców, opiekunem ich i zastępcą ojca na czas pobierania nauk. Należał do rodziny, która już od dawna pozostawała na usługach Sobieskich. Jeden z jej członków, młody Sebastian Orchowski, towarzyszył niegdyś Jakubowi w jego zagranicznej peregrynacji[48]. Na Pawle Orchowskim spoczywała odpowiedzialność mo-

---

[44] *Album studiosorum Universitatis Cracoviensis*, ed. G. Z a t h e y, H. B a r y c z, Cracoviae 1950, t. IV, s. 143. Wszyscy trzej utrwalili się jako autorzy wierszy w rozprawach uniwersyteckich S. N i e w i a r o w'ls k i e g o, *Quaestio de meteoris*, Cracoviae 1635 i M. K w a ś n i e w s k i e g o, *Quastio de motu*, Cracoviae 1635.

[45] Ch. R o z r a ż e w s k i, *Plausus Sarmaticus*, Cracoviae 1637 (dedykacja).

[46] Instrukcja, którą nazywam dalej „krakowską", wydana była kolejno w Warszawie w 1794 r., w Wilnie w 1840 r. i w Krakowie w 1880 r. Cytuję wg tego ostatniego wydania, *Pisma do wieku... Jana Sobieskiego*, t. I, cz. I, s. 11—12. Kilka odmiennych szczegółów zawiera rękopiśmienna wersja, rkps 3036, Bibl. Jag.

[47] K. S z a j n o c h a, *op. cit.*, s. 111—122; J. B a c z y ń s k i, *op. cit.*, s. 10—11; J. L e n i e k, *Lata szkolne króla Jana Sobieskiego*, Kraków 1888 oraz t e n ż e, *Książka pamiątkowa ku uczczeniu jubileuszu trzechsetnej rocznicy założenia Gimnazjum św. Anny w Krakowie*, Kraków 1888, s. 180—201; A. D a n y s z, *op. cit.*, s. 210—226; H. B a r y c z, *Lata szkolne...*, s. 12—16. Z właściwą sobie przekorą wobec autorytetów naukowych, zupełnie nieuzasadnioną, spostponował je T. Ż e l e ń s k i (*op. cit.*, s. 33). Instrukcję nazwał „prymitywnym pedagogicznym banałem swego wieku". Do jego zarzutów jeszcze powrócimy.

[48] Z. T r a w i c k a, *loc. cit.*, s. 177; Jakub S o b i e s k i, *Dwie podróże... odbyte po krajach europejskich w latach 1607—1613 i 1638*, wyd. E. R a c z y ń s k i, Poznań 1833, s. 50—51, K. S z a j n o c h a (*op. cit.*, s. 111) niesłusznie zidentyfikował te obydwie postacie.

ralna za powierzone mu wychowanie wojewodziców oraz materialna za warunki ich życia. On miał w swej pieczy cenne przedmioty, srebrne zastawy i „klejnoty dziecinne" oraz pieniądze, z których musiał się rozliczać przed wojewodą.

Chłopcy mieli przy swym boku nauczyciela-korepetytora, pana Krzysztofa Rozenkiewicza rodem z Wielkopolski. Kto wie, czy nie był on dotąd ich domowym nauczycielem, od którego zaczerpnęli początki nauk w Żółkwi[49]. W orszaku wyruszającym do Krakowa był również niejaki pan Zdarowski, który widać dobrze znał niemiecki, bo miał obowiązek konwersowania w tym języku z chłopcami, ponadto zaś spełniał funkcję szatnego.

Marasiowi i Jasiowi, jak ich pieszczotliwie nazywa ojciec w niektórych miejscach instrukcji, przydano również kilku chłopców w charakterze towarzyszy nauk i sług. Był tu syn przyjaciela Jakuba, podsędka Jana Wydżgi, Aleksander, który „kilka lat już słuchał retoryki u jezuitów w Sędomierzu". Był też i cudzoziemiec — „Francuzik" Roch, urodzony w Konstantynopolu, pozostający pod opieką Jakuba (może wykupiony przez niego z tureckiej niewoli). W Album studiosorum Uniwersytetu Jagiellońskiego, do którego wpisywali się również uczniowie Szkół Nowodworskich, figurują zatem wpisy obu wojewodziców, pod nimi zaś — Rozenkiewicza; nieco później — wpisy Wydżgi i Rocha[50].

Z dwóch „wyrostków" — jeden, Barcikowski, powinien załatwiać zakupy wiktualiów, drugi, Żurawski, „sukienki chędożyć". Nad zastawą stołową miał czuwać „kredencerzyk", a gotować kucharz.

Wojewoda wynajął już zawczasu osobną kamienicę w Krakowie i przeznaczył specjalne obicia ścian „do izby, kędy dzieci jadać, siadać i uczyć się będą i do komory, kędy sypiać będą". Jak wynikałoby z notatki pozostawionej później przez Marka, Sobiescy zamieszkiwali w „kamienicy starosty lanckorońskiego" (in lapidea M.D. capitanei Lanckoronensis[51]), którym w tym czasie był młody Michał Zebrzydowski, wnuk rokoszanina (a nie żaden Lanckoroński). Zebrzydowscy posiadali w Krakowie okazałą rezydencję na rogu Rynku i Siennej. Gdzie zaś znajdowała się będąca również ich własnością skromniejsza na pewno kamieniczka, odnajęta Sobieskim, niestety nie wiadomo.

Z całej instrukcji Jakuba tchnie wielka zapobiegliwość i dokładność ojcowska. Wiele w niej barwnych i rozbrajających szczegółów, ale też zachowana została odpowiednia hierarchia wartości i spraw.

Na pierwszym więc miejscu położył Jakub punkt o nabożeństwie,

---

[49] Przypuszczenie takie wysunął już J. Leniek, Książka pamiątkowa..., s. 181. Bezpodstawnie uznał jednak i Orchowskiego za nauczyciela domowego.

[50] Album studiosorum..., t. IV, s. 191, 192.

[51] H. Barycz, Lata szkolne..., s. 11. Wcześniej powtarzana wiadomość o tym, że Sobiescy zamieszkiwali na probostwie św. Anny, nie znajduje źródłowego uzasadnienia.

nakazując synom codzienne słuchanie mszy świętej, określając modlitwy poranne i wieczorne, słuchanie kazań świątecznych, przystępowanie do sakramentów i rozdawanie jałmużny. W osobnych punktach o obyczajach i o „konwersacyji" (życiu towarzyskim) wojewoda nakładał na Orchowskiego obowiązek stałego kontrolowania powierzonych mu wychowanków oraz natychmiastowego korygowania zachowań niewłaściwych. „Dyrektor" miał więc przestrzegać, „żeby się nie murzali [tzn. nie brudzili — K.T.], aby się pięknie kłaniali, żeby się u stołu nie zamyślali". Pręt, który mógł iść w ruch dopiero po skonsultowaniu się z ojcem, pozostawał chyba tylko w sferze groźby. Ojciec nie wątpił zresztą, że napomnienia i strofowania posiadają dostateczną siłę w stosunku do jego dzieci. Jakub Sobieski życzył sobie, aby jego synowie bywali na bankietach u panów, prałatów, „poczciwych mieszczan" lub u paniąt-kolegów. „Niech zdrowi tańcują" — zezwalał. Zestawiał długą listę swych przyjaciół, „wielkich ludzi" oraz krewnych, którym chłopcy mieli złożyć wizyty. Na liście tej był ówczesny biskup krakowski Jakub Zadzik (dawniejszy kanclerz wielki koronny, Sobieskiemu dobrze znany ze wspólnej działalności dyplomatycznej), wojewoda krakowski Stanisław Lubomirski, wojewoda sandomierski Krzysztof Ossoliński. Z krewnych wspominał przede wszystkim stryja chłopców — jezuitę oraz bywającą w Krakowie ciotkę Koniecpolską (Marcjannę z Daniłowiczów, siostrę matki) i miecznika koronnego Jana Zebrzydowskiego (żyjącego jeszcze wówczas ojca Michała, u którego Sobieski najwidoczniej „obstalował" kamienicę). Stale w Krakowie mieszkał pisarz ziemski krakowski, Jarzyna. Chodziło o Maksymiliana (brata Mateusza, który zginął pod Cecorą), o którym przechowała się opinia, że był człowiekiem „roztropności wielkiej i biegłości w prawie niepospolitej"[52]. Osoby te miały służyć za ewentualne oparcie dla przebywających z dala od rodzinnego domu młodziutkich Sobieskich.

Do ich domu stale miano zapraszać profesorów akademickich, aby „przy stole nie o lada błazeństwie gadano, ale jakie dyskursy do nauk synom moim pożyteczne — pisał ojciec — i ad praxim rerum accomodujące się bywały". Tak np. wychowywany był w Zamościu rówieśnik Jakuba, Tomasz Zamoyski, który zawsze jadał w gronie swych nauczycieli, przysłuchując się dyskursom „o rzeczach szkolnych i wojennych sprawach"[53]. Zatem i Jakub Sobieski był zdania, że „dyskursy przy obiadach ludzi wielkich stanęły więc za dobrą szkołę zawsze"·

Wojewoda zezwalał również na podejmowanie kolegów w dni wolne od nauk. Nakazywał jednak Orchowskiemu czuwać bacznie nad tym, aby jego synowie nie obcowali z rówieśnikami, „coby byli swawolni, pletliwi, nauk nie pilnujący, bo i najlepsza owieczka — wywodził —

---

[52] K. N i e s i e c k i, *op. cit.*, t. IV, s. 452.
[53] S. Ż u r k o w s k i, *op. cit.*, s. 7.

wnet od parszywej owce i niechcący się zarazi". Ganił pychę, skrupulatnie jednak określał zasady etykiety w życiu towarzyskim z kolegami -„paniętami" — inne w spotkaniach na arenie publicznej, inne w stosunku do gości przyjmowanych w domu. Na arenie publicznej godność wojewody bełskiego w drabinie ważności tytułów przenosiła się ściśle na synów i zmienić ją mogły tylko pewne względy przyjaźni ojcowskich. Tak więc Maraś i Jaś musieli się orientować, kogo mają przepuścić przed sobą lub dać mu „prawą rękę", komu nie, a kogo wziąć w środek między siebie.

Inne punkty instrukcji rzucają z kolei ciekawe światło na szczegóły ubioru i higieny chłopców. Wyjeżdżali wyposażeni w „suknie" powszednie i odświętne. Mieli je szanować, „bo to siła sprawowanie kosztuje". Na lato miano im uszyć już w Krakowie więcej lekkich ubranek, na razie posiadali tylko po jednej „ferezyjce". Krakowscy krawcy musieli jednak dostosować się do kroju tych ubiorów, które już nosili, a nie wymyślać „inszych żadnych perskich, kozubalskich, czerkieskich". Wojewoda Jakub nie sprzyjał zatem wpływom strojnej mody wschodniej (którą będzie kiedyś uwielbiał król Jan). W lecie mieli chodzić „po staroświecku [...] w kapeluszach i męgierkach", ale za to z ładnymi piórami. Nad balwierzem, czyli fryzjerem, miał pan Orchowski również czuwać, by „nie wydziwiał z czuprynami, nie formując ich na żadne stroje pogańskie". Opiekun musiał pilnować, „aby in publicum wychodzili dobrze sami wyczesani, umyci i w sukienkach także dobrze wyczesanych". Utrzymaniu higieny służyć miał zakup wanny oraz uczęszczanie do prywatnej łaźni. Wojewoda nakazywał zatem tradycjonalizm, prostotę i czystość.

Z uwag dotyczących jedzenia wynika, że w Żółkwi trzy razy w tygodniu jadano postnie, teraz jednak wojewoda dopuszczał wyłączenie mięsa tylko w piątki oraz wigilie świąt. Chciał, aby synowie spożywali różne „zwierzynki", „rozmaite ptaszki" i nowalijki. Przestrzegał tylko przed łakomstwem owoców, przyczyną gorączek i biegunek. W wypadku choroby nakazywał wzywać „doktorów co przedniejszych", jednakże bez pochopnego zawiadamiania domu, dla oszczędzenia niepotrzebnych niepokojów rodzicom.

W osobnym punkcie ojciec kładł nacisk na miłość braterską: „młodszy starszego niech szanuje, a starszy niech młodszego miłuje". I tu Orchowski czuwać miał nad tym, aby współżyli „bez zazdrości, bez swarów", w porę zapobiegając niezgodzie. Gdy młodzi Sobiescy zjeżdżali do Krakowa, jeszcze zimą 1640 r. (może w lutym, bo było do „wiosny jeszcze daleko"), Marek dochodził lat dwunastu, Jan miał lat dziesięć i siedem miesięcy. W Krakowie spędzić mieli pięć i pół roku, okres niezwykle istotny dla kształtowania ich intelektu i osobowości. Przyjeżdżali dziećmi, opuszczać Kraków mieli jako siedemnasto- i szesnastoletni młodzieńcy.

Inauguracja nauk w Krakowie rozpoczęła się zapewne tak uroczyście, jak tego życzył sobie ojciec. Wpis do *Album studiosorum* jest do dziś niemym śladem tamtego dnia. W dniu tym wojewodzice wraz ze swym dworem mieli wysłuchać mszy przy grobie św. Jacka. Znaleźli się więc wówczas w nastrojowym wnętrzu małej, późnorenesansowej kaplicy, w miejscu dawnej celi świętego, uczepionej wysokiej ściany prezbiterium gotyckiego kościoła Dominikanów. Pośrodku kaplicy stał jeszcze wówczas baldachimowy grób św. Jacka, ale na jej ścianach widniały już barokowe anioły pędzla Tomasza Dolabelli. Kaplicę tę wyznaczał wojewoda, obok grobu św. Stanisława na Wawelu i Skałki oraz obrazu Matki Boskiej na Piasku, jako miejsca kultowe szczególnie zalecone w Krakowie. W dzień wpisu odbył się też zapewne przewidziany przez ojca bankiet, na który zaprosić miano rektora Uniwersytetu — był nim wówczas profesor prawa, a jednocześnie wybitny matematyk i fizyk, Stanisław Pudłowski — oraz sześciu do ośmiu profesorów. Wśród nich Jakub kładł na czele księży Opatowiusza, Piotrowickiego i Witeliusza, co do wyboru innych radził zasięgnąć zdania „mistrza pp. Rozrażewskich” (nie wiadomo, czy oni sami byli jeszcze wówczas w Krakowie).

Po tej uroczystej inauguracji nastąpić musiały dni intensywnej pracy, do zrekonstruowania której posłużyły dane o ówczesnym nauczaniu w Szkołach Nowodworskich oraz zachowane do czasów ostatniej wojny zeszyty z wypracowaniami i mowami młodych Sobieskich.

Wojewoda nie wytyczał w instrukcji szczegółowego programu nauki, pozostawiając ustalenie jej toku krakowskim profesorom. Ograniczył się do kilku uwag, opatrzonych piękną sentencją na temat ogólnego znaczenia wykształcenia: „Nauka wszędzie człowieka zdobi — i na wojnie, i u dworu, i doma, i w Rzeczypospolitej widzimy to, że ludzie więcej sobie ważą chudego pachołka uczonego, aniżeli pana wielkiego a błazna, co go sobie więc palcem ukazują”. Mimo ówczesnego pognębienia społecznego stanów niższych wojewoda uznawał zatem wyższość intelektu i wykształcenia nad prerogatywami płynącymi z urodzenia. Pragnął, aby jego synowie potrafili połączyć jedno z drugim.

Pan Rozenkiewicz miał sobie nałożoną ustną misję przedstawienia życzeń wojewody księdzu Opatowiuszowi, dawnemu profesorowi Jakuba, któremu słał on równocześnie w upominku „konewkę srebrną pozłocistą”. Osądowi Opatowiusza pozostawiał przeznaczenie synów do odpowiedniej klasy bądź dwóch różnych klas. Kierował się tym, że w latach 1637-1639 Opatowiusz piastował funkcję „prowizora”, czyli dyrektora Szkół. Mógł nie wiedzieć, że w 1640 r. stanowisko to zajmował już Jakub Piotrowicki. I on był jednak znany Sobieskiemu, jak wynika z instrukcji.

Opatowiusz zatem bądź Piotrowicki zadecydowali, by poddać Marka i Jana kilkumiesięcznej prywatnej nauce, a od półrocza zimowego 1640/1641 skierować ich do klasy drugiej, klasy poetyki. Nie było to wprawdzie po myśli samego Jakuba, który chciał, aby synowie od początku zaczęli naukę publiczną ze względu na korzystny wpływ „emulacyji" — współzawodniczenia między uczniami. Pozwoliło to jednak Sobieskim przeskoczyć klasę najniższą, gramatyki, w której normalnie nauka trwała najdłużej — dwa, a nawet trzy lata. Od półrocza zimowego 1641/1642 Sobiescy przeszli do klasy retoryki, rok później zaś do dialektyki — tylko na pół roku, kończąc w ten sposób szkołę w marcu 1643 r. Niewątpliwie dzięki dobremu przygotowaniu, rzetelnej pracy w szkole i pieczołowitej kontroli domowej dopełnili nauk w Kolegium Nowodworskim tak szybko, w pięć półroczy, podczas gdy na ogół rozciągały się one od czterech do sześciu lat. Ale też ich dzień pracy obejmował pięć do sześciu godzin w szkole i tyleż w domu (z wyjątkiem sobót, przeznaczonych na repetycje i deklamacje, i oczywiście świąt).

Bracia Sobiescy znaleźli się w szeregach uczniów Szkół w okresie ich największej liczebności, przechodzącej w sumie tysiąc. W klasie gramatyki liczba uczniów wahała się w tych latach od trzystu do pięciuset, w poetyce — od trzystu do czterystu, dopiero w retoryce topniała do dwustu, a w dialektyce — poniżej stu. Ojciec podkreślał w instrukcji, że na terenie szkolnym decydować będą o wyróżnieniach jedynie wyniki w nauce — „w szkołach zaś tam nie masz primos accubitus według urodzenia i tytułów, ale wedle nauk, jak ich tam posadzą, tak niech siedzą". Praktyka była jednak zapewne inna. Część szlachecka klas nosiła miano Rzymian, reszta — Greków. Szczególne wyróżnienie Sobieskich odzwierciedlają roczne katalogi klasowe, w których ich imiona i nazwiska z racji godności ojca figurują na samym czele długich spisów[54]. W klasie poetyki zapisani zostali jako wojewodzice bełscy, w retoryce, po awansie ojca z 1641 r., jako wojewodzice ruscy z własnymi już tytułami: Marek — starosty krasnostawskiego, Jan — starosty jaworowskiego. Po utytułowanych uczniach resztę układano w porządku alfabetycznym nie według nazwisk, lecz imion. Widać z tego np., że w klasie poetyki Jan Sobieski miał aż pięćdziesięciu imienników, Jaśków, z różnych niższych warstw społecznych.

W instrukcji swej Jakub kładł nacisk na ogólny praktyczny i obywatelski profil, jaki winno przybrać kształcenie jego synów: „W logiki, w metafizyki, aby się nie wdawali, omnino nie chcę — podkreślał — bo te nauki są hominum otiosorum, albo tych, co się do teologii biorą, a ich trzeba ad capessendam Rempublicam ćwiczyć"₊ Na pierwszym miejscu kładł stylistykę — „politior literatura" — dalej historię i filozofię moralną, na później odsuwając inne jeszcze dyscypliny.

Znając program Szkół, wiemy, że w klasie poetyki przechodzili So-

---

[54] Spisy ogłosił J. Leniek, *Książka pamiątkowa...*, s. 186—201 („Materiały źródłowe"). Wybitniejszymi kolegami Sobieskich zajął się bliżej H. Barycz, *Lata szkolne...*, s. 73—80. Tu również na s. 69—73 przedstawił życie sodalicyjno-religijne Sobieskich.

biescy lekturę *Eneidy, Ody* Horacego, *Satyry* Klaudiana, uczyli się nieco greki oraz historii i matematyki. W klasie retoryki zapoznawano się z mowami Cycerona, historią starożytną, elementami geografii i katechizmem. W klasie dialektyki kontynuowano lekturę Cycerona, historię z dodaniem podstaw astronomii i rachuby czasu oraz elementów logiki. Życzeniu wojewody, aby nie tracili zbyt dużo czasu na subtelności tej ostatniej, stało się zadość i Sobiescy przebywali w klasie logiki najkrócej.

Ich nauczycielem w klasie poetyki był Maciej Bolski, w klasie retoryki — Andrzej Lipnicki, a w klasie dialektyki — Samuel Kuszewicz, który później porzuci Akademię dla kariery w radzie miejskiej we Lwowie[55].

Kajety pisane ręką Marka i Jana dają obraz pracy kilkunastoletnich chłopców i ich nauczycieli[56]. Zadawane tematy dotyczyły życia szkolnego i obywatelskiego, nieraz grubo „na wyrost”· Tak np. Marek musiał już pisać z pozycji ojca list z naganą do źle postępującego syna: „Tak zaś teraz bardzo wielki frasunek y cieszki raz y boleść nowina niepocieszna zadała sercu memu, w którey mi oznaymuią, iż się waguiesz y częsciey bąki strzelasz y z kompanią złą przestaiesz, aniżeli się uczysz, nie pomniąc na to, iż kto czas nadaremno w wieku młodym trawi, ten w doyrzałych leciech ani Ojczyźnie ratunku, ani pokrewnym pociechy, ani samemu sobie pozytku zadnego przynieść nie może [...]”. Młodszy, Jan, pisał jeszcze mniej ortograficznie i biedził się nad składaniem listów, z których jeden ma za treść pochwałę przyjaciela-ucznia z tej racji, że dobrowolnie nie przeszedł do klasy wyższej, lecz pozostać wolał w niższej: „Ale twoia pokora albo raczy rozsądek mądry przywiodł cie do tego, zes na miescu został [...]. A przeto bardzo chwale ten twoy uczynek”.

Uczono też wojewodziców wychwalać życie sielskie na wzór Horacego, a na użytek własnych, polskich upodobań ziemiańskich, którym król Jan III będzie mógł dawać upust szczególnie pod koniec życia w ukochanym Wilanowie. Co ważniejsze jednak, profesorowie nowodworscy wprowadzali wiele treści nauczania, służących patriotyczno--obywatelskiemu kształtowaniu swych wychowanków. Stawiali im przed oczy nie tylko uznane przykłady starożytne — np. wodza Gnejusza Pompejusza, zwycięzcę Mitrydatesa z mowy Cycerona *Pro lege Manilia*, lecz również i wzory rodzime — zapał bojowy Bolesława Krzywoustego objawiany już w latach chłopięcych, ofiarę życia młodziutkiego

---

[55] O postaciach tych pisze szerzej H. B a r y c z (*Lata szkolne....*, s. 21 i nast.).

[56] *Ibid.*, s. 29—59. Z wyzyskanych przez Barycza sześciu rękopisów przechowywanych przed wojną w Bibliotece Narodowej — czterech zeszytów wypracowań Marka i Jana i dwóch zbiorów wykładów, zachowały się do dzisiaj tylko dwa — wypracowania retoryczne Jana (rkps 3196) oraz spisane przez niego wykłady na temat mowy Cycerona *Pro lege Manilia* (rkps 3195).

Warneńczyka. Wśród wypracowań i mów Sobieskich napotykamy ciekawe „antyturcyki". W świetle tego, co powiedziano o tradycji rodzinnej Sobieskich i z późniejszej perspektywy patrząc, brzmią one niemal naturalnie z ust Marka, wojownika i ofiary bitwy pod Batohem oraz Jana, zwycięzcy spod Chocimia i Wiednia. Przy okazji należy sobie jednak zdać bliżej sprawę z ich ówczesnego politycznego kontekstu.

Plany wojny z Turcją przeplatały się stale przez dzieje Polski XVI i XVII w., ale nie zawsze były jednakowo aktualne i popularne. Wielkie zamysły żywił w tym względzie Stefan Batory, wraz z jego śmiercią plany takie na dłuższy czas jednak wygasły. Niebezpieczeństwo tureckie dało o sobie znać klęską Cecory i zażegnane zostało bitwą i pokojem chocimskim. Królewicz Władysław, choć bitwę przeleżał chory, chodził w laurach pogromiciela Turków. Jako król odnowił wprawdzie pokój z Turcją w 1634 r., ale od 1640 r. do swej ambitnej polityki włączył już myśl zaczepnej wojny z Tatarami, pociągającej za sobą nieuchronnie rozprawę z Turcją. Plany te pojawiać się zaczęły w latach czterdziestych w instrukcjach na sejmiki i propozycjach sejmowych od tronu[57]. Nie budziły jednak szerszego zainteresowania ani poparcia ze strony społeczności szlacheckiej. Król znajdował zwolenników swej idei jedynie w szlachcie i magnaterii ze wschodnich krańców państwa, doświadczającej osobiście zagrożenia tatarsko-tureckiego. A właśnie synowie tych rodzin kresowych napływali wówczas do Szkół Nowodworskich[58]. Kolegami Sobieskich byli tu Sieniawscy, Potoccy, Koniecpolscy, Kalinowscy. Mowy Marka dotyczą pewnych aktualnych problemów (np. ustanowienia podatku, tzw. hiberny) i osiągnięć polskiego oręża — np. zwycięstwa nad Tatarami pod Ochmatowem w 1644 r. Jan Sobieski w mowie *Narratio historica successuum Otthomanicorum* apelował o współdziałanie do innych państw Europy — co tylekroć przyjdzie mu powtarzać później jako królowi.

Uczniów Szkół Nowodworskich uczono też krytycznego spojrzenia na sejm polski i prywatę szlachty. Profesorowie Szkół śmiało podejmowali w swej linii wychowawczej orientację reprezentowaną przez dążącego do wzmocnienia swej władzy króla, jednocześnie mecenasa Uniwersytetu — Władysława IV.

Dzięki niemu Akademia wyszła zwycięsko z konfliktu z jezuitami, przy jego też pomocy Szkoły Nowodworskie zyskały nową i piękną siedzibę naprzeciw kościoła św. Anny. Sobiescy uczyli się jeszcze w starych i ciasnych murach Bursy Nowej (stojącej wraz z innymi budynkami na miejscu dzisiejszego Collegium Novum). Uświetnili jednak w szczególny sposób uroczystą translację Szkół 2 czerwca 1643 r., choć sami byli już wówczas studentami Uniwersytetu. Uczniowie niosąc obrazy i świece przemaszerowali do nowego gmachu, gdzie wobec

---

[57] W. Czermak, *Plany wojny tureckiej Władysława IV*, Kraków 1895.
[58] H. Barycz, *Lata szkolne...*, s. 10.

zgromadzonego duchowieństwa i władz miejskich wystąpił z mową pochwalną zwróconą do króla — dobrodzieja właśnie Marek Sobieski (mowa doczekała się druku i ta *Oratio gratiarum actoria* ukazała się w Krakowie w tymże 1643 r.)[59]. Natomiast Jan podziękował gościom za przybycie w zakończeniu uroczystości[60].

Przy tej oraz innych jeszcze okazjach stawało się zadość wyraźnemu życzeniu ojca, aby jego synów „narażano dla brania bezpieczeństwa i ad aquirendam oratoriam actionem na publicos actus i na publicas declamationes". Sam Jakub słynął wówczas jako mówca tak na arenie publicznej, sejmowej, jak i prywatnej, wygłaszając okolicznościowe mowy pogrzebowe i weselne.

Oprócz przygotowywania i wygłaszania mów ćwiczono uczniów w sztuce pisania listów. Postępy w tej tak przydatnej w życiu na przyszłość umiejętności ojciec chciał sam śledzić na bieżąco, nakazując synom pisywanie do domu — do siebie po łacinie, do matki po polsku.

Oprócz przedmiotów szkolnych wojewoda przewidywał jeszcze prywatną naukę języków, do których przywiązywał bardzo wielkie znaczenie. Na podstawie własnego doświadczenia i rozeznania naukę szkolnej łaciny uzupełniał nauką języków nowożytnych jako szczególnie potrzebnych „kawalerom i ludziom zacnym, którzy w wojskach, na dworach monarchów et in administranda Republica bawią się". Nie chciał, aby w przyszłości synowie jego w towarzystwie cudzoziemców „siedzieli jak niemi" i szukali dopiero tłumacza. On sam posiadał szeroką znajomość języków obcych i podobną zapewnić pragnął synom.

Mądry ojciec rozważył jednak stopniowy i długoterminowy program nauk, wyznaczając na okres krakowski dobre poznanie niemieckiego i początki tureckiego, na później odkładając francuski i włoski, które miały być przedmiotem nauki dopiero w czasie ich zagranicznej peregrynacji. Jakub słyszał o nauczycielu niemieckiego, który uczył w Krakowie tego języka „ex professo" z bardzo dobrymi wynikami. Tureckiego mieli Sobiescy uczyć się od Rocha, ich współtowarzysza, który ze swej strony miał dopiero poznawać polski i łacinę.

Wojewoda szczególną rolę przypisywał ciągłej konwersacji. Orchowski w imieniu ojca miał stale zachęcać do niej swych podopiecznych — „jeśli się chcą uczyć języków, aby konwersując nie wstydali się, jeśli co źle rzcką, bo milczeniem żaden się żadnego języka nie nauczy. A też dawno powiedziano: »qui nunquam male, nunquam bene«". Za niezbędną podstawę poznawania języka uważał jednak wojewoda gramatykę, co wynika zarówno z „krakowskiej", jak i późniejszej, „paryskiej" jego in-

---

[59] Przedrukował ją J. L e n i e k, *Książka pamiątkowa...*, s. 29—34 („Materiały źródłowe").

[60] *Ibid.*, s. 28.

strukcji. Kreowanie zatem Jakuba na prekursora czysto konwersacyj-
nych metod nauczania języków pozbawione jest podstaw[61]. Ćwiczenia
w rozmowie miały bowiem tylko rozwijać i dopełniać naukę gramatycz-
ną i książkową. W rozmowach z Rozenkiewiczem i Wydżgą mieli Sobiescy doskonalić się także i poza murami szkoły w łacinie, z panem
Zdarowskim zaś, jak już wspomniano, ćwiczyć się w niemieckim. Tylko
początki tureckiego czerpane wyłącznie od Rocha mogły być zupełnie
oderwane od nauki gramatyki i lektur.

W instrukcji Jakuba znajdujemy ponadto interesujący passus na temat wychowania fizycznego. Jak już o tym była mowa, obydwaj chłopcy nie mieli tęgiego zdrowia. Obydwum, zwłaszcza w lecie, często pu-
szczała się z nosa krew i pan Orchowski miał przy sobie jakieś skuteczne
„paciorki” na tę dolegliwość. W związku z tym zabraniano im „swy-
woli i violenta exercitia”. Młodszy Jan miał do tego „siła flegmy”. Mimo
to wojewoda wiedział dobrze, że „ad conservandam valetudinem są exercitia corporis bardzo potrzebne” i dokładnie określał ich tryb. W lecie
(czyli porze ciepłej) jego synowie mieli godzinę dziennie zażywać fizycznej „rekreacyji”, w zimie (porach chłodnych) grać w piłkę przynajmniej w sieni. W dni wolne od zajęć rekreacje te wydłużały się — gdy
było ciepło, przenosiły się za miasto i polegały na biegach, grze w piłkę
i strzelaniu z łuków. Gdy było zimno, oprócz gier pod dachem miano
odbywać dłuższe spacery połączone z odwiedzaniem odległych kościołów.

Przez wyszczególnienie wszystkich tych spraw w instrukcji Jakub
uznany został niegdyś znów za prekursora, tym razem wprowadzania
gimnastyki „szwedzkiej” do wychowania młodzieży[62]. W rzeczywistości
wyrabianie fizycznej sprawności młodzieży szlacheckiej, choć w wielu
rodzinach zaniedbywane, w innych było w praktyce i zwyczaju. Modrzewski, Wereszczyński i inni pisarze potępiają zgnuśnienie jednych,
pochwalają tężyznę drugich. Nie jeden Jakub Sobieski doceniał rolę takiego wychowania, które przyczyniało się do rozwoju psychiczno-fizycz-
nego jednostki i przysposabiało do służby wojennej. „Ćwiczenie ciała
czyni ochotę do nauk” — argumentował lekarz-Petrycy. „Bo gdzieby
młódź ustawicznie miała nad książkami leżeć — pisał na innym miejscu — stęskniłoby się jej prędko, dla czego pewnych czasów odrywać
się młodzi potrzeba do igrzysk [...]”. Wyliczał i omawiał różne dyscypliny — szermierstwo, zapasy i inne zawody (w biegach, skokach, strzelaniu z procy, rzutach kamieniem), pływanie i przechadzki. „Piłki granie
też zdrowie mnoży — pisał np. na temat zaleconej przez Jakuba zaba-
wy — chyżość ciała czyni, ludzi czyni do obrotu sposobne, sił dodaje,
umacnia nogi, ręce twardzi i sprawność członków czyni”[63]. Odbierając

<hr/>

[61] A. D a n y s z, *op. cit.*, s. 224. Gramatyczne metody wynikają szerzej z uwag
zawartych w rkps. 3036, Bibl. Jag., k. 10v, 11v.

[62] A. D a n y s z, *op. cit.*, s. 218.

[63] S. P e t r y c y, *op. cit.*, s. 191, 350—351.

zatem Jakubowi tytuł prekursorstwa myśli o wychowaniu fizycznym młodzieży, przyznajemy mu ojcowską troskę o dopilnowanie tego, aby było ono uprawiane i nie zaniedbywane obok intelektualnego kształcenia.

3. W AKADEMII KRAKOWSKIEJ

Od półrocza letniego 1643 r. przeszli Sobiescy na Wydział Filozoficzny Uniwersytetu, na którym kontynuowali nauki przez pięć półroczy, tyleż samo, co w Szkołach Nowodworskich. Dziekanem wydziału był wówczas Wojciech Dąbrowski, którego Jan III odwiedzi później tuż przed wyprawą wiedeńską, znajdującego się już prawie na łożu śmierci. Legenda oplecie profesora i ucznia barokową wicią spełnionych proroctw — osiągnięcia królewskiej korony i rozgromienia Turków[64].

Studia uniwersyteckie młodych Sobieskich rozwijały się na pewno dalej po linii utylitarnej, dyktowanej potrzebami ich stanu. We wspominanej mowie na cześć Władysława IV Marek występował jako „eloquentiae et philosophiae studiosus". Na pierwszym miejscu stała zatem nadal wymowa, w której doskonalili się pod kierunkiem znanych już ze Szkół Nowodworskich profesorów — Lipnickiego i Kuszewicza oraz najsłynniejszych ówczesnych retorów — Jana Rachtamowicza-Cynerskiego oraz Jakuba Witeliusza. Ten ostatni zapewne kierował ich piórem i słowem na końcowym, szczytowym etapie akademickich studiów, co zdaje się wynikać, jak zobaczymy, z instrukcji „paryskiej". „Wyszlifowana literatura" („politior literatura") iść musiała, jak i poprzednio, w parze z poszerzaną wiedzą historyczną, tak cenioną jako nieprzebrana skarbnica mądrości, pouczeń i porównań.

W instrukcji „krakowskiej", wśród innych dyscyplin przesuniętych na później, wojewoda wymieniał prawo. Łączył je też zapewne z wiedzą polityczną. Z tego zaś zakresu zachowały się do ostatniej wojny zapisane ręką Jana wykłady profesora Joachima Speronowicza, komentującego Sobieskim *Politykę* Arystotelesa. Obnażają one niestety przestarzałą treść i metodę[65].

W dziedzinie filozofii wojewoda chciał, jak już wspominaliśmy, aby synowie jego, omijając subtelności logiki i metafizyki, zaznajomili się z filozofią moralną. Wiedzę o przyrodzie czerpać mogli najlepiej, zdaniem wojewody, z „compendium Jacobi Carpentarii" — Jakuba Charpentiera (1521—1574), francuskiego arystotelika, którego uczniem i wielbicielem był niegdyś Jan Zamoyski[66]. Jego dzieło *Descriptiones univer-*

---

[64] H. B a r y c z, *Lata szkolne...*, s. 61—62.
[65] *Ibid.*, s. 64—68.
[66] S. Ł e m p i c k i, *op. cit.*, s. 136.

sae naturae ex Aristotele pars prior wydano w Krakowie w 1576 r. Dysputy nad nim odbywano w Akademii Zamojskiej, o czym świadczy przykład Stanisława Roszyńskiego *Quaestiones ex philosophia* (Zamość 1617 r.).

Młodzi Sobiescy mogli się jednak również zetknąć z elementami zupełnie nowej, kształtującej się dopiero wizji przyrody i kosmosu. Późniejsze żywe zainteresowania Jana III nową astronomią pozwalają przypuszczać, że nabrał ich już w uczelni, w której kształcił się niegdyś Kopernik i gdzie współcześnie znajdowali się ludzie podtrzymujący jego myśl i śledzący dalsze, tak szybko narastające w tej dziedzinie postępy. Dwaj spośród krakowskich profesorów — Jan Brożek i Stanisław Pudłowski w czasie swych wyjazdów do Włoch nawiązali kontakty z Galileuszem. Notatki i rękopisy jednego i drugiego wskazują dowodnie na ich właściwe poglądy[67]. W czasie pobytu Sobieskich w Krakowie Brożka tu wprawdzie nie było. Pudłowski oficjalnie wykładał prawo. Na swym probostwie przy kościele św. Mikołaja posiadał jednak obserwatorium i pracownię skupiającą krąg krakowskich „ciekawych" („curiosorum") nowych odkryć. Pudłowski-rektor zapewne nieraz jeszcze po uroczystej inauguracji nauk wojewodziców mógł być zapraszany do ich domu. Do rozmów po obiadach przywiązywał zaś Jakub, jak wspominaliśmy, szczególne znaczenie, wiedząc dobrze, że ówczesna nauka, nie zawsze znajdując dostęp na katedry, rozprzestrzeniała się prywatnymi nurtami. Czasem jednak i do sal uniwersyteckich wkraczały nieśmiało nowe problemy, o czym świadczy np. Alberta Strażyca *Quaestio astronomica* (Wiedeń 1640 r.) dotycząca tak ważnych odkryć księżyców Jowisza, plam na Słońcu, gór na Księżycu, jawnie przeciwstawiająca astronomom starożytnym — nowożytnych. Ten sam Strażyc dedykował później, w okresie, gdy Sobiescy kończyli studia, jedną ze swych prac, *Problema cyclologicum* (Kraków 1646 r.), swemu byłemu uczniowi, teraz zaś „panu i patronowi znakomitemu" — Adamowi Hieronimowi Sieniawskiemu, synowi przyjaciela Jakuba Sobieskiego i koledze Marka i Jana z czasów krakowskich.

Przewidywana przez ojca „mathesis", po dobrych podstawach wyniesionych ze Szkół, nie mogła być przedmiotem, z którym młodzi Sobiescy nie mieliby do czynienia w ciągu dwuipółletnich studiów uniwersyteckich. Ale zdobywanie wiedzy w tym zakresie mogło też opierać się na tak rozpowszechnionych wówczas prywatnych lekcjach i kontaktach[68]. Choć więc zdani jesteśmy tylko na pośrednie wnioskowanie i do-

---

[67] T. P r z y p k o w s k i, *Astronomia w Polsce w I połowie XVII w.*, w: *Historia astronomii w Polsce* pod red. E. R y b k i, Wrocław 1975, s. 240 i nast. Według S. B a r ą c z a (op. cit., s. 80) w bibliotece w klasztorze Dominikanów w Żółkwi miał się znajdować astronomiczny rękopis Marka S o b i e s k i e g o *Introductorium contemplationum astronomicarum*.

[68] J. D i a n n i, *Studium matematyki na Uniwersytecie Jagiellońskim do połowy XIX w.*, Kraków 1963, s. 66 i nast., 86—87.

mysły, problemowi temu musimy poświęcić więcej niż to dotąd czyniono uwagi.

Wprawdzie sam Jakub, z tego, co wiemy o jego własnych naukach i studiach, był zdecydowanym humanistą, ale dobrze sobie zdawał sprawę z rosnącego znaczenia nauki matematyki dla szlachty jako niezbędnej podstawy nowych metod wojowania. Wiedzę z tego zakresu wysoko cenił u innych. Chwali za to np. Karola Chodkiewicza[69], przedstawiciela starszego pokolenia, obserwować musiał u współczesnych i nieraz bardzo mu bliskich ludzi — Tomasza Zamoyskiego, Jana Żółkiewskiego, Stanisława Koniecpolskiego. Mógł więc pragnąć, aby w jej arkana weszli także i jego synowie.

Przemiany w sposobach i sztuce wojowania dokonywały się bowiem stale i rozprzestrzeniały dynamicznie. Dawno minęły czasy, gdy to Marycjusz na ostatnim miejscu na liście nauk potrzebnych wojownikom stawiał matematykę i geometrię praktyczną. Modrzewski powtarzał już ubolewania przedstawicieli tradycyjnej sztuki wojennej, opartej na walce wręcz, nad narastającą „potęgą spiżowych dział, którymi można zabić wiele tysięcy ludzi"[70]. Przyznawał jednak, że już starożytni używali skomplikowanych machin wojennych. Stały wzrost znaczenia technicznych środków walki — artylerii oraz związanych z nią systemów fortyfikacyjnych obrony — powodował, że oparta na matematyce, mechanice, elementach fizyki i chemii ich znajomość docierać zaczęła na szerszą skalę także do Polski, zrazu reprezentowana przez nielicznych fachowców-cudzoziemców, stopniowo przez coraz szersze kręgi wojskowych.

Dawny, brawurowy system wojowania przede wszystkim w otwartym polu i posługiwanie się białą bronią uległy w Polsce dewaluacji i utraciły swą wyłączność po ciężkich doświadczeniach wyniesionych z wojen ze Szwedami w Inflantach i Prusach oraz wojen z Moskwą, prowadzonych w czasach Zygmunta III i Władysława IV[71]. Zetknięcie się z wrogami, stosującymi przede wszystkim artylerię i osłony ziemne, jawnie uzmysłowiło konieczność wyrzeczenia się panującej dotąd niepodzielnie wielowiekowej tradycji „mężnej polskiego wojennika ręki" z Psiego Pola i Grunwaldu. Tak pisał Maciej Głoskowski w dedykacji Władysławowi IV pierwszego wydanego w Polsce traktatu wiedzy artyleryjskiej — tłumaczenia Archelii Diega Uffana (Leszno 1643 r.). Biadał, że oto nastały „nowe fortyle", na dużą skalę weszły w użycie proch i muszkiety, kopanie lochów i wznoszenie wałów — „ziemnych kretów sztuki". I choć mówił o nich z wyraźną pogardą w porównaniu z odwagą okazywaną w otwartym starciu, to jednak wskazywał na palącą potrzebę przyswojenia nowych technik.

---

[69] Jakub S o b i e s k i, *Pamiętnik wojny chocimskiej*, Petersburg 1854, s. 56.
[70] A. F r y c z - M o d r z e w s k i, *op. cit.*, s. 326.
[71] T. N o w a k, *Polska technika...*, s. 6—7.

Schyłek panowania Zygmunta III, a zwłaszcza lata rządów Władysława IV, przyniosły rzeczywiście szereg ważnych posunięć na polu wprowadzenia najnowszych zdobyczy technicznej sztuki wojowania[72]. Ważne inicjatywy podejmowali hetmani — w Koronie Stanisław Koniecpolski, na Litwie Krzysztof Radziwiłł. Coraz więcej miast i rezydencji magnackich stawało w wieńcu nowych systemów fortyfikacyjnych[73]. Szczególnie wiele wyrastało ich na kresach południowo-wschodnich. Po Zamościu, Żółkwi i Zbarażu powstał Złoczów Jakuba Sobieskiego, o którym już wspominaliśmy, dalej Podhorce i Brody Stanisława Koniecpolskiego, forty na linii Dniepru[74]. Władysław IV wznosił arsenały, modernizował i rozbudowywał park artyleryjski, zorganizował całą odpowiednią formację. W związku z tym wszystkim konkretyzowały się też nowe, odpowiadające zmienionej sytuacji, koncepcje szkolenia szlacheckich synów.

Wspomniana, bliska realizacji Akademia Rycerska dell'Aquy, nie była już pomyślana jako szkoła szermiercza. Projektodawca przede wszystkim chciał uczyć w niej dwóch nauk — sztuki fortyfikacji („ars fortificatoria") i sztuki artyleryjskiej („ars tormentatoria"). „W jednej nauce jest obrona, a w drugiej szkodzenie" tłumaczył — są więc one „naukami spólnymi", które traktować i posiąść trzeba łącznie. Tak pisał na wstępie do pierwszego opracowanego przez siebie w języku polskim podręczniku dla Akademii — Praxis ręczna działa, który niestety drukiem się nie ukazał. Powstały jeszcze w latach dwudziestych XVII w., w. kilku kopiach opatrzonych dedykacjami, rozchodził się wśród najznacznięjszych senatorów, upatrzonych na protektorów sprawy Akademii[75]. Byli wśród nich również Krzysztof i Jerzy Zbarascy, rychło później zmarli, których Jakub wspomina w instrukcji „krakowskiej" jako „srodze wielkich swoich przyjaciół". Inną znów dedykację zwracał dell'Aqua do Władysława Dominika Zasławskiego, późniejszego pierwszego męża Katarzyny Sobieskiej, siostry Marka i Jana. Dell'Aqua miał bowiem rozliczne stosunki z rodzinami kresowymi, a dziadowi braci Sobieskich, Janowi Daniłowiczowi, urządzał w Olesku zapewne nie tylko ognie sztuczne i fontanny, które prezentował w swej Praxis[76], lecz również wyposażenie i obsługę cekhauzu, tak dobrze na pewno znanego małemu Janowi.

Ze względu na nowatorski program projektowanej szkoły dell'Aqua

---

[72] B. Baranowski, *Organizacja wojska polskiego w latach 30-tych i 40--tych XVII w.*, Warszawa 1957; Z. Nowak, *Z dziejów techniki wojennej w dawnej Polsce*, Warszawa 1965, s. 128—142; K. Olejnik, *Rozwój polskiej myśli wojskowej do końca XVII w.*, Poznań 1976, s. 83 i nast.

[73] A. Gruszecki, *Bastionowe zamki w Małopolsce*, Warszawa 1962.

[74] S. Herbst, J. Zachwatowicz, *Twierdza Zamość*, Warszawa 1936; A. Czołowski, *Dawne zamki...*, passim.

[75] A. dell'Aqua, *op. cit.*, s. 48—49.

[76] *Ibid.*, s. 404 i ryc. na s. 405.

słusznie przypisywał sobie powzięcie prekursorskiego zamiaru: „I na-
pirwszy jestem, którym umyślił założyć Akademiją Rycerską — pisał — i nauczyć językiem polskim tych dwu nauk, bo upodobałem sobie
ten naród rycerski". Dell'Aqua starał się rozproszyć uprzedzenia, jakie
mogło budzić wdrażanie synów szlacheckich do „nauki rzeczy prostych,
że mechanicze są". Wenecki inżynier radził „kożdemu, który z skłon-
ności przyrodzony chciałby się obirać" w zawodzie wojskowego, aby
się „nie odrażał, ale miarkował dowcipem swoim, a nie zaniechywał mówiąc, że to jest profesyja mechanicka. Archimedes urodził się z krwie
królewski — argumentował — a przeć się był sławnym i zacnym me-
chanikiem. Radzę przy tym kożdemu wielkiemu panu, aby się w tej
profesyjej kochał, bo godna jest, aby ją kożdy poznał, który się ojczyzny
swojej obrońcą być mieni"[77]. W pacta conventa zaprzysiężonych przez
Władysława IV w 1633 r. podkreślano, że szkoła rycerska ma służyć
„ćwiczeniu w fortyfikacjach a rzeczach puszkarskich"[78]. Niestety nie
powstawała ona; być może dlatego, że hetman Koniecpolski zatrudniał
dell'Aquę przy swoich praktycznych przedsięwzięciach (pewnie i przy
budowie swych prywatnych rezydencji)[79].

Dostęp do nowej wiedzy wojskowej prowadził przede wszystkim poprzez matematykę i już wcześniej zdarzało się, że przystępujący do tej
nie studiowanej przedtem dyscypliny synowie magnaccy nabierali do
niej wielkiego zamiłowania. Niezwykły zapał do studiów matematycz-
okazywał od najmłodszych lat rówieśnik i przyjaciel Jakuba Sobieskiego, Tomasz Zamoyski[80]. Syn zmarłego kanclerza i hetmana uczył się początkowo, jak wspominaliśmy, w Zamościu. W latach 1610—1612, a więc,
gdy miał szesnaście-osiemnaście lat, kształcił go w dziedzinie matematyki specjalnie w tym celu do Polski sprowadzony Belg, profesor z Würz-
burga i Lowanium, Adrian van Roomen (Romanus)[81]. Jan Brożek, który
przy tej okazji zawarł niezwykle dla siebie cenną znajomość z van
Roomenem, chwalił niepomiernie tak nauczyciela, jak i Tomasza, „którego można słusznie porównać z owymi bohaterami starożytnymi — pisał — godny syn wielkiego ojca, kiedy powziął postanowienie przeras-
tające jego młody wiek, aby przebyć duchem krąg wszechnauk, ciebie
przede wszystkim — zwracał się do van Roomena — wybrał bez waha-
nia na mistrza wtajemniczenia przy przenikaniu misteriów nauk matematycznych; za tobą miał iść w owych uczonych zapasach geometrycz-
nych (trudno uwierzyć, jaki Jego Wielmożność ma zapał do studiów),

[77] Ibid., s. 48—49.
[78] Volumina legum, Petersburg 1859, t. III, s. 363.
[79] T. N o w a k, Polska technika..., s. 134.
[80] S. Ż u r k o w s k i, op. cit., s. 25.
[81] S. K o t, Stosunki Polaków z Uniwersytetem Lowańskim, „Minerwa Polska" I, 1927 i osobna odbitka, s. 7.

jak ze swoim koryfeuszem i niby jakimś bóstwem euklidejskim"[82]. Jeszcze wiele lat później wspominał Brożek niebywałą hojność okazaną belgijskiemu uczonemu przez Zamoyskiego[83]. O tym, że i sam Brożek znany był i wyróżniany przez Zamoyskiego, świadczy fakt, że w 1638 r. udał się on do Zamościa na wesele córki Tomasza, Gryzeldy[84].

Nauki dawane przez van Roomena Tomaszowi zawierały niewątpliwie i zastosowania do wiedzy militarnej. W tym zakresie kształcił on bowiem Polaków już w Würzburgu i Lowanium, a nawet jednemu ze swych polskich uczniów, Aleksandrowi Zasławskiemu, dedykował traktujące o tym dzieło *Mathesis polemica* (Frankfurt nad Menem 1605 r.)[85]. Na dwadzieścia lat służby u Tomasza powoływał się dell'Aqua i on to zapewne był nauczycielem jego syna Jana, przyszłego Sobiepana, rówieśnika Marka i Jana Sobieskich. Ordynatowa po śmierci Tomasza wyrażała swą wolę, aby jej syn, chowany początkowo również w Zamościu, zdobywał wiedzę „o tych murach i o tym cekauzie i o tej nauce rycerskiej"[86].

W matematyce rozsmakował się też dziad wujeczny Marka i Jana Sobieskich, Jan Żółkiewiski, nie gdzie indziej, jak w Akademii Krakowskiej. Wspominaliśmy, że bliższe dane o jego studiach zawdzięczamy pamiętnikarskim zapiskom Brożka. Profesorem matematyki Żółkiewskiego był najpierw Walenty Fontanus. Ponieważ jednak musiał on na dłużej wyjechać z Krakowa, w 1610 r. zlecił prowadzenie prywatnych lekcji z piętnastoletnim wojewodzicem kijowskim młodemu i zdolnemu swemu uczniowi — Brożkowi[87]. Po latach, właśnie wówczas, gdy bracia Sobiescy bawili w Krakowie, Brożek wspominał ten swój debiut pedagogiczny w liście pisanym ze Staszowa do rektora Stanisława Pudłowskiego[88]. Zwierzał się bowiem Fontanie ze swych wątpliwości co do uczenia matematyki magnackiego syna: „Boję się — mówił — aby mu się nie uprzykrzyły demonstrationes, bo ab Euclide zaczynał". Fontanus na to przypomniał mu wstęp do pierwszego polskiego podręcznika geodezji — *Geometria to jest miernicka nauka* (Kraków 1565 r.) Stanisława Grzepskiego. Autor wywodził tam, że „nie masz zacniejszej [...], nie masz pewniejszej, nieomylniejszej nauki" nad geometrię. Ucząca się jej szlachta, dowodził Fontanus, musi wniknąć w jej teoretyczne podstawy, a nie tylko zaznajamiać się z jej praktycznymi zastosowaniami „plebeio more" — zwyczajem plebejuszy, dla których teoria pozostawała nie-

---

[82] J. B r o ż e k, *Wybór pism*, t. II, oprac. J. D i a n n i, Warszawa 1956, s. 67.

[83] *Ibid.*, t. II, s. 25.

[84] *Ibid.*, t. I, s. 421.

[85] S. K o t, *loc. cit.*, s. 7.

[86] J. K o w a l c z y k, *Dwór artystyczny Jana Zamoyskiego „Sobiepana"*, w: *Sarmatia artistica. Księga pamiątkowa ku czci prof. W. Tomkiewicza*, Warszawa 1968, s. 125.

[87] J. B r o ż e k, *op. cit.*, t. I, s. 425—426.

[88] *Ibid.*, t. II, s. 504.

znana. Wbrew obawom Brożka — Żółkiewski okazał się uczniem tak chętnym i pojętnym, że w rok później nauczyciel dedykował mu swą rozprawkę zawierającą dociekania nad sześcioboczną formą pszczelich komórek (*Problema geometricum in quo ex geometriae fundamentis vera et propria causa reddetur, quare apes hecagona figura favos construunt*, Cracoviae 1611)[89].

Pierwsza publikacja Brożka dotyczyła problemów miernictwa (*Geodesia distantiarum*, Cracoviae 1610), zespalając wiedzę teoretyczną z jej praktycznymi zastosowaniami. W 1616 r. opracował dla swego ucznia, Pawła Herki, odpowiedź na kwestię: Czy astronomowie mają dla spraw publicznych większe znaczenie niż znawcy geometrii? W wywodzie swym zaprzeczał tak postawionemu pytaniu, wykazując, że geometria winna być raczej zwana pantometrią i że znajomość jej posiada niezwykłą dla ludzkości wagę — tak w okresie pokoju, jak i wojny. Nie wystarczy bowiem „spróbować nieco tej nauki", lecz należy szukać „korzystnego zastosowania wszystkich jej twierdzeń", m. in. przy budowie machin wojennych i obwarowań[90].

I chociaż projekt nowej, publicznej akademii dell'Aquy nie wchodził w życie, równolegle w ramach istniejących już szkół rodziło się coraz więcej innowacji z tego właśnie zakresu. Prąd ten nie ominął nawet szkolnictwa jezuickiego. W 1633 r. w Wilnie ukazały się drukiem *Illustriora theoremata* publikowane przez studenta tamtejszej Akademii, „szlachcica litewskiego, słuchacza fizyki i matematyki", Jana Rudominę Dusiackiego. Był to zapewne owoc wykładów jezuity Oswalda Krügera, który z kolei w 1636 r. ogłosił osobny traktacik o przyrządzie celowniczym pt. *Parallela horoscopa*[91]. Obydwa druki dedykowane były Władysławowi IV, a Dusiacki w imieniu kolegów zapewniał króla, że szlachecka młodzież ucząc się przygotowuje do służby pod jego komendą. W Wilnie i w Kiejdanach, w szkołach różnowierczych, kształcono w matematyce kolejno Janusza i Bogusława Radziwiłłów[92]. W kalwińskim gimnazjum kiejdańskim objął w 1641 r. wykłady Adam Freytag, torunianin z pochodzenia, przez lata działający w Holandii, jeden z najlepszych wówczas europejskich teoretyków wiedzy wojskowej[93].

Nie zabrakło też całej serii znamiennych inicjatyw w Akademii Krakowskiej. Brożek w czasie swego pobytu w Padwie w latach 1620-1624 zainteresował się jeszcze bliżej architekturą i inżynierią wojskową. Wie-

[89] *Ibid.*, t. II, s. 52—54.

[90] *Ibid.*, t. I, s. 73—81.

[91] T. N o w a k, *Polska technika...*, s. 31.

[92] J. W i s n e r, *Lata szkolne Janusza Radziwiłła. Przyczynek do dziejów szkolnictwa kalwińskiego na Litwie w I poł. XVII w.*, „Odrodzenie i Reformacja" XIV, 1969, s. 187; B. R a d z i w i ł ł, *Autobiografia*, oprac. T. W a s i l e w s k i, Warszawa 1979, s. 19.

[93] S. H e r b s t, *Freytag Adam*, „Polski Słownik Biograficzny", t. VII, Kraków 1948, s. 135—136; T. N o w a k, *Polska technika...*, s. 31—32.

dzę swą rozpowszechniał drogą prelekcji i nauczania prywatnego[94]. W 1630 r. powziął myśl stworzenia katedry geometrii, planując zarówno wykłady teoretyczne, jak i praktyczne zajęcia w terenie. W rok później doszło do fundacji pierwszej katedry geometrii praktycznej, uposażonej przez Adama Strzałkę z Rudzy, przy niewątpliwym współdziałaniu Brożka, widocznym w zarysowanym programie i obsadzeniu katedry przez jego ucznia — Pawła Herkę. Z kolei fundacja Gabriela Prewancjusza z 1632 r. wśród siedmiu nowych katedr przewidywała również utworzenie katedry geometrii, geografii i fortyfikacji. Zapis na rzecz Uniwersytetu Jana Tęczyńskiego z 1637 r. obejmował także dwie katedry geometrii. Mimo obfitości tych fundacji realny kształt przybrała tylko jedna katedra, katedra Strzałki, która stała się nową i ważną cząstką Uniwersytetu[95].

Po Herce, który rychło przeszedł na wydział teologiczny, obejmował ją przez pewien czas Brożek, gdy zaś ten opuścił w 1639 r. Uniwersytet, przenosząc się na probostwo w Międzyrzeczu i Staszowie, pojawił się na tej katedrze w 1642 r. wspomniany już Albert Strażyc. Dwukrotnie — w latach 1637—1638 oraz 1643—1648 — zasiadał na niej Jan Toński.

Można więc przypuszczać, że z nim to przede wszystkim zetknęli się bracia Sobiescy[96]. Nie bez znaczenia w nawiązaniu kontaktów mógł być fakt, że Toński był preceptorem i opiekunem w zagranicznych peregrynacjach kilku młodych Koniecpolskich[97], m. in. braci ciotecznych Sobieskich — synów Stefana i Marianny z Daniłowiczów. Była to owa ciotka Koniecpolska, którą Marek i Jan, wedle zalecenia ojcowskiego, mieli odwiedzać, ilekroć by bawiła w Krakowie (zmarła ona niestety rychło, w 1646 r.). Jej syn, Stanisław Franciszek, który studiował poprzednio w Krakowie, a następnie wraz z Tońskim przewędrował Niemcy, Belgię i Włochy (a zapewne i Francję), przebywając w Ingolstadzie ozdobił pochwalnym wierszem wydany tu po raz pierwszy w 1640 r. przez Tońskiego podręcznik — *Artithmetica vulgaris et trigonometria* (następne wydania ukazały się w kraju w 1642 i zapewne 1655 r. oraz w Wenecji w 1645 r.). Koniecpolski skierował swój wiersz do „swego najwierniejszego nauczyciela" („praeceptori suo fidelissimo").

Geometrię praktyczną ujmował Toński według traktatów bolońskiego profesora Jana Antoniego Maginiego oraz Francuza Samuela Marolois.

[94] J. Dianni, *op. cit.*, s. 81; T. Nowak, *Polska technika...*, s. 29—30.

[95] K. Sawicki, *Pięć wieków geodezji polskiej*, Warszawa 1964, s. 122—126; J. Dianni, *op. cit.*, s. 83—86; T. Nowak, *Polska technika...*, s. 31.

[96] Na osobę Tońskiego wskazał już H. Barycz, *Lata szkolne...*, s. 63.

[97] A. Wachułka, *Jan Toński, profesor Uniwersytetu Jagiellońskiego w XVII stuleciu i jego matematyczne dzieło*, Studia i Materiały z Dziejów Nauki Polskiej, ser. C, z. 1, Warszawa 1957, s. 59—121; *Metryka Nacji Polskiej w Uniwersytecie Padewskim (1592—1745)*. Do druku przygotował H. Barycz, indeks osób oprac. K. Targosz, Wrocław 1971, nr 1398, 1399, 1402, s. 195—296, 405.

Korzystał też z dzieła Adama Freytaga *Architektura militaris*. W podręczniku znalazły się przykłady obliczania z oddali wysokości wieży, długości podkopu pod wieżą, szerokości płynącej dołem rzeki, osi narożnika bastionu, boku twierdzy, długości linii obrony. Ilustrowały to odpowiednie ryciny. W Bibliotece Jagiellońskiej przetrwał do dziś zbiór niezwykle starannie wykonanych ręcznie planów różnych twierdz z podpisami w języku włoskim. Być może był on najpierw w posiadaniu Jana Brożka[98], później zaś znalazł się w księgozbiorze Krzysztofa Mieroszewskiego[99], polskiego teoretyka architektury i sekretarza Jana III. Trudno orzec, ile tej wiedzy młodzi Sobiescy mogli już posiąść w Krakowie. Studia z tego zakresu czekały ich bowiem jeszcze za granicą.

Nic nie możemy niestety powiedzieć na temat wychowania fizycznego Sobieskich w okresie uniwersyteckim, który ogólnie jest o wiele mniej nam znany niż okres gimnazjalny. Możemy się i w tym wypadku domyślać, że skoro ojciec przywiązywał do tego wychowania już poprzednio dużą wagę, to zostało ono utrzymane, a kto wie, czy nie rozszerzone z racji dorastania młodzieńców. Wiemy np., że Tomasz Zamoyski miał niegdyś w Zamościu naukę ułożoną w ten sposób, że każdy czwartek ze swymi rówieśnikami — Mikołajem Potockim, Mikołajem Ostrorogiem, Marcinem Urowieckim, Aleksandrem Prusinowskim, Prokopem Leśniowskim — poświęcał jeździe konnej i biegom z kopią do pierścienia. Odbywały się one pod okiem specjalnie sprowadzonego z dworu cesarza Rudolfa II kawalkatora, Andrzeja Canavesiego[100]. Być może w ćwiczeniach tych uczestniczył w czasie swego pobytu w Zamościu także Jakub Sobieski.

Dla większości synów magnackich podobne przeszkolenie znajdowało swą kontynuację i wchodziło w zakres zagranicznych peregrynacji. Wraz z dalszym kształceniem intelektualnym miało też stanowić część składową następnego etapu studiów młodych Sobieskich.

---

[98] Rkps 465a Bibl. Jag.; T. N o w a k, *Polska technika...*, s. 30.

[99] A. M a ł k i e w i c z, *Księgozbiór architekta Krzysztofa Mieroszewskiego*, Folia Historiae Artium XII, 1976, s. 120.

[100] S. Ż u r k o w s k i, *op. cit.*, s. 8.

II. Z POLSKI DO FRANCJI

1. NA PROGU PEREGRYNACJI

Zagraniczne studia i wojaże synów magnackich i licznych synów szlacheckich, rozpowszechnione w ciągu XVI w., w XVII stuleciu liczbowo osiągnęły swoje apogeum. Oceny ich przydatności były jednakże rozbieżne, bo też i różne były ich rzeczywiste wyniki. Moraliści wytykali przede wszystkim złe skutki, jakie zamiast korzyści przynosiły młodzieży peregrynującej po dalekich krajach. Nie kto inny, a pradziad młodych Sobieskich, Żółkiewski, pisał niegdyś w testamencie z 1606 r. z zadowoleniem, że syn jego Jan uczy się w Zamościu, a nie w „cudzej ziemi", gdyż wyjazdy więcej zła niż dobra przynoszą. Zaznaczał jednak, że gdyby i on miał udać się za granicę, to najważniejszą rzeczą będzie wybranie dla niego odpowiedniego opiekuna[1]. Młody Żółkiewski, śladem innych rówieśników, wyruszył też w następnych latach do dalekich krajów.

Pradziad Żółkiewski sam miał za sobą tylko krótki pobyt za granicą[2]. Inaczej już było w następnych pokoleniach, gdyż wojaże po różnych państwach rozciągały się znacznie w przestrzeni i czasie, np. aż do lat sześciu w wypadku Jakuba Sobieskiego. Cenił on sobie wysoko to, czego nauczył się i co zobaczył u obcych, bronił też zdecydowanie zasady wojażowania. W siedem lat po zakończeniu własnej peregrynacji, w 1620 r., skreślił instrukcję „Janowi bratu ukochanemu z Królestwa wyjeżdżającemu" („Ioanni fratri amantissimo extra Regnum proficiscenti")[3]. Tutaj to posłużył się porównaniem peregrynantów do pszczół, którzy tak jak one powinni zbierać miód nawet z trujących kwiatów. Ale też bardzo

---

[1] S. Żółkiewski, *op. cit.*, s. 171—172.

[2] O czym wspomina Jakub Sobieski w mowie na pogrzebie Żółkiewskiego (J. Ostrowski-Daneykowicz, *op. cit.*, s. 26). O miejscu studiów w Krakowie i Paryżu mówi w panegiryku pośmiertnym A. Malski (*Laureum Stanislaetum*, Zamość 1640, k. Dv) — „in Alma Academia Cracoviensi, exindeque in Parisiensi Universitate, cognitione scientiarum excelluisset"). O studiach tych nic bliższego nie wiemy. Skądinąd wiadomo tylko, że Żółkiewski towarzyszył poselstwu do Paryża po Henryka Walezego, *Diariusz poselstwa polskiego po Henryka Walezego w 1573 r.*, oprac. A. Przyboś i R. Żelewski, Wrocław 1964, s. 3, 183.

[3] Rkps 110, Bibl. Jag., k. 186—192.

krytycznie odnosił się do większości polskich paniczów, pisząc o nich, że „cielętami przyjeżdżając do cudzej ziemie, wyjeżdżają zaś wołmi do ojczyzny swojej".

Te ostatnie słowa znajdujemy w *Instrukcji synom moim do Paryża*, którą nazywać będziemy „paryską", drugiej z kolei instrukcji, jaką po „krakowskiej" spisał Jakub Sobieski dla „miłych synów"[4]. Zwracał się w niej bezpośrednio do Marka i Jana i podpisał jako „wojewoda ruski ociec was miłujący", dając nowy dowód jasności i dokładności swej myśli wychowawczej. Instrukcja powstała zapewne niedługo przed wyjazdem Sobieskich za granicę, najpewniej na przełomie 1645 i 1646 r. Zawiera ona ogólne wskazówki co do sposobu podróżowania oraz studiów, jakie wojewodzice mieli rozpocząć w Paryżu. Nie obejmuje niestety całego programu pobytu za granicą, przewidywanego przez ojca. Szereg dalszych wskazówek odkładał on bowiem do późniejszej korespondencji z synami i ich opiekunami. W zakończeniu czytamy taką właśnie uwagę: „Ostatek peregrynacyjej waszej i zabaw [tzn. zajęć — K.T.] waszych nim się do ojczyzny wzrócicie, będę wam ordynował, jeśli mię Pan Bóg na tym świecie pochowa [tzn. zachowa — K.T.], nim się wam ruszyć z Paryża każę". Wojewoda jakby przeczuwał rychłą śmierć. Zabierze go ona już na samym początku peregrynacji młodych Sobieskich, przecinając przedwcześnie dalsze kierowanie ich edukacją. O odleglejszych planach ojca wiemy więc tylko niewiele z pewnych napomknień instrukcji „paryskiej". W wielu sprawach, co do pierwotnych intencji Jakuba, zdani jesteśmy na domysły.

Dodatkowym ważnym źródłem i cenną płaszczyzną odniesienia, jaką dysponujemy, jest opis własnej peregrynacji Jakuba Sobieskiego z lat 1607—1613[5]. Ostateczna redakcja tego opisu powstała po latach. „Tę moją peregrynacyję raptim i w krótkości nanotowałem sobie różnemi językami, to francuskim, to hiszpańskim — wyjaśniał w niej na końcu — potem zaś we dwudziestym dziewiątym roku po zwróceniu mojem, zasiadłem tu w Żółkwi w roku 1642 i rekolligowawszy się z pamięcią, lepiej, szerzej i dostateczniej opisałem po polsku tę podróż po różnych krajach chrześcijańskich". Nierówności rzucające się w oczy przy lektu-

---

[4] Jakub S o b i e s k i, *Instrukcja synom moim do Paryża*. Zachowała się w oryginale w rkps. 51, Archiwum Potockich AGAD (W. S e m k o w i c z, *Przewodnik po zbiorze rękopisów wilanowskich*, Warszawa 1961, s. 59). Wydana była drukiem w 1821, 1865, 1880 i 1883 r. Cytuję wg przedostatniego wydania F. K u l c z y c k i e g o, *Pisma do wieku... Jana Sobieskiego*, t. I, cz. I, s. 29—37. Wraz z instrukcją „krakowską", instrukcja „paryska" była przedmiotem omówień J. B a c z y ń s k i e g o, *op. cit.*, s. 40—47; A. D a n y s z a, *op. cit.*, s. 226—231.

[5] Jakub S o b i e s k i, *Dwie podróże...* Jedyne to wydanie, dokonane przez E. R a c z y ń s k i e g o z rkps. 321 Bibl. Kórnickiej jest niestety niedokładne, jak stwierdza A. S a j k o w s k i, *op. cit.*, s. 4—6.

rze opisu[6] są właśnie wynikiem dziejów jego redagowania. Jak dotąd, nie uwypuklono dostatecznie celu, jaki przyświecał powstaniu owej mocno późnej wersji ostatecznej. Wojewoda zabrał się do niej najpewniej z myślą o mającym nastąpić w najbliższych latach wysłaniu własnych synów w szeroki świat. Dlatego to chciał odświeżyć i przetrawić na nowo własne wspomnienia i doświadczenia, do których też odwoływał się wyraźnie na początku instrukcji „paryskiej". Opis peregrynacji Jakuba można więc uznać śmiało za wyraz przygotowywania wyprawy synów, nawet za rodzaj „przewodnika" przeznaczonego dla nich i dla ich opiekunów. Na jego podstawie można też w niejednym wypełnić luki w dziejach peregrynacji braci Sobieskich. Z drugiej zaś strony porównanie opisów obu podróży uwypukla zmiany, jakie dokonały się przez dzielące te wojaże lat czterdzieści w krajach, które te dwie generacje Sobieskich zwiedzały, a także w samych treściach ich edukacji.

Trzecim, bezpośrednim źródłem poznania pobytu młodych Sobieskich za granicą, jest *Diariusz drogi krótko opisany przez mnie Sebastyjana Gawareckiego*, powstający stopniowo w trakcie peregrynacji w latach 1646—1648[7]. Sam autor pochodził z rodziny szlacheckiej herbu Nałęcz, mieszkającej w ziemi wyszogrodzkiej i na Rusi[8]. Był on zapewne trochę starszym towarzyszem-dworzaninem wojewodziców, nie zaś „guwernerem", jak się go przyjęło określać.

Ojciec życzył sobie, aby synowie sami na bieżąco utrwalali tok swego wojażu. „Będzie miał kożdy z was — pisał na początku instrukcji — księgę in folio z gołego papiru, w której sobie wszytkie drogi peregrynacyjej swojej pisać będziecie od dnia wyjechania z domu, aż da Bóg do zwrócenia się". Diariuszy braci Sobieskich jednak nie posiadamy. Wyrażano już przypuszczenie, że istniały one kiedyś i z czasem zaginęły[9]. Być może zaś Sobiescy, odkładając owe nagotowane księgi, poprzestawali na luźnych notatkach, jakie na bieżąco sporządzał niegdyś ich ojciec. Istnieje wreszcie i ta ewentualność, że wyręczali się cudzą

---

[6] Ibid., s. 101—107; Z. T r a w l e k a, *loc. cit.*, s. 179.

[7] Jest to rkps 327 Archiwum Potockich AGAD (W. S e m k o w i c z, *op. cit.*, s. 224). Wydał go F. K l u c z y c k i, *Pisma do wieku... Jana Sobieskiego...*, t. I, cz. I ,s. 38—131 (cyt. dalej: S. G a w a r e c k i, *Diariusz...*). Trzy lata później wydany został powtórnie wraz z instrukcją „paryską": *„Dziennik podróży po Europie Jana i Marka Sobieskich przez Sebastiana Gawareckiego prowadzony oraz przydana instrukcja ojca Jakuba Sobieskiego, wojewody ruskiego, dana synom jadącym za granicę*, Warszawa 1883. We wstępie do tego wydania W. D a w i d podkreślił słusznie, że są to „dwie rzeczy nierozłączne i uzupełniające się". Zaraz po publikacji omówił je B. G r a b o w s k i na łamach „Biblioteki Warszawskiej", 1885, t. IV, s. 285—292. W literaturze naukowej nie było jednak nigdy dotąd przedmiotem łącznych, całościowych rozważań.

[8] W.A. G a w a r e c k i, *Genealogia familii Gawareckich z ziemi wyszogrodzkiej*, Warszawa 1824. O Sebastianie nie ma tu żadnej wzmianki.

[9] A. S a j k o w s k i, *op. cit.*, s. 106.

ręką, właśnie Gawareckiego, sami zaś pozostawili na jego mozolnie opracowanym, ale jakże cennym diariuszu, kilka krótkich, często żartobliwych, a nawet frywolnych dopisków.

Ponad stustronicowy diariusz Gawareckiego nie jest wprawdzie pomnikiem intelektu i talentu pisarskiego jego autora, biedzącego się z zapisem obcojęzycznych nazw miast i nazwisk, czasem popełniającego przeinaczenia i pomyłki, z trudem dobierającego słowa dla wyrażenia ogromnej skali obserwacji. Kipi jednak od utrwalanego na żywo ich bogactwa. Czasem i krótkie jego zapiski, w świetle analogicznych opisów i dodatkowych źródeł, nabierają dla nas niezwykłej wagi.

Trzeba też zdać sobie przy okazji sprawę, że w toku XVII w. rozpowszechniły się znacznie drukowane przewodniki dla podróżników[10]. W późniejszej bibliotece Jana III odnajdujemy cały szereg takich pozycji, powstałych niedługo przed połową stulecia, które młodzi Sobiescy najpewniej nabyli w trakcie swego pobytu za granicą i tym samym czuli się — być może — zwolnieni od nałożonego przez ojca obowiązku notowania szeregu ogólnych danych.

W pisanych współcześnie diariuszach peregrynantów spotyka się wiele ustępów odpisanych po prostu z istniejących już przewodników. Tak np. korzystał z nich młody Hieronim Gratus Moskorzowski (Moskorzewski). Diariusz jego peregrynacji, bliskiej w czasie i przestrzeni peregrynacji Sobieskich, będzie też stanowić bardzo istotne źródło dopełnień i analogii[11]. Drugim takim diariuszem będzie nieco późniejszy, skreślony tym razem ręką opiekuna młodych peregrynantów Mikołaja i Zygmunta Grudzieńskich, diariusz *Europea peregrinatio* Bartłomieja Nataniela Wąsowskiego[12]. Jest to źródło tym cenniejsze, że zaopatrzone w liczne odręczne rysunki autora (czynnego później architekta i teoretyka architektury). Te dwa, mało dotąd wykorzystane diariusze, dają spojrzenia pochodzące od przedstawicieli dwóch krańców wyznaniowych — Mosko-

---

[10] Na rozpowszechnienie przewodników oraz piętno, jakie wywarły na notatkach z podróży zwraca uwagę T. M ą c z a k (*Życie codzienne w podróżach po Europie w XVI i XVII w.*). Warszawa 1978, s. 200.

[11] H. G. M o s k o r z o w s k i, *Diarius rerum notabilium (1645—1650)*, rkps 1372 Bibl. Czart. Diariusz ten odkrył i omówił ogólnie jego zawartość J. T a z b i r (*Diariusz Hieronima Gratus Moskorzowskiego*, „Przegląd Historyczny" LIV, 1963, z. 2, s. 631—650) oraz t e n ż e, *Moskorzowski Hieronim Gratus*, „Polski Słownik Biograficzny", t. XXII, Wrocław 1977, s. 49—51. Dziennik kryje mnóstwo niespożytkowanych jeszcze informacji,

[12] B. N. W ą s o w s k i, *Europea peregrinatio (1650—1656)*, rkps 3031 IV, Bibl. Czart. Diariusz ten odkrył i część jego informacji (na temat Neapolu) wyzyskał H. B a r y c z, *Spojrzenia w przeszłość polsko-włoską*, Wrocław 1965, s. 76—139. Autor monografii o Wąsowskim, J. B a r a n o w s k i (*Bartłomiej Nataniel Wąsowski, teoretyk i architekt XVII w.*, Wrocław 1975), zanalizował prawie wyłącznie materiał ilustracyjny *Peregrynacji*. Z tego ogromnego, liczącego ponad pięćset stron in folio rękopisu, niewielka część dotycząca Holandii doczekała się wydania drukiem (o czym niżej).

4*

rzowskiego, należącego do ariańskiego odłamu polskiego protestantyzmu i Wąsowskiego, katolika-jezuity. Wiele materiału porównawczego przynoszą i inne jeszcze współczesne pamiętniki.

Wracając do grupy źródeł dotyczących bezpośrednio Sobieskich, należy podkreślić, że wspomnienia ojca, jego instrukcja „paryska" oraz diariusz Gawareckiego, choć od dawna znane, nigdy jednak nie doczekały się łącznej analizy. Swoją troistą wymową dają zaś dopiero bogatą panoramę założeń i realizacji całej wyprawy, mimo że nie jednakowo naświetlają wszystkie interesujące nas jej aspekty.

Podobnie jak i w innych wypadkach — zagraniczny okres w edukacji Sobieskich miał się składać z turystycznych wojaży oraz etapów „stacjonarnych", poświęconych właściwym studiom. Szlaki wędrówek i wybór ośrodków uniwersyteckich kształtowały się różnie, w zależności od orientacji politycznej, kulturowej i wyznania rodziców peregrynujących, a także od aktualnej sytuacji w poszczególnych krajach Europy Zachodniej. Jakub zakładał na pewno, że synowie jego zwiedzą Francję, Anglię, Niderlandy, Włochy oraz Niemcy. Nie wiadomo natomiast, czy włączał do programu wędrówek mniej uczęszczane krainy — Hiszpanię i Portugalię, które sam niegdyś przemierzył. Nawet jednak i bez tych dwóch ostatnich państw program Jakuba był dostatecznie szeroki. Z nieprzewidzianych przyczyn ulegnie on jednak obcięciu o część bardzo istotną — Italię. Na przeszkodzie stanie śmierć króla Władysława IV i wybuch wojen kozackich w Polsce. Odwołały one braci Sobieskich przedwcześnie z powrotem do ojczyzny. Dlatego też Italia, nigdy nie oglądana w rzeczywistości, znana tylko z opowiadań, lektury, rycin i malowideł, miała się stać dla Jana synonimem upragnionych marzeń i dążeń. Nie darmo nazwie raz długo nieosiągalną, ukochaną Marysieńkę „swoją włoską ziemią".

Szybki powrót do Polski skrócił też niewątpliwie wojaż młodych Sobieskich i po krajach niemieckich, przez które przejeżdżali dwukrotnie, za drugim razem jednak w pośpiechu. A w drodze powrotnej właśnie zwiedzał je niegdyś dokładnie ich ojciec, Jakub.

Turystyczne wojaże, zgodnie z tradycją, stanowić miały żywą i poglądową lekcję z zakresu geopolityki, historii, sztuki militarnej. Według wskazań Jakuba peregrynanci mieli gromadzić po drodze i notować na swój przyszły użytek podstawowe dane na temat zwiedzanych państw i państewek, aktualnych królów, książąt, dostojników, struktury i składu dworów. W miastach winni zdobywać informacje o zarządzie, załodze, obserwować ich naturalne położenie i obronność oraz urządzenia militarne. Tak też wypełniał te polecenia dla młodych Sobieskich, albo za nich, Gawarecki.

Zwiedzanie kościołów, zamków i pałaców oraz nagromadzonych w nich dzieł sztuki rozumiało się samo przez się i znajdowało odzwierciedlenie w całym piśmiennictwie diariuszowo-peregrynacyjnym. Ubo-

Ważniejsze dostrzeżone błędy druku

Str.	Wiersz	Jest	Powinno być
9	3 od d.	it	its
10	2 od g.	trône	au trône
10	7—8 od g.	dans la le plus couvent dénuées de fonddement littérature savante	dans la littérature savante, le plus souvent denuées de fondement
11	4 od d.	la plésente	la présente
18	18 od g.	chrześcijaństwa	chrześcijaństwu
19	13 od g.	senator	senator)
24	5 od g.	uczy się	uczył się
26	12 od d.	S a l v a n d' e g o	S a l v a n d y' e g o
29	19 od d.	Quastio	Quaestio
43	22 od g.	matematycz-	matematycznych
44	17 od g.	Żółkiewiski	Żółkiewski
50	15 od d.	T r a w l e k a	T r a w i c k a
63	17 od d.	wielką pompą	z wielką pompą
80	14 od d.	defenca	defensa
82	7 od g.	nic	nie
88	13 od g.	hoc	„hoc
98	9 od d.	jusju'	jusqu'
115	4 od d.	na ich	na nich
145	18 od g.	Lanckrońskiego	Lanckorońskiego
146	23 od g.	Lanckroński	Lanckoroński
173	21 od d.	tam	tak
183	19 od g.	carematte	casemate
196	16 od g.	fatheris	father's
196	26 od g.	six	eleven
196	17 od d.	ideals	ideas
198	22 od g.	College de la Cour neuve	College de Nowodworski
199	8 od g.	Jacquies	Jacques
199	25 od g.	dix-huit	onze
201	5 od d.	-Germain, na którym ostatecznie osiedli	kowo
203	9 od g.	Daniłowicz's	Daniłowiczs
203	8 od g.	taucht	taugt
203	4 od d.	cart	car
203	2 od d.	Mthw	Matthew
204	6 od g.	d' Olecko	d' Olesko
204	16 od d.	Ecoles de la Cour neuve	Ecoles de Nowodworski

K. Targosz, *Jana Sobieskiego nauki...*

lewania dzisiejszych badaczy dziejów podróżnictwa nad brakiem odczuć
estetycznych ówczesnych Polaków nie zdają się być w pełni uzasadnione[13]. To prawda, że dawano wyraz swemu podziwowi przede wszystkim
dla rozmiarów, monumentalności oglądanych obiektów oraz kosztowno-
ści materiałów, z jakich je wykonano — dla sum włożonych w poszczególne przedsięwzięcia artystyczne. Ale też ci sprawozdawcy, gdyby
nawet potrafili tworzyć bardziej estetyzujące opisy, nie byliby w stanie
tego dokonać na bieżąco, gdy nieraz w zmęczeniu i w trudnych warun-
kach na postojach notowali plon dziennego zwiedzania. Z pozostawio-
nych przez nich notatek nie wydaje się też, aby bardziej byli wrażliwi
na piękno przyrody, niż rzeźbę, malarstwo i architekturę. Imponująca
jest natomiast już sama ilość zwiedzanych przez peregrynantów obiektów i wytrwałość w ich przedsięwzięciach turystycznych. Wystarczyło,
że przed oczyma tych młodych ludzi przesunęły się dzieła najwyższej
klasy z wielowiekowego dorobku artystycznego Europy. Otarcie takie
nie mogło pozostać bez śladu dla ich późniejszych upodobań, kształtowania i przystrajania własnych rezydencji, tworzenia fundacji kościelnych i szerokiej działalności mecenasowskiej, o jakich skądinąd wiemy.

Oprócz wyboru szlaków peregrynacji druga ważna decyzja dotyczyć
musiała ośrodków przewidzianych na studia. Jakub wybrał dla synów
przynajmniej dwa — Paryż oraz jeden z ośrodków niderlandzkich,
najpewniej już on zadecydował o Hadze. Do Paryża, do tutejszego, bujnie
rozwijającego się ośrodka renesansowego humanizmu ściągali szlacheccy peregrynanci od lat czterdziestych XVI w. Nowa fala młodzieży
podążyła do Paryża w wyniku elekcji Henryka Walezego jako królew-
scy stypendyści. Należał wówczas do niej Andrzej Lubieniecki starszy,
późniejszy arianin, który był krewnym Jakuba Sobieskiego i mógł go
po latach nakłonić do wyjazdu do Paryża. Inną podnietą mogło być spotkanie z Bartłomiejem Nowodworskim, który spędził wiele lat we Francji. Wśród studentów przeważali różnowiercy; młodzież katolicka tradycyjnie podążała przede wszystkich do Włoch. Do tych mniej licznych,
ciekawych zetknięcia się z krajem, w którym za czasów Henryka IV
ułożyła się w atmosferze tolerancji koegzystencja wyznań, należał Jakub Sobieski[14]. Wybór tego samego ośrodka studiów dla synów zbiegł

[13] M. K a c z m a r e k, *Specyfika peregrynacji wśród staropolskich form pa-
miętnikarskich*, w: *Munera litteraria. Księga ku czci profesora Romana Pollaka*,
Poznań 1952, s. 104; C. B a c k v i s, *Szkice o kulturze staropolskiej*, Warszawa
1975, s. 698 i nast.; J. T a z b i r, *Niderlandy i sztuka niderlandzka w opinii polskich podróżników epoki Rubensa*, w: *Rubens, Niderlandy i Polska*, Łódź 1978,
s. 36—37.

[14] J. M o r e a u - R e i b e l, *Sto lat podróży różnowierców polskich do Francji*,
Reformacja w Polsce IX/X, 1937/1939, s. 1—27; H. B a r y c z, *Z dziejów polskich
wędrówek za granicę*, Wrocław 1969, s. 211—242 („Pod urokiem humanistycznego
Paryża"); t e n ż e, *Jakub Sobieski starszy czy Wawrzyniec Świczkowic...*, s. 128—
—129.

się zaś z nowo kształtującą się korzystną sytuacją. Małżeństwo zawarte między Władysławem IV a francuską księżniczką, Marią Gonzagą de Nevers, rokowało pobudzenie polsko-francuskich związków kulturalnych.

O studiach w Niderlandach zadecydował Jakub, jak zobaczymy, ze względu na rozkwitające tam kształcenie wojskowe. Nie ulega wątpliwości, że na jakiś dłuższy pobyt młodzi Sobiescy zatrzymaliby się również w którymś z ośrodków włoskich, nie licząc zwiedzania ważnych miast Italii. Jakub zatrzymał się na dwa miesiące w niewielkim ośrodku wprawdzie, ale słynącym z najpiękniejszej włoskiej wymowy — w Sienie.

Na pewno natomiast nie planował wojewoda, aby synowie jego studiowali na terenie Niemiec, gdzie sam się też dłużej nie zatrzymywał. Niemcy, mimo że nękane przewlekłą wojną trzydziestoletnią, miały co prawda stale swych zwolenników wśród polskiej szlachty i magnaterii. Uchodziły bowiem za mniej moralnie zepsute i dlatego bezpieczniejsze dla młodzieży niż kraje romańskie. Ale Jakub Sobieski już w pierwszej swej instrukcji kładł nacisk na to, by jego synowie opanowali dobrze język niemiecki w Krakowie. Gdyby się go nie nauczyli w czasie studiów krajowych, „musiałbym ich dla tego samego do Niemiec posyłać, w czymby mi bardzo skonturbowali koncept — dodawał — który mam o ich, da Bóg, peregrynacyji". Zamiary ojca były więc skrystalizowane od dawna.

Z instrukcji „krakowskiej" wynika jeszcze, że wojewoda chciał „zaciągnąć z Carogrodu [...] jakiego Greczyna lub Włocha", który towarzyszyłby Sobieskim w zagranicznej wyprawie dla kontynuowania ćwiczeń w języku tureckim. Postaci takiej nie spotykamy jednak w dziewięcioosobowej grupie, w jakiej Sobiescy wyruszyli za granicę.

„Jakiego kto chce mieć syna — pisał nigdyś Stanisław Żółkiewski — takiego ma mu dać inspektora"[15]. Diariusz Gawareckiego mówi, że jego podopieczni mieli aż dwóch „gubernatorów" — pana Pawła Orchowskiego i Marcjana Lisowskiego. Ten drugi obarczony był głównie zadaniami organizacyjnymi, w świetle diariuszowych wzmianek widzimy go bowiem zajętego załatwianiem paszportów, to znów poszukiwaniem dogodnych gospód. Pan Orchowski natomiast utrzymał się na pewno w roli znanej nam już z Krakowa, gdy wojewoda powierzył mu „starszeństwo i władzę ojcowską" nad synami. Pan Orchowski był już jednak albo podeszłego wieku, albo nadwątlonego zdrowia. Z trudem więc przyjdzie mu znosić niewygody peregrynacji, a końca jej nie doczeka, umrze i pochowany zostanie na obcej ziemi. Tak więc po rozpoczęciu peregrynacji stracą młodzi Sobiescy najpierw ojca w Polsce, następnie zaś zastępującego go opiekuna na obczyźnie.

Razem z wojewodzicami ruskimi wyruszyło za granicę dwóch jeszcze

---

[15] S. Żółkiewski, *op. cit.*, s. 172.

paniczów — Stefan Zamoyski i Krzysztof Skotnicki. Stefan Zamoyski był synem Wacława, kasztelana lwowskiego i Zofii Pszonczanki. W przyszłości zostanie kasztelanem kijowskim[16]. Krzysztof Skotnicki, syn Jakuba, wraz z bratem Marcinem odbywał poprzednio nauki w Krakowie, gdzie wpisał się do *Album studiosorum* w półroczu letnim 1635 r. i wszedł wówczas do klasy poetyki Kolegium Nowodworskiego. W Krakowie przebywał przynajmniej do 1642 r.[17]

Wyliczając skład orszaku, Gawarecki na następnym miejscu podawał swoje nazwisko, nie precyzując swej roli, podobnie jak i „towarzysza mego drugiego", pana Rudolfa Kleinfelda z Prus. Domyślamy się, że i oni obydwaj udawali się na studia. Dziewiątym członkiem wyprawy był kucharz.

W chwili wyjazdu z Polski Jan miał tyle lat, co niegdyć jego ojciec Jakub — szesnaście, Marek dochodził osiemnastu. Rozpoczynali więc zagraniczną edukację dość wcześnie. W tym wieku w peregrynacje wyruszali na ogół tylko młodzieńcy z rodzin różnowierczych. Magnateria katolicka wysyłała z reguły swych synów później, gdy osiągali oni dwudziesty rok życia[18]. Wczesne wysłanie synów wskazywałoby, że ojciec przewidywał dość długi ich pobyt w obcych krajach. W rzeczywistości trwał on tylko dwa i pół roku, od początku 1646 do lata 1648 r.

2. Z ŻÓŁKWI DO KROTOSZYNA

Wyjazd z Żółkwi nastąpił 21 lutego 1646 r. Pierwszy miesiąc podróży upłynął niespiesznie na przejeździe przez ziemie polskie. Wojewodzice dotarli najpierw do Zamościa — renesansowego miasta--pomnika wielkiego hetmana Zamoyskiego. Rezydencja rodu i stolica ordynacji stała wówczas pusta. Po śmierci Tomasza, przyjaciela Jakuba Sobieskiego, rychło rozstała się również ze światem ordynatowa — Katarzyna z Ostrogskich. Ich latorośl, rówieśnik Marka i Jana, Jan II Zamoyski, uprzedził wojewodziców ruskich w wyjeździe do obcych krajów, gdzie się niedługo spotkają.

Dalej przez Krasnystaw, Lublin, Kazimierz, Radom i Kalisz dojechali Sobiescy do Krotoszyna, rezydencji ich ciotecznego brata Jakuba Hieronima Rozrażewskiego. Była już o nim mowa jako o synu Jana kraj-

---

[16] K. Niesiecki, *op. cit.*, t. X, s. 72.

[17] *Album studiosorum...*, t. IV, s. 155. Jako student poetyki opublikował wiersz w A. Babeckiego, *Oratio funebris... Joannis Alberti Poloniae et Sveciae principis*, Cracoviae 1635. Jeszcze w 1642 r. zamieścił wiersz w S. Ossędowskiego, *Quaestio de laesione*, Cracoviae 1642.

[18] J. Wisner, *loc. cit.*, s. 185.

czego koronnego i Gryzeldy Sobieskiej, który wraz z bratem Krzysztofem odbywał w latach trzydziestych edukację w Krakowie, pozostając pod kuratelą stryja, Jakuba Sobieskiego.

Bracia Rozrażewscy po naukach krakowskich wyruszyli w świat. Nie wiadomo bliżej, ile krajów objechali. Na pewno byli we Francji, z którą szczególne związki łączyły ich rodzinę już od zeszłego wieku[19]. Studiowali też w Niderlandach Hiszpańskich, w Lowanium[20]. Z peregrynacji w progi domowe powrócił tylko Jakub. W Niderlandach Rozrażewscy zaangażowali się w czynną służbę wojskową i Krzysztof przypłacił ją życiem[21]. Sobiescy na swych szlakach napotykają ślady ciotecznych braci — miły ich oku herb krewnych w Londynie oraz smutny monument — wystawiony przez Jakuba Krzysztofowi nagrobek w Brukseli.

Okolice Krotoszyna przypominały zapewne wojewodzicom i drugi przedwczesny zgon w ich rodzinie — stryja Jana, przyrodniego brata Jakuba, dla którego, jak wspominaliśmy, spisywał on osobną instrukcję zagranicznej edukacji w 1620 r. Słyszał o nim dużo przyszły Jan III, skoro w wywodzie przodków zapisał, że zmarł w wieku „młodzieńskim, powracając z cudzych krajów, summae expectationis kawaler i adressy do wszystkiego nad przyrodzenie, na granicy w Odolanowie, u szwagra swego Rozrażewskiego [tj. Jana, ojca Jakuba Hieronima — K.T.]". Stąd przewieziony został i pochowany w Żółkwi[22].

Nie tylko jednak żałobne wspominki musiały być przedmiotem rozmów Marka i Jana Sobieskich ze starszym bratem ciotecznym. Jakub dzielić się musiał z nimi swoimi dość świeżymi jeszcze przeżyciami z pobytu w obcych krajach. Mógł służyć niejedną cenną radą wojewodzicom ruskim i ich opiekunom. Dość, że pobyt peregrynantów w Krotoszynie trwał całe dwa tygodnie.

Młody Rozrażewski musiał być człowiekiem żywo zainteresowanym różnymi dziedzinami wiedzy, o czym świadczą dedykacje dwóch poważnych dzieł naukowych, jakie skierowano do niego w kilka lat po pobycie Sobieskich w Krotoszynie.

Jan Jonston, szkockiego pochodzenia przyrodnik działający w wielkopolskim Lesznie, dedykował mu część swojego monumentalnego dzieła dotyczącą ptaków — *Historia naturalis de avibus* (Frankfurt nad Menem 1650 r.).

Druga z kolei dedykacja rzuca niezwykle ciekawe światło wstecz, właśnie na okres zagranicznej peregrynacji Rozrażewskiego. Autorem jej jest Aleksy Sylvius, który swe jedyne drukowane dzieło *Lunae cir-*

---

[19] H. Barycz, *Z dziejów polskich wędrówek...*, s. 231—233.
[20] S. Kot, *loc. cit.*, s. 21.
[21] K. Niesiecki, *op. cit.*, t. VIII, s. 162.
[22] *Pisma do wieku... Jana Sobieskiego*, t. I, cz. I, s. 7.

culares periodi wydał w Lesznie w 1651 r. Jak wynika z dedykacji, Rozrażewski poznał Sylviusa za granicą, obdarzył od razu względami i opieką. Sylvius powrócił u jego boku do Polski i znalazł w nim mecenasa. „U ciebie — pisał Sylvius w dedykacji — jeśli nie wziął początek, to w każdym razie narodził się owoc mego umysłu, dziecko twojej łaski" („Apud te, si non conceptus, certe natus est partus his ingenii mei, proles haec favoris tui"). Dzieło jego dotyczyło kalendografii, ale zawierało również i inne ważne problemy matematyczne. Jest bardzo prawdopodobne, że w czasie wizyty Sobieskich Sylvius przebywał w Krotoszynie, pracując nad swym dziełem. Sobiescy mieliby zatem okazję poznać niepospolitego człowieka, który potrafił sobie zdobyć wielkie uznanie w szerokim świecie.

Urodzony w 1593 r., wykształcony w Kaliszu u boku jezuity-astronoma Karola Malapertiusa, opuścił wraz z nim Polskę, przenosząc się do Belgii. Przez lata pracował w Douai i Arras, z kolei zaś w Hiszpanii, słynąc jako zręczny konstruktor sfer, demonstrujących m. in. system heliocentryczny. Poznał go w 1630 r. francuski uczony, Marin Mersenne i za jego pośrednictwem mógł zainteresować się nim także Kartezjusz[23]. Spotkanie z młodym współziomkiem zadecydowało o jego powrocie na ziemię ojczystą i przyjęciu jego opiekuństwa. Oprócz pracy nad swą publikacją, która miała zdobyć sławę — jak pisał — od imienia Rozrażewskiego, kontynuował — być może — dalej swe prace konstrukcyjne.

Jakub Rozrażewski, przyszły kasztelan kaliski i wojewoda inowrocławski, w czasie wizyty wojewodziców ruskich miał już u swego boku małżonkę, która wobec gości pełniła honory pani domu. Była nią Anna Beata z Opalińskich, wdowa po Stanisławie Przyjemskim. Dzieje zawarcia tego małżeństwa znamy dokładnie dzięki Krzysztofowi Opalińskiemu, który początkowo z wielką niechęcią patrzył na konkury „młodzika" Rozrażewskiego względem znacznie starszej, świeżo owdowiałej Anny. Młodsza bowiem od niej siostra, Zofia, zagrożona była staropanieństwem. W listach Krzysztofa do brata Łukasza z 1643 r. odnajdujemy więc narzekania na dolę Zofii oraz postępowanie Anny i jej sąsiada z Koźmina, zaszyfrowanego najczęściej francuskim określeniem „voisin de nostre Soeur"[24]. Krzysztof nazywał go również po francusku „chevalier errant" — błędnym rycerzem, z wyraźnym nawiązaniem do niedawnej wojskowej służby Jakuba w obcych krajach. Czasem sypały się pod adresem młodzika bardzo ostre wymysły rozsierdzonego wojewody poznańskiego. Bracia Opalińscy uciekli się nawet do interwencji u Jakuba Sobieskiego.

---

[23] K. T a r g o s z, *Wokół „ukrytego filozofa". Ślady pierwszych zetknięć z Kartezjuszem i jego myślą ze strony polskiej,* „Studia i Materiały z Dziejów Nauki Polskiej" (w druku).

[24] K. O p a l i ń s k i, *Listy [...] do brata Łukasza 1641—1653,* ze wstępem R. P o l l a k a, Wrocław 1957, s. 126, 130, 133, 150, 160, 205, 239, 241, 247, 256, 260, 416.

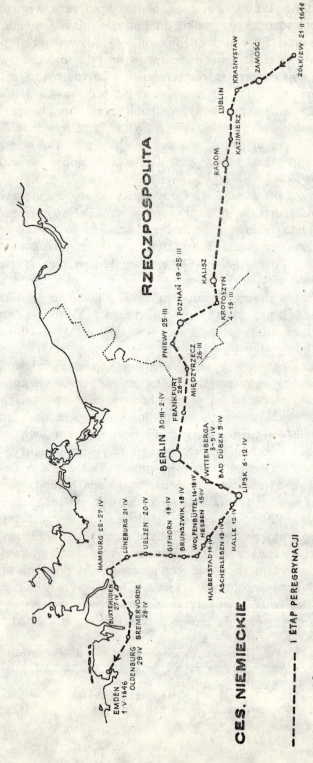

II. Trasa peregrynacji Sobieskich przez Polskę i Niemcy

CES. NIEMIECKIE

RZECZPOSPOLITA

- - - - I ETAP PEREGRYNACJI

ŻÓŁKIEW 21·II·1646
ZAMOŚĆ
KRASNYSTAW
LUBLIN
KAZIMIERZ
RADOM
KALISZ
KROTOSZYN 4-19·III
POZNAŃ 19-25·III
PNIEWY 25·III
MIĘDZYRZECZ 26·III
FRANKFURT 28·III
BERLIN 30·III-2·IV
WITTENBERGA 3-5·IV
BAD DÜBEN 5·IV
LIPSK 6-12·IV
HALLE 12·IV
ASCHERLEBEN 13·IV
HALBERSTAD 14·IV
HESSEN 15·IV
WOLFENBÜTTEL 16-18·IV
BRUNSZWIK 18·IV
GIFHORN 19·IV
UELZEN 20·IV
LÜNEBURG 21·IV
HAMBURG 22-27·IV
BUXTEHUDEN 27·IV
BREMERVÖRDE 28·IV
OLDENBURG 29·IV
EMDEN 1·V·1646

Nic to jednak nie pomogło i 2 października 1644 r. odbyło się wesele·
„Aparencyja wielka, kawalkaty, piechota, muzyka, marcepany, wszystko
szumnie" — donosił obecny na nim Krzysztof Łukaszowi, który zupełnie zignorował ten ślub. Krzysztof prowadził następnie „Panią Siostrę
do Krotoszyna, kędy — jak pisał — czekają nas z ochotą i pompą nie-
małą". Odtąd wojewoda pogodził się z faktem, ujęty został nawet szybko
„affektem i powolnością" szwagra. W końcu uznał, że jest to „pański
zgoła człowiek, choć młody" i — co najważniejsze — bardzo użyteczny
na sejmikach. Małżeństwo Rozrażewskich nie trwało jednak długo
— Anna Beata umrze już w 1648 r.

Po dwutygodniowym pobycie w Krotoszynie Sobiescy udali się
w dalszą drogę i 19 marca przybyli do Poznania, gdzie zatrzymali się
na tydzień. „Tu w suknie francuskie ubraliśmy się podróżne 25 martii"
— zanotował Gawarecki. Tak po cudzoziemsku odziani skierowali się ku
niedalekiej granicy niemieckiej.

3. PRZEZ NIEMCY I NIDERLANDY

Poznań otwierał drogę poprzez północne ziemie niemieckie,
odmiennie niż w wypadku Jakuba Sobieskiego, który czterdzieści lat
wcześniej wyruszał szlakiem południowym, wychodzącym z Krakowa[25].
Tak modyfikując wyjazd synów w stosunku do własnego, ojciec wzbra-
niał im jednak podróży północnomorskiej, przewidując trasę lądową,
wzdłuż wybrzeży przez Szczecin, Lubekę, Hamburg — „jako teraz ludzie jeżdżą do Francyjej, za tymi niepokojami". Miał to być szlak świeżo
przetarty przede wszystkim przez poselstwo Krzysztofa Opalińskiego,
który z końcem lata poprzedniego roku opuszczał Wielkopolskę, a co
tylko zimą 1646 r. powracał z Francji przywożąc nową królową Ludwikę Marię Gonzagę. Zaledwie na dwa tygodnie przed wyjazdem Sobieskich z Poznania nowa królowa stanęła w Warszawie[26].

Opiekunowie Sobieskich odstąpili jednakże od dyrektyw wojewody,
po opuszczeniu Poznania skierowali się bowiem na zachód i przekroczyli
granicę niemiecką, 28 marca przybywając do Frankfurtu nad Odrą.
Najpewniej zmianę tę podyktowały im względy bezpieczeństwa wobec
ciągle zmiennej sytuacji wojennej na terytorium cesarstwa. Trzydzie-
stego marca dojechali do Berlina, a z kolei, opuszczając księstwo bran-
denburskie i wkraczając do saskiego, skierowali się jeszcze bardziej na
południe i 3 kwietnia przybyli do Wittenbergi, 6 kwietnia zaś — do

---

[25] Jakub Sobieski, *Dwie podróże...*, s. 2, 37—39, 187—189; S. Gawarecki, *Diariusz...*, s. 39—50.

[26] J. Le Laboureur, *Histoire et relation du voyage de la Reine de Pologne...*, Paris 1648, cz. I, s. 184 i nast.

Lipska obsadzonego przez Szwedów. Tu zatrzymali się na tydzień i wahali, czy w dalszą drogę puścić się środkiem krajów cesarskich w kierunku Frankfurtu nad Menem, czy też ruszyć na północ, na Hamburg, przewidziany w ojcowskich planach. Po długich „alterkacyjach", za radą dowódcy szwedzkiego Torstensona, który zaopatrzył ich w paszport i przydał specjalnego trębacza, puścili się na północ, przez Halle i Halberstadt. W połowie kwietnia znaleźli się na terytorium księstwa brunszwickiego, gdzie zwiedzili Wolfenbüttel i Brunszwik. Dotąd towarzyszył im szwedzki trębacz. Następnie przez księstwo lüneburskie dotarli 22 kwietnia do Hamburga na kilkudniowy postój. Tu sprzedali konie i dalej podróż odbywali barkami bądź najmowanymi wozami. Drogą przez Oldenburg stanęli 1 maja na granicy holenderskiej. Podróż przez kraje niemieckie zajęła im w sumie jeden miesiąc. Jak wspomniano, trasy powrotnej przez Niemcy w 1648 r. nie znamy.

Droga obfitowała w różne drobne przygody. To Zamoyski zgubił bandolet, to pies Sobieskich, Chłopiec, ukąsił w nogę Skotnickiego, a innym razem zgubił się i o mało nie wpadł w ręce żołdaków. Co gorsza, zgubił się też w lesie pod Wittenbergą sam pan Orchowski „z furmankiem i rzeczami". Takie wydarzenia ubarwiały niejeden ówczesny wojaż i młodzi Sobiescy wiedzieli o przygodzie swego ojca, który sam jeden zabłąkał się w Lesie Hercyńskim, przyprawiając swą czeladź o płacz i lament.

Groźniejszymi przygodami groziły małemu orszakowi niespokojne, wojenne czasy. Mimo że starano się obrać szlak najpewniejszy, musiano się nieraz posuwać „drogą bardzo niebezpieczną dla różnych partyji, tak szwedzkich, jako i cesarskich, którzy na siebie dybali". Tak pisał Gawarecki i słowa jego bynajmniej nie musiały być przesadne. Szczęście im jednak sprzyjało. Zdarzyło się tylko, że jakiś książę porwał im kucharza, ale po wyjaśnieniach musiał zrezygnować z chęci umieszczenia go na swej służbie. Jechali nieraz przez wsie spustoszone i bywało, że na ich widok chłopi uciekali od pługów, biorąc z oddali peregrynantów za zbrojny oddział.

Stan wojny, chociaż niebezpieczny i komplikujący drogę, dawał młodym okazję zaznajomienia się z wieloma realiami dobiegającej końca wojny trzydziestoletniej. Przejazd przez kraje niemieckie stwarzał więc przede wszystkim możliwość dokonania tak zalecanych przez ojca obserwacji.

Zwiedzanie kolejnych miast odbywało się — zgodnie z instrukcją — głównie pod kątem widzenia potencjału militarnego, choć nie uchodziły uwagi peregrynantów również walory estetyczne ich urbanistyki i poszczególnych budowli.

Zaraz więc we Frankfurcie nad Odrą, ledwo odpocząwszy w gospodzie, grupa podróżników poszła obejrzeć „położenie miasta, które jest samo w sobie bardzo ozdobne" i stwierdziła naocznie, że „mury nad rzeką są od Szwedów strzelbą porażone". W Berlinie zwiedzili cekhauz elektora brandenburskiego, „we wszystkim dość porządny, co należy ad arma bellica" i dowiedzieli się, że stacjonuje tu „gwardyjej zawsze porządnej 400". Być może dowiedzieli się też przy okazji, że aktualny władca, dwudziestoletni Fryderyk Wilhelm, przyszły wielki elektor, przeszedł świeżo militarną edukację tam, dokąd i oni mieli później podążyć — w Holandii.

Potęgą obronności zaimponowała im Wittenberga, opasana podwójnymi wałami, z „przechodami murowanymi, sklepionymi", działami, wartami i tysięczną gwardią. Lipsk z oddalenia nie zrobił na nich większego wrażenia, dopiero gdy doń przybyli, przekonali się, że miasto otacza mocny system fortyfikacji zbudowanych przez Szwedów, że zamek posiada osobne umocnienia („po bulwarkach dział barzo siła"), a na wieży zamkowej znajduje się dwadzieścia dział, „co przez wszytko miasto strychować może". Oglądali też ślady szturmu szwedzkiego przy zdobywaniu miasta. Przebywając tu przez tydzień, przypatrywali się z bliska najlepszej wówczas w Europie armii szwedzkiej, stacjonującej pod dowództwem naczelnego generała — Dorstesona, jak zapisał Gawarecki. Chodzi o Lenarta Torstensona (1603-1651), jednego z najwybitniejszych szwedzkich dowódców ze szkoły Gustawa Adolfa[27]. Brał on niegdyś udział w oblężeniu Gdańska, toczył boje na terenie Śląska, Moraw i Czech, dwa razy zagrażał Wiedniowi. Przyczynił się walnie w 1631 r. do zwycięstwa pod Lipskiem, w 1642 r. zdobył zaś to miasto i opanował całą prawie Saksonię. Rok przed przejazdem Sobieskich rozgromił armię austriacką, biorąc do niewoli generała Hatzfelda. Sam we wczesnych latach był jeńcem Maksymiliana Bawarskiego i pobyt w więzieniu przypłacił zdrowiem. Odtąd stale chorował, co nie powstrzymywało go jednak od dowodzenia i kierowania wieloma operacjami. Wizyta Sobieskich, która też zastała go w łożu, przypadła na sam koniec jego działalności — był to ostatni jego rok na służbie. Torstenson zaprosił peregrynantów na obiad, przyjmował ich leżąc w łóżku. U jego boku zastali wojewodzice „generała luitnanta" Wrangla, syna zmarłego już Hermana, Karola Gustawa, który wkrótce zastąpi Torstensona. Było tu również kilku książąt i wielu oficerów. Wizyta ta na pewno zapadła głęboko w pamięć młodych Sobieskich[28].

Po opuszczeniu Lipska oglądali coraz więcej śladów zniszczeń — Halle, prawie całkiem zburzone przez Szwedów, oraz Aschersleben, którego

---

[27] Ch. de Gagern, *Torstenson Lenart*, „Nouvelle Biographie Générale", t. 45, Paris 1866, szp. 510—512.

[28] Temu rzekomo miesięcznemu pobytowi w „armii szwedzkiej" przypisywano dotąd jednak niewspółmiernie duże znaczenie w stosunku do innych korzyści wyniesionych z peregrynacji, o których będzie jeszcze mowa. Ocenę taką ugruntowały w literaturze przedmiotu opinie T. Korzona, *Dola i niedola Jana Sobieskiego*, Kraków 1898, t. I, s. 12.

nie ochroniły mury, wały i fosy. W Wolfenbüttel zatrzymali się dzień dla zwiedzenia, „co było godnego" i „dla panny ładnej w gospodzie", jak żartobliwie dopisała na rękopisie Gawareckiego prawdopodobnie ręka Jana. Za specjalnym zezwoleniem i zleceniem księcia brunszwickiego oberstlejtnant oprowadził Polaków po wałach, opowiadając o szwedzkich planach zatopienia miasta. Zwiedzili też osobny wieniec fortyfikacji zamku, z podziemnymi przejściami w wałach, jak w Wittenberdze, i ogromnymi działami, „co się głowa w nich wchodzi". W następnym mieście, Brunszwiku, spotęgował się jeszcze ich podziw, gdy ujrzeli rodzaj moździerza, który „dziurę ma w sobie tak wielką, co chłop nic nie schylając się siedzieć sobie w nim może". Bardzo możliwe, że chłopcy sami wkładali głowy do luf i siadali w moździerzu.

Równocześnie jednak podziwiano i innego rodzaju obiekty — np. starego lwa odlanego z mosiądzu. Przy okazji polscy podróżnicy pokosztowali wyśmienitego piwa brunszwickiego. Z kolei w Hamburgu Jan na równi ze swymi towarzyszami pozostawił swój podpis na ścianie „jednej wieże wysokiej przy kościele" — zgodnie z niezbyt chwalebnym zwyczajem turystów wszech czasów. Podpis ten najpewniej zatarł się, zanim zdążył zyskać wagę autografu króla polskiego.

Z owej wieży w Hamburgu oglądano znów system fortyfikacji, a w mieście zwiedzono arsenał. Ówczesne arsenały pełniły nieraz rolę muzeów techniki, gromadząc różnego rodzaju curiosa z tej dziedziny. W hamburskim więc natknęli się na łódź, na której jakiś śmiałek wygrał zakład, przepływając na niej z Anglii.

Do Bremenferd (zapewne Bremervörde) przebyli osiem dni po szturmie, jakim w wyniku trzytygodniowego oblężenia zdobyli to miasteczko Szwedzi. Za Oldenburgiem zobaczyli pierwsze fortece zachodniego pogranicza, znajdujące się jako zastaw już w rękach holenderskich.

W czasie podróży peregrynanci dwukrotnie natknęli się na ziomków w obcej służbie wojskowej. We Frankfurcie spotkali w miejscowej gwardii niejakiego pana Kosteckiego, dawnego sługę Jakuba Sobieskiego, który tu „więzienie prawie cierpiał", więc udzielili mu środków na powrót do Polski. W Lipsku wśród żołnierzy szwedzkich znaleźli znów Marcina Łucznika ze Lwowa.

Mimo swych podstawowych zainteresowań militarnych wędrowcy nie pomijali w zwiedzanych miastach również i instytucji naukowych. Największy podziw obudziła w nich imponująca biblioteka książęca w Wolfenbüttel. Rozmiary bibliotecznej sali podał Gawarecki w łokciach, zaznaczając, że „od wierzchu do ziemi w ośm półek naokoło księgami jest napełniona, i w pośrodku przez wszytką bibliotekę znowu we dwoje po cztery półki". Księgozbiór liczył czterdzieści tysięcy tomów oprawnych i dwadzieścia tysięcy jeszcze nie oprawionych.

Krótką wzmiankę poświęcił Gawarecki „akademii starożytnej" we Frankfurcie nad Odrą, a szerszy opis — Uniwersytetowi w Wittenberdze, liczącemu wówczas siedmiuset studentów. W ośrodku tym, kolebce reformacji z ciekawością, ale i ubolewaniem oglądanej przez katolików, widzieli nasi peregrynanci izdebkę Marcina Lutra, w której rzekomo „zły duch rzucił świecą na niego". Natomiast w kościele — oprócz nagrobków Lutra i Melanchtona — pokazano im też obraz przedstawiający papieża na mękach piekielnych. Przejazd przez kraje protestanckie ujawniał przejawy antagonizmów, ale i koegzystencji wyznaniowej. W Hamburgu Sobiescy sami pozostawili po sobie — niestety — smutny ślad. Chcąc się zemścić na właścicielu gospody „Pod Lwem", „zdziercy wielkim", sprofanowali wizerunek „Marcina Lutra i Marcinowej" i następnie wyjechali rano ukradkiem, aby uniknąć „hałasu".

W Oldenburgu posłyszeli wdzięczną miejscową legendę o jednym z grafów, który miał otrzymać w czasie polowania od napotkanej w lesie „panny pięknej urody" róg-trąbkę jako talizman i gwarancję pokoju dla swego państewka. Tę pamiątkę pokazywano niektórym cudzoziemcom, „czego się i mnie dostało widzieć ją i pić z niej" — dopisał w diariuszu Gawareckiego prawdopodobnie Jan.

Hamburg i Oldenburg leżały na nadmorskim szlaku północnym, jaki przewidywał Jakub Sobieski, szlaku, który przemierzył w obie strony przed niedawnym czasem Krzysztof Opaliński. Z jego obserwacji wiemy, że niektóre miasta hanzeatyckie „nawet po tak srogich wojnach" świetnie prosperowały i jeszcze bardziej się wzbogaciły. Wojewoda poznański oraz Francuzi towarzyszący królowej chwalili też sobie wspaniałe przyjęcie, jakiego doznawali ze strony miast i władców północnoniemieckich. „Polska nawet ochota nieporównana z tą sam" — pisał na temat tej gościnności Opaliński w czasie pobytu w Oldenburgu. Jako poseł jechał on wielką pompą, „summe apparenter i magnifice", wśród tłumów ludzi „dziwujących się zwyczajom i strojom naszym"[29]. Mały orszak peregrynantów, odziany według mody zachodnioeuropejskiej, francuskiej, pomykał mało zauważany, ale ich polskie nazwiska mogły rozbudzać przychylne świeże wrażenie okazałych przejazdów na trasie Polska — Francja. Już też w drodze do Paryża nawiązywali Sobiescy pierwsze kontakty z przedstawicielami dyplomacji francuskiej. Tak w Lipsku „nawiedzali" posła francuskiego — „jakiś Monsieur Baron" — zapisał Gawarecki, podając, że bywał poprzednio w Polsce. Był to więc bez wątpienia Karol de Bretagne-Dubois, baron d'Avaugour, utrzymujący kontakt korespondencyjny z Krzysztofem Opalińskim[30]. W luterańskim Hamburgu peregrynanci poszli na mszę odprawianą prywatnie u rezydenta francuskiego.

Od 1 do 18 maja 1646 r. przemierzali Sobiescy terytoria Republiki Zjednoczonych Prowincji Niderlandów, mając przed oczyma zupełnie no-

---

[29] K. Opaliński, op. cit., s. 292 i nast.
[30] Ibid., s. 28 i passim.

we krajobrazy, nowe społeczeństwo i państwo[31]. Zwiedzili wówczas Groningen, Amsterdam, Utrecht i Dordrecht, pozostawiając inne miasta najwidoczniej do powtórnego przyjazdu do tych krain, połączonego z dłuższym pobytem w Holandii. Odłóżmy więc przedstawienie „holenderskiego" rozdziału peregrynacji wojewodziców, ograniczając się na razie do omówienia przebiegu wydarzeń z ich podróży ku Paryżowi.

Przed młodymi Sobieskimi otworzył się nieznany im dotąd widok na morze. Wprawdzie już w Hamburgu oglądali duży port i Gawarecki odnotował pory i czas trwania zaznaczających się tu przypływów i odpływów, dopiero jednak w Zjednoczonych Prowincjach znaleźli się w państwie morskim, wśród ludzi morza oraz na chybotliwych pokładach statków i barek. Ojciec ich pisał ostrzegawczo: „aby tam morzem nie jeździliście, kędy lądem możecie, według Katona starego". Głośno musiało być wówczas w Polsce o świeżych perypetiach drugiego z posłów po Ludwikę Marię, biskupa warmińskiego Wacława Leszczyńskiego. W odróżnieniu od pompy i ostentacji drogi lądowej swego współkolegi obrał on drogę morską, uniknął w ten sposób wydatków, lecz naraził się na wielkie uciążliwości. Młodzi Sobiescy nie wypuścili się na razie dalej w morze, ale nawet żegluga przybrzeżna i kanałami kryła w sobie niespodzianki i nie poskąpiła im silnych emocji. Płynąc z Delfzij kanałem na „bacie" [tzn. łodzi — K.T.], przeżyli potężną wichurę, w czasie której złamał się maszt i „jedną znaczną jakąś białogłowę na tejże barce w łeb zajął, gdzie zaraz omdlała", tak że ją ledwie żywą dowieziono do Groningen. W nie sprzyjającą również pogodę płynęli „odnogą morską" do Amsterdamu (dziś tereny osuszone). Dalej do Utrechtu podróżowali za to wygodnie, przy dobrej pogodzie „rzeczką niewielką, ale bardzo wesołą", i potem Renem do Dordrechtu.

Po drodze spotykali Polaków. W Groningen zastali studiującego tu Gołuchowskiego (niewiadomego imienia) oraz Gorajskiego, syna kasztelana chełmskiego (a więc Zbigniewa), mógł to być zatem Rafał. Ponadto zawarli znajomość z innym przedstawicielem rodziny Gorajskich, zamieszkałym w Zjednoczonych Prowincjach od lat kilkunastu. Młodzi panicze, Gołuchowski i Gorajski, pospieszyli nawet za Sobieskimi z Groningen do Amsterdamu, aby im towarzyszyć w zwiedzaniu miasta.

Z kolei w Utrechcie bawił wówczas „z wielą ludzi" Jan Zamoyski, starosta kałuski, daleki krewny podróżującego z Sobieskimi Stefana, ordynat na Zamościu. Tu zatem nastąpiło spotkanie dwóch Janów, przyszłych kolejnych mężów Marysieńki. Zamoyski, po trzyletnich wojażach, miał się już rychło kierować z powrotem do Polski — 10 lipca 1646 r. stanął bowiem w Zamościu[32]. Drugim — obok Zamoyskiego — znacznym mło-

---

[31] S. Gawarecki, *Diariusz...*, s. 50—53.
[32] Jego podróżami zagranicznymi zajmowali się W. Roszkowska i J. Kowalczyk, *Teatr Jana Zamoyskiego „Sobiepana"*, „Pamiętnik Teatralny" XIII,

dym Polakiem w Utrechcie był Stanisław Koniecpolski, być może identyczny ze Stanisławem Karolem, synem Jana, późniejszym wojewodą parnawskim. Spotkanie z nim byłoby dla Sobieskich tym radośniejsze, że był on ich kolegą z klasy poetyki w Kolegium Nowodworskim[33].

Sobiescy spędzili cały dzień w towarzystwie Zamoyskiego i Koniecpolskiego. Nawiedzili między innymi w jednym z kościołów groby polskie — jakiegoś szlachcica Luny oraz świeży grób Marka Rzeczyckiego, „gubernatora” studiów Jana Zamoyskiego, znanego z dwukrotnych wpisów w Metryce Padewskiej z 1641 i 1645 r. (za pierwszym razem opiekował się Aleksandrem Koniecpolskim, za drugim — już Janem Zamoyskim)[34]. Młodzi Sobiescy nie przeczuwali, że podobnie przyjdzie im zostawić na tej ziemi na zawsze własnego „gubernatora”. Jan Zamoyski służył przejezdnym peregrynantom za przewodnika jeszcze kawał drogi kanałem w stronę Dordrechtu.

Dalej podróżowali do Bergen op Zoom w towarzystwie „Polaka jednego z Warszawy”, pozostającego w służbie w wojsku holenderskim. W Bergen op Zoom natomiast minęli się z Bogusławem Radziwiłłem, zdążającym w przeciwnym kierunku, z Brukseli do Hagi. Dwudziestosześcioletni wówczas Bogusław (ur. w 1620 r.) rozpoczął swe studia za granicą dziesięć lat wcześniej. Jego peregrynacja edukacyjna przerodziła się w ciągłe wojaże, przeplatane krótkimi tylko powrotami do Polski i na Litwę[35]. Jesienią 1645 r. był obecny w Paryżu w czasie zaślubin per procura księżniczki niwerneńskiej z królem polskim. Był tam również i Jan Zamoyski i oni dwaj, dołączywszy się do wspaniałego wjazdu posłów polskich, odróżniali się od reszty orszaku peregrynanckim strojem francuskim. Radziwiłł towarzyszył następnie Ludwice Marii aż do Brukseli. Sobiescy niewątpliwie żałowali, że nie udało im się zetknąć z wojowniczym młodym księciem, który zdążył na zachodzie Europy zdobyć doświadczenie w niejednej armii. Zaczynał je zbierać już w przejeździe przez Niemcy i w armii Wrangla „starego” znalazł się w „pierwszej potrzebie”. Szczególny pociąg do pojedynków zaplącze go w głośne afery, o których jeszcze Sobiescy posłyszą we Francji. W Bergen op Zoom Marek i Jan spotkali się tylko z towarzyszem księcia, Andrzejem Rzeczyckim, synem wytrawnego wojownika Jerzego, starosty urzędowskiego, cenionego wysoko z racji znawstwa spraw rycerskich przez dell'Aquę[36].

W dniu 18 maja przekroczyli Sobiescy granicę Niderlandów Hisz-

---

1964, s. 256. Fakt pobytu w Republice Zjednoczonych Prowincji nie był dotąd w jego itinerarium notowany.

[33] H. Barycz, *Lata szkolne...*, s. 76—77.

[34] *Metryka Nacji Polskiej...*, s. 374.

[35] Przedstawił je sam Bogusław w kilku wersjach autobiograficznych (B. Radziwiłł, *op. cit.*).

[36] A. dell' Aqua, *op. cit.*, s. 44. Jerzy poległ pod Zbarażem. O obydwóch wspomina B. Radziwiłł, *op. cit.*, s. 210—212 i passim.

pańskich, wziąwszy z sobą „dla obwieszczania" trębacza z Prowincji Zjednoczonych (przy wjeździe do Antwerpii zawiązano mu oczy). Szlak wędrówki przebiegał przez Antwerpię, Brukselę, Halle, Ath, Valenciennes i Cambrai[37]. Z powodu nagłej choroby Zamoyskiego i Lisowskiego zawrócono z Halle raz jeszcze do Brukseli i zatrzymano się tu na tydzień. Przejazd przez Belgię zabrał im wskutek tego trzy tygodnie. Powrócą tu jeszcze w 1648 r., po okresie studiów w Hadze, na prawie dwa miesiące. Odłóżmy i ten fragment różnych wrażeń krajoznawczych do późniejszego omówienia, zatrzymując się jedynie na wydarzeniach z podróży.

W Brukseli nastąpiło spotkanie z Janem Potockim, innym towarzyszem wędrówek Bogusława Radziwiłła, późniejszym szwagrem Janusza Radziwiłła i wojewodą bracławskim. Tu też w kościele Karmelitów Bosych mieli możność być u grobu swego brata ciotecznego, Krzysztofa Rozrażewskiego, któremu brat rodzony wystawił „nagrobek bardzo kosztowny marmurowy [...] z opisaniem dzieł i sławy onego", jak podał Gawarecki. Grób ten wspomina również w swym diariuszu Wąsowski[38].

Krzysztof Skotnicki pojechał do pobliskiego Lowanium, skąd przybyło na spotkanie Sobieskich do Brukseli dwóch studentów — Koniecpolski i Dembiński. Nie bardzo wiadomo, o jakiego Koniecpolskiego tu chodzi. Już w 1643 r. był w Lowanium Aleksander, bratanek hetmana Stanisława[39]. Z kolei w 1645 r. Stanisław Oświęcim, towarzysząc poselstwu Opalińskiego, odwoził po drodze do Lowanium dwóch młodych Koniecpolskich[40]. Może spotkanym teraz Koniecpolskim był kuzyn Sobieskich Stanisław, syn Stefana, o którym już była mowa w związku z Tońskim, i który odbywał już poprzednio studia w Niemczech i Włoszech?

Na terytoriach Niderlandów Południowych znaleźli się znów Sobiescy w niebezpieczeństwie z racji działań prowadzonych na froncie hiszpańsko--francuskim. Kilka groźnych momentów przeżyli, jadąc z Brukseli do Valenciennes. Napadły tu na nich dwa razy grupy hiszpańskich żołdaków i już „powsadzano niektórym w bok strzelbę". Poskutkowało na szczęście danie napastnikom „na przepicie". W Cambrai przeczekać musieli jeden dzień, gdyż opodal odbywał się przemarsz armii francuskiej. Wreszcie 6 czerwca dotarli „z łaską Bożą do Peronu zdrowo i szczęśliwie, choć pod strachem" i w ten sposób znaleźli się w królestwie Francji. W trzy dni później stanęli na noc w Paryżu.

---

[37] S. Gawarecki, *Diariusz...*, s. 53—57.

[38] B. N. Wąsowski, *op. cit.*, s. 309.

[39] S. Kot, *loc. cit.*, s. 23.

[40] S. Oświęcim, *Diariusz 1643—1651*, wyd. W. Czermak, Scriptores Rerum Polonicarum, t. XIX, Cracoviae 1907, s. 78 i 95.

III. WE FRANCJI

1. PARYŻ — „OCTAVUM ORBIS MIRACULUM"

Pobyt młodych Sobieskich we Francji trwał rok i cztery miesiące (od czerwca 1646 do października 1647 r.), z czego jedenaście miesięcy przeszło im głównie na studiach w Paryżu, cztery miesiące na objeździe państwa, reszta zaś na odpoczynku z powrotem w stolicy i przygotowaniu do dalszej drogi, do Anglii i Niderlandów. Ich francuski okres studyjny był znacznie krótszy niż ich ojca Jakuba, który spędził w Paryżu aż trzy i pół roku (wyjąwszy krótkie wyjazdy wakacyjno-letnie). Z całej Francji natomiast Marek i Jan zwiedzili znacznie więcej.

Do Paryża przybyli Sobiescy 9 czerwca 1646 r. Stolica Francji była młodsza od dzisiejszej o trzysta z górą lat, posiadała już jednak przeszłość tysiąca czterystu lat, a znajdowała się właśnie w jednym z kolejnych, dynamicznych stadiów rozwoju. Odtwórzmy Paryż takim, jaki się przedstawiał naszym turystom na podstawie diariusza Gawareckiego, wspomaganego relacjami Moskorzowskiego i Wąsowskiego[1] i innymi źródłami oraz przekazami ikonograficznymi. Zestawienie z opisem Jakuba Sobieskiego[2] wskazuje na szereg przemian, jakie zaszły od jego czasów.

Gawarecki, mając nałożony na siebie obowiązek utrwalania w diariuszu wizerunków zwiedzanych przez wojewodziców miast, w wypadku Paryża wyraźnie nie czuł się na siłach, aby wypełnić to zadanie. Chciał się od niego uchylić, zasłaniając tym, że „zacności i wielkości miasta tego niepodobna" przedstawić. Ostatecznie jednak podjął próbę tego niełatwego opisu. Przypomnijmy, że wiek wcześniej jednym z pierwszych piewców wielkości nowożytnego Paryża okazał się przybysz z Prus, siostrzeniec Jana Dantyszka i, jak on poeta, Eustachy Knobel-

[1] S. Gawarecki, *Diariusz...*, s. 58—64; H. G. Moskorzowski, *op. cit.*, s. 251—278; B. N. Wąsowski, *op. cit.*, s. 319—338. W oparciu o diariusz Gawareckiego najpełniej przedstawił dotąd pobyt Sobieskich we Francji J. Baczyński, *op. cit.*, s. 40—60.

[2] Jakub Sobieski, *Dwie podróże...*, s. 3—12, 73—91.

sdorf[3]. Gawarecki odwoływał się do nie wymienionej z tytułu drukowanej historii Paryża, przytaczając wiersz *Lutetiae origo*, wedle którego początek i nazwę wziął Paryż od trojańskiego Parysa. Rozpoczynając swój opis, kładł nacisk na gigantyczne rozmiary miasta. Podawał, że leży ono na nizinie i ma jedną niewielką górę w swym obrębie. Chodziło o wzgórze św. Genowefy, inne bowiem wzniesienia znajdowały się wówczas poza miastem — np. Montmartre „nad Paryżem", jak na innym miejscu wspomina sam Gawarecki. Podawał również, że przez miasto „idzie rzeka niemała Sequana". Wyraźny podział na Paryż prawo- i lewobrzeżny z wyspą pośrodku przeprowadzał natomiast Jakub, który zaznaczał, że Paryż dzieli się na trzy osobne miasta — „la Ville", „la Cité" i „l'Université". Pierwsze z nich — pisał — zwane też „dużym miastem", położone na prawym brzegu rzeki, mieści w sobie wraz z zamkiem królewskim najwięcej pałaców i kościołów, a równocześnie stanowi wielkie skupisko rzemieślniczo-handlowe. Wyspa Cité stanowi przede wszystkim siedzibę parlamentu (O Notre Dame pisał osobno). Wreszcie trzecie miasto, miasto uniwersyteckie, to zbiorowisko kolegiów, pełne studentów. Całość otaczały „mury ladajakie, częścią i wał", jak nisko oceniał je Gawarecki.

Ten ostatni podawał, że miasto wraz z przedmieściami posiada obwód siedmiu mil. Jakub wyłączał jeszcze przedmieścia, pisząc: „Rachowano na on czas, gdym ja był w Paryżu, obwód miasta tego na dwie mile dobre polskie". Słusznie jednak przypuszczał, że „teraz snadź szerzy się co dalej, to bardziej, a mianowicie w przedmieściach [...] jako to: St. Germain, St. Victor, St. Martin, St. Honoré, S. Jacques i insze". Miasto wylewało się coraz dalej poza pierścień umocnień, tworząc u głównych swych bram dziesięć promieniście rozłożonych odgałęzień, związanych z głównym organizmem, a nadających mu nowy kształt i rozmach.

„Wielkości miasta odpowiada wielkość ludzi albo mnóstwo — wywodził również Jakub — bo w tym mieście i na przedmieściach gęste ulice, w ulicach domy, w domach na kilku piętrach pełniusieńko ludzi". Gawarecki notował podobnie, że miasto „jest bardzo nasiadłe w murach [tzn. w obrębie murów miejskich — K.T.], ulice gęste, ciasne i błotne, ludne bardzo". Jakub podawał nawet liczbę mieszkańców, pisząc z przesadą, że kładziono dusz na siedmkroć sto tysięcy" (na początku XVII w. ludność Paryża wynosiła dwieście tysięcy).

Jakub Sobieski, jak i inni cudzoziemcy, podziwiał niebywałą zasobność miasta u schyłku panowania Henryka IV: „Sekwana rzeka zda się jakoby mostami obudowana, tak gęstymi barkami ustawiona, któremi żywność wożą". W rozlicznych austeriach zaś „warzą, smażą i pieką w dzień i w nocy". Z racji ogromu liczby mieszkańców, luksusu życia uznawał Jakub Paryż za cud, jakiego nie ma drugiego w Europie, a poza

---

[3] H. B a r y c z, *Z dziejów polskich wędrówek...*, s. 225.

Kairem, na całej ziemi. W instrukcji dla swego brata Jana pisał podobnie, że Paryż to prawdziwe „octavum orbis miraculum". Jan Rybiński, późniejszy rektor gimnazjum w Lesznie, powtarzał zaś ok. 1620 r. za Francuzami — „Paris sans pair [...] Paris c' est un petit monde"[4]. I Moskorzowski wyrażał to samo po łacinie, że jest to „urbs vel orbis potius", świat w świecie — „mundus in mundo". Tylko Wąsowski, choć nazywał Paryż drugim Rzymem, zrażony był na tyle brudem i fetorem panującym w tak ogromnym zbiorowisku ludzkim, że poniechał wygłaszania dalszych pochwał.

Wojewodzice tuż po przyjeździe zatrzymali się najpierw „à la Ville" i to na głównej, dzielącej prawobrzeżne miasto ulicy Saint-Martin, w gospodzie „Pod Żelaznym Krzyżem". Była ona rekomendowana jako wygodna pierwsza przystań dla przybyszów w przewodniku *Itinerarium Galliae* Jodocusa Sincerusa (Justusa Zinzerlinga), kilkakrotnie wydawanym od 1616 r. Być może polecili tę gospodę inni tutejsi bywalcy-Polacy. Zatrzymywał się w niej np. Bogusław Radziwiłł[5]. Dla Sobieskich było to tylko miejsce krótkiego postoju, na dłuższy pobyt wyszukali sobie inne locum. W jedenaście dni po przyjeździe przeprowadzili się do dzielnicy lewobrzeżnej, miasta uniwersyteckiego. Takie życzenie wyrażał wojewoda w instrukcji „paryskiej" i wśród licznych zaleceń, jakie w niej dawał synom, podkreślał, że mają się najpierw osiedlić w tej właśnie części Paryża jako spokojnej i sprzyjającej studiom. Dla szybszej nauki francuskiego nie bronił im bliższych kontaktów z mieszczaństwem paryskim — „z gospodarzem, obrawszy sobie człowieka poczciwego [...] z gospodynią, z poczciwemi córkami jego et cum familia eius". Na później natomiast aż do biegłego opanowania języka odkładał właściwe kontakty odpowiadające ich stanowi — wejście w życie dworskich sfer Paryża „à la Ville".

Sobiescy zamieszkali w domu „Pod Złotym Krzyżem", „przeciwko Sorbony", najwidoczniej więc na ówczesnym placu przed kościołem Sorbony, gdyż Gawarecki nazwy ulicy nie podał. Jedną stronę tego placu zamykała fasada kościoła, o którym będzie jeszcze mowa, górująca nad placem, opadającym w dół. Dłuższe jego boki tworzyły świeżo wzniesione z fundacji Richelieugo budynki (ze starszych pozostała tylko gotycka kaplica kolegium Cluny). Gawarecki wspominał, że dotychczasowi towarzysze Sobieskich — Zamoyski i Skotnicki — ulokowali się oddzielnie, na ulicy Saint-Jacques, a więc na przebiegającej na tyłach kościoła Sorbony głównej arterii miasta lewobrzeżnego (przedłużeniu ulicy Saint-

---

[4] J. R y b i ń s k i, *Autobiografia*, wyd. A. D a n y s z, *Reformacja w Polsce*, II, 1922, s. 311.

[5] B. R a d z i w i ł ł, *op. cit.*, s. 159 (tu jawny błąd lekcji — zamiast „croix de Terre" winno być „Croix de Ferre"). Inne notatki Radziwiłła dotyczące Francji *ibid.*, s. 123, 126—127, 160—162.

-Martin z części prawobrzeżnej). Ojciec Sobieskich sam oczywiście też mieszkał w mieście uniwersyteckim, jak wynika z przygodnej wzmianki w jego relacji, „niedaleko opactwa Św. Genowefy" (dziś nie istniejącego).

W pierwszym miesiącu po przyjeździe młodzi Sobiescy najpewniej nie podjęli jeszcze studiów. Nie sprzyjał temu następujący właśnie okres letni. Sam Jakub, „kiedy wakacje następowały", przerywał studia i najczęściej wyjeżdżał z Paryża, aby sobie „rekreacyją uczynić". W wypadku Marka i Jana byłoby w pełni zrozumiałe, że po przebytej podróży chcieli z jednej strony odpocząć, z drugiej zaś najpierw zaspokoić ciekawość, poznać nowe otoczenie. Takby też wynikało z układu diariusza Gawareckiego, który po wstępnych uwagach przechodzi do szczegółowego opisu miasta, wyliczając i omawiając przed notatkami z końca lipca ważniejsze pałace, kościoły i inne wspaniałości Paryża.

Sobieski-ojciec, patrząc z ogólnej europejskiej perspektywy na Paryż swoich czasów pisał, że nie posiadał on jeszcze „fabryk [tzn. budowli — K.T.) równych wspaniałością włoskim i niderlandzkim". Przypuszczał jednak na podstawie tego, co słyszał, że ich w międzyczasie „snadź sroga rzecz przybyło".

Zarówno Jakubowi Sobieskiemu, jak i Gawareckiemu, sam Luwr, swym założeniem zaplanowanym na ogromną skalę, daleki wszakże od wykończenia, przedstawiał się „jako miasto jakie". W miejsce dawnego średniowiecznego zamku-fortecy wyrosły najpierw ozdobne skrzydła renesansowe. Zachodnie zostało wydłużone przez Ludwika XIII w czasie dzielącym peregrynacje ojca i synów, ale cały kompleks wokół kwadratowego dziedzińca miał dopełnić dopiero Ludwik XIV. Peregrynantom zaimponowała przede wszystkim niebywale długa galeria, której budowę rozpoczęła Katarzyna Medici, łącząc nią wzdłuż Sekwany starą rezydencję ze swym nowym pałacem Tuileries. Budowę tej galerii kontynuował, podwyższając ją o jedno piętro, Henryk IV. Na podstawie słów Gawareckiego możemy sobie wyobrazić młodych Sobieskich, z ciekawości („per curiositatem") liczących krokami rozmiary przyszłego ogromnego założenia. Wyszło im, że długość (wzdłuż Sekwany) wynosi siedemset szesnaście łokci, szerokość (fasada Tuileries) łokci dwieście. Gawarecki powtarzał zgodną opinię, głoszącą, że po wykończeniu Luwr stanie się najwspanialszym pałacem świata. Sobiescy mieli przed sobą kompleks wzniesiony do połowy, podziwiali, że jest on „wszytek z ciosowego kamienia, strukturą barzo wyśmienitą, kosztem wielkim". Wąsowski ubolewał, że królowie francuscy często porzucają dzieła rozpoczęte przez poprzedników i podejmują nowe. Moskorzowski, nazywając całość przedsięwzięcia „dziełem Dedalowym", zastój w kontynuowaniu budowy tłumaczył wydatkami ponoszonymi na cele militarne. On to utrwalił nieco więcej szczegółów na temat wnętrz, w których oglądał zbiór rzeźb starożytnych oraz alabastrowe posągi Henryka IV. Zwiedzał mennicę oraz drukarnię królewską, pomieszczone w długiej, nadbrzeżnej galerii.

Gawarecki wspomniał natomiast o dwóch ogrodach — jednym w narożu galerii i pałacu Tuileries, drugim zaś przed fasadą tego pałacu (który do dziś nosi po nim nazwę). Miały one już wówczas charakter publicznych parków — „kędy też nie zabraniają rozmaitych konditiom ludzi, przechadzek swoich". Gawarecki odnotowywał dalej, że w Luwrze mieszka zbiegła z Anglii królowa (Henryka Maria z Burbonów, żona Karola I Stuarta) wraz ze swym synem (późniejszym Karolem II) oraz córka księcia Orleanu (Gastona, stryja Ludwika XIV) — Mademoiselle de Montpensier.

Za czasów Sobieskiego-ojca w Luwrze rezydowała jeszcze francuska rodzina królewska. Na kilka lat przed przyjazdem Sobieskich-synów, objęła ona w posiadanie nową, wygodniejszą rezydencję, pałac wzniesiony obok Luwru przez Richelieugo (Palais Cardinal), który stał się odtąd pałacem królewskim (Palais Royal). Gawarecki wychwalał jego wnętrza — „galeryje z malowaniem" i „pokoje królewskie [...] barzo piękne". Moskorzowski daleko dokładniej opisywał apartamenty młodziutkiego Ludwika XIV i jego brata oraz regentki — Anny Austriaczki, z przebogatymi posadzkami, stropami, kominkami i sprzętami. W związku z kaplicą pałacową wspomniał o niedawnym ślubie per procura księżniczki niwerneńskiej z królem polskim, który tu właśnie się odbył. Zdołał nawet zajrzeć do gabinetu lustrzanego, do którego wolno było wchodzić tylko książętom, ale „złośliwy odźwierny" zamknął mu przed nosem srebrną klamkę u cedrowych podwoi. Ogród przypałacowy, jak zaznaczył Gawarecki, miał charakter ekskluzywny.

Gawarecki wspominał dalej o pobliskiej wspaniałej, choć jeszcze nie w pełni gotowej, rezydencji kardynała Mazariniego. Wąsowski podziwiał tu niderlandzkie tkaniny, rzeźby przedstawiające wielkich ludzi starożytności oraz władców czasów nowszych. Interesując się wszędzie bibliotekami i ich urządzeniami, zwrócił uwagę na salę biblioteczną o ścianach zdobnych koryncikimi kolumnami. Jak wiemy skądinąd, zbiory Mazariniego liczyły ponad dwadzieścia tysięcy woluminów[6]. Wąsowski ubolewał, że część zbiorów kardynała uległa zatraceniu w czasie Frondy. Moskorzowski oglądał je jeszcze w całości. Oprowadzał go bibliotekarz, znany uczony, „vir doctissimus", Gabriel Naudé. Młody arianin stwierdził z satysfakcją, że znajduje się tu sporo pism jego współwyznawców.

Z pałaców położonych tuż poza obrębem ówczesnego Paryża wymieniał Gawarecki Pałac Luksemburski. Wzniesiony został już po pobycie Jakuba Sobieskiego przez wdowę po Henryku IV, Marię Medici, której monogramy, podwójne M, zauważył wśród motywów ornamentalnych

⁶ M. Mersenne, *Correspondance*, publiée et annotée par A. Beaulieu, Paris 1980, t. XIV, s. 152.

Moskorzowski. W czasach młodych Sobieskich mieszkał tu młodszy syn Marii Medici, stryj Ludwika XIV, Gaston Orleański (dawny konkurent do ręki księżniczki niwerneńskiej, Marii Gonzagi). W parę lat później Wąsowski wspomni, że pałac ten stał się własnością króla. „Strukturą w kwadrat bardzo piękną — pisze Gawarecki — może przodkować między inszymi kosztownemi pałacami". Wielki ogród przy nim, choć nie stale, ale też bywał już otwarty dla mieszkańców Paryża.

Z innych świeckich budowli samego miasta wspomniał Gawarecki, podobnie jak i Jakub, położoną na wschodnim krańcu groźną Bastylię, „strukturą staroświecką murowaną", pobliski Arsenał i Plac Królewski (Place Royale, obecny Place des Voges). Ten ostatni był nowością urbanistyczną owych czasów. Wycięty z rozmachem w wielki kwadrat w miejsce ciasnej sieci średniowiecznych uliczek (jakie przetrwały do dziś w Quartier Latin), urządzony został przez Henryka IV „wizerunkiem włoskim", dla kupców i rzemieślników. Ten pierwszy regularny plac nowożytnego Paryża, posiadający jednolitą szatę architektoniczną, służył odtąd za oprawę dla wjazdów obcych poselstw do stolicy Francji, jak to zaznaczył nasz Gawarecki. Tędy niedawno, w listopadzie 1645 r., przedefiladowało olśniewające paryżan bogactwem strojów i pięknem koni, poselstwo Krzysztofa Opalińskiego. Od 1639 r. stała tu na środku statua konna Ludwika XIII, ufundowana przez Richelieugo.

Na wyspie Cité byli Sobiescy w pałacu, „kędy parlament swe sądy odprawuje". Ówczesny Palais de Justice, na który nałożyło się tyle późniejszych wydarzeń z czasów Rewolucji, składał się jeszcze prawie w całości z średniowiecznych gmachów dawnej siedziby królewskiej (głównie Ludwika IX). Sobiescy przyglądali się posiedzeniu najwyższego trybunału sądowego Francji, który rychło odegrać miał ważną rolę w pierwszej, tzw. parlamentarnej, fazie Frondy. „Tam jest rzecz godna do widzenia, kiedy parlamentczykowie zasiadają w swych robach [tzn. togach — K.T.] na sądy i w jakim porządku" — zanotował Gawarecki. Jednocześnie zaś młodzi Polacy zaglądali ciekawie do kramów kipiących obfitością pięknych, rzemieślniczych wyrobów, sprzedawanych w starych murach rezydencji Kapetyngów.

Tak jak i Jakub wspominał Gawarecki o paryskich mostach, spinających wyspę z dwoma przeciwległymi brzegami. Były one po bokach zabudowane domami i sprawiały wrażenie zwykłych ulic. Różnił się od nich otwarty, szeroki Pont-Neuf, „nowy most od Henryka IV zmurowany — jak pisał Jakub, przybyły do Paryża w trzy lata po zakończeniu jego budowy w 1604 r. — tam domów na nim nie masz, sam przez się stoi, robotą przedziwnie piękną i kosztowną zrobiony, że go można kłaść między najpiękniejszymi w chrześcijaństwie mostami". Powstał on po sztucznym scaleniu skupiska wysepek z wyspą główną, spinając odtąd jednym pasmem masywnych łuków i półkolistych występów wszystkie trzy części miasta. W cztery lata po śmierci Henryka IV wzniesiono tu pierwszy miejski monument świecki — statuę króla, „srodze wielką na koniu, z mosiądzu" — wedle słów Gawareckiego. Most stał się szybko specyficznym centrum hałaśliwego życia wielkomiejskiego — handlu, ulicznych atrakcji, rozpowszechniania nowin.

Nasyciwszy oczy samym Paryżem, ruszyli rychło Sobiescy na wypady w jego okolice. Oglądali więc potężny zamek w Vincennes, spełniający rolę więzienia. Gawarecki i Wąsowski wspomnieli, że tu właśnie przebywał w niewoli u kardynała Richelieugo królewicz Jan Kazimierz tuż przed wypuszczeniem i powrotem do Polski (w 1640 r.). Pięć mil za Paryżem zwiedzili Sobiescy królewską rezydencję w Saint-Germain--en-Laye, złożoną z zamku średniowieczno-renesansowego oraz nowego pałacu (do dziś tylko w części zachowanego). Na owe czasy przypadła największa świetność tej rezydencji. Tu wychował się i chętnie przebywał Ludwik XIII. Moskorzowski i Wąsowski wspomnieli o komnatach upamiętnionych narodzinami Ludwika XIV i zgonem jego ojca. Główną atrakcję rezydencji stanowiły ogrody opadające ogromnymi tarasami ku Sekwanie. Były tu sławne na całą Europę kunszty wodne, groty z fontannami i automaty poruszane hydraulicznie — „kędy Orfeusz grał na skrzypcach, a drzewa i zwierzęta rozmaite tańcowali" — jak zanotował Gawarecki. Szczególną uwagę Sobieskich przyciągnął zwierzyniec — struś „półtora raza wyższy niźli chłop", sęp oraz bóbr (poprzednio w ogrodzie Tuileries widzieli sępa, orła i lamparta). Dalej rozciągał się zwierzyniec leśny i Sobiescy mieli tu jeszcze powrócić, by asystować przy polowaniu.

Powracając z Saint-Germain-en-Laye zwiedzali po drodze trzy pałace z ogrodami. Dwa z nich były starsze, jeden nowy. Tym ostatnim był pałac Richelieugo w Rueil (późniejszy Malmaison, rezydencja Napoleona i Józefiny), zadziwiający wówczas wspaniałością fontann, np. schodów wodnych, o których pisze Moskorzowski. Dwa starsze pałace, oglądane kiedyś również i przez Jakuba, to pałac w Saint-Cloud, pamiętny zabójstwem Henryka III, ex-króla polskiego, co odnotował Gawarecki oraz renesansowy zamek Madrid na terenie Lasku Bulońskiego, wzniesiony przez Franciszka I na wzór budowli, w której więziony był w Hiszpanii. Wąsowski widział ten zamek już w stanie zaniedbania, popadający w ruinę.

Liczbę budowli sakralnych Paryża Jakub podawał na kilkaset, a Gawarecki aż na „siedmset i kilkadziesiąt", wprawdzie łącznie z przedmieściami, co jednak i tak trąci przesadą. Najszacowniejszy z kościołów to oczywiście położony na wyspie Cité „kościół katedralny Notre-Dame, bardzo wielki i piękny, od Anglików [Normanów — K.T.] zmurowany". „Inszych mi opisywać niepodobna" — opuszczał pióro Gawarecki, przytłoczony ich liczbą, „zacnością i pięknością" oraz nagromadzonymi w ich wnętrzach świętościami. Wspominał więc tylko o dwóch najnowszych świątyniach Paryża, do czego jeszcze powrócimy. Więcej miejsca poświęcił starym podparyskim miejscom kultowym. Zwiedzano więc Montmartre, związany z męczeństwem św. Dionizego, którego działalność Gawarecki kładł „jeszcze za życia Chrystusa Pana", a Jakub podawał, że był uczniem św. Pawła. Gawarecki przytaczał sławną legendę o tym świętym, głoszącą, że niósł on swą uciętą głowę półtorej mili — aż do tego miejsca, w którym powstało opactwo Saint-Denis. W tym to opactwie, w jego skarbcu, oglądali nasi Polacy pamiątki historyczne, insygnia królów Francji oraz największy ówczesny zespół relikwialny. Jakub złożył tu kiedyś sam srebrne wotum za wyzdrowienie z ciężkiej choroby. Tak uwagę ojca, jak i synów, przykuła najbardziej latarnia Judasza, „z którą w nocy chodził na zdradę". Jezuita Wąsowski zestawił całą długą listę relikwii (część drzewa krzyża, gwóźdź, cierń, części całunu, a nawet i pieluszka Chrystusa, włosy Matki Boskiej, trąd z uzdrowionego trędowatego, ząb św. Jana i in.). Wszystkie ujęte były w kryształowe, złote i srebrne pojemniki. Ale jeszcze szczegółowszą listę utrwalił arianin Moskorzowski, na zakończenie dodając jednak z politowaniem, że są to wszystko dowody pobożności bądź przesądów cesarzy, królów i książąt, że w ich prawdziwość trudno uwierzyć i w żadnym wypadku nie można takiego postępowania naśladować.

Naiwna wiara, z jakiej wyrastała potrzeba posiadania materialnych obiektów kultu, odziedziczona po średniowieczu, przeżywała jednak wówczas nowy, kontrreformacyjny okres rozkwitu. Jakub rozpisał się szerzej o „dewocyi ludu paryskiego", „srodze pobożnego i katolickiego", choć nie pochwalał niektórych zwyczajów (np. obdzielania świeckich beneficjami kościelnymi), a sporo ceremonii utrzymywanych we Francji wydało mu się dziwnymi, a nawet śmiesznymi. Trąciły mu one „ceremoniami pogańskimi" albo „zabobonami ruskimi schizmatyckimi" (które przechowały szereg archaizmów przedchrześcijańskich). Jakub wspominał poza tym wojny toczone przez katolików i protestantów, gdy to niedawnymi czasy „siła się o samą wiarę krwi lało". Za jego pobytu panował już „głęboki pokój". Podobny okres uspokojenia, po zgnieceniu potęgi politycznej protestantów przez Richelieugo, nastał w czasie pobytu Marka i Jana.

W opactwie Saint-Denis, królewskiej nekropolii przesunęła się przed oczyma peregrynantów cała galeria władców Francji uwiecznionych w specyficzny sposób na nagrobnych monumentach. Typ baldachimowego, królewskiego nagrobka francuskiego opisał dokładnie Wąsowski, ilustrując go jednym ze szkiców, jakie zawiera jego *Peregrynacja europejska*. Każdy władca wraz ze swą żoną ukazany był podwójnie — wyciągnięty jakby na marach oraz w pozie klęczącej na górze baldachimu. W tym dualistycznym ujęciu skontrastowano grozę śmierci ze wspaniałością postaci, pogrążonych w wiecznej adoracji, w glorii zbawienia. Prawie całkowita nagość figur leżących wydała się jednak Wąsowskiemu niewłaściwym rozwiązaniem.

74

Z boku głównego ołtarza Moskorzowski i Wąsowski zauważyli wystawioną trumnę Ludwika XIII, która według panującego zwyczaju miała tam trwać aż do śmierci następcy, wówczas dopiero składana na miejsce wiecznego spoczynku. Jakub, któremu było danym przeżyć w Paryżu tragiczną śmierć Henryka IV, opisywał królewskie ceremonie pogrzebowe, m.in. powtarzane przez czterdzieści dni obiaty składane przed woskową podobizną władcy ustawioną przy jego zwłokach.

W samym Paryżu Gawarecki „nie przepomniał" dwóch tylko nowych i wspaniałych świątyń — kościoła Jezuitów przy ulicy Saint-Antoine w mieście prawobrzeżnym oraz nie dokończonego jeszcze kościoła Sorbony w dzielnicy uniwersyteckiej. Budowle te, jedne z najwcześniejszych barokowych świątyń Paryża, powstały w nawiązaniu do wzorów architektury rzymskiej. Paryski kościół Jezuitów pod wezwaniem św. św. Pawła i Ludwika (drugim wezwaniem uczczono patrona Ludwika XIII, który sam kładł kamień węgielny w 1627 r.), ukończony został świeżo, bo w 1641 r. Gawarecki słusznie uznał go za „godną rzecz do podziwienia", „jakiej jest proporcyjej i jaką ma faciem swoję". Podziwiano tu więc świetliste i dekorowane stiukami jednonawowe wnętrze z kaplicami bocznymi i emporami oraz kopułą, od zewnątrz zaś fasadę z trzema kondygnacjami kolumn. Wąsowski zanotował nawet nazwisko projektodawcy, Franciszka Deranda. Był on architektem zakonnym a równocześnie teoretykiem architektury[7], tak jak w przyszłości również i Wąsowski. Arianin Moskorzowski uznał świątynię za budowlę wspaniałą. Słuchał w niej doskonałej muzyki, a nawet nauk „bardzo zręcznego" kaznodziei.

Pisząc o kościele Sorbony, Gawarecki wspomniał tym razem o kopule, ważnym barokowym komponencie budowli sakralnych — dobrze widocznej od strony placu, górującej ponad fasadą. Kościół wraz z jego otoczeniem powstał z fundacji kardynała Richelieugo według projektu Jakuba Lemercier. W jego wnętrzu pod koniec wieku stanie monument nagrobny potężnego kardynała. Kościół mieli Sobiescy przed oczyma szczególnie często, skoro zamieszkali „przeciwko Sorbony". Budowle tego typu nie stanowiły jednak dla nich nowości — znali już wszak z Krakowa pierwszą barokową świątynię na ziemiach polskich — kościół jezuicki św. Piotra i Pawła, okazalszy nawet znacznie od budowli paryskich.

Ledwo rozpoczęty pobyt Marka i Jana w Paryżu zakłóciła niespodziewana rodzinna tragedia. 9 lipca otrzymali pierwsze listy z Polski. Jeden z nich przyniósł im wprawdzie radosną nowinę o objęciu kasztelanii krakowskiej przez ich ojca (4 kwietnia), osiągnięciu najwyższej godności świeckiej w Polsce. Drugi list donosił jednakże o jego zgonie

---

[7] C. Sommervogel, *Bibliothèque de la Compagnie de Jésus*, Bruxelles 1891, t. II, szp. 1938. —

(który nastąpił 13 czerwca). Zamiast radości więc „żałosna żałoba nastąpiła".

Synom przyszło ją przeżywać z dala od ojczyzny, domu rodzinnego i matki. Zadbali jednak o to, aby odprawiły się 10 sierpnia uroczyste egzekwie w kościele Dominikanów. Klasztor ich usytuowany był na końcu ulicy św. Jakuba, już przy murach i bramie tej nazwy (stąd dominikanów zwano jakobinami). Klasztor ten stał się dla Sobieskich punktem oparcia, znaleźli tu bowiem dwóch zakonników Polaków — braci Grabieckich „z przemyskiego powiatu". Mszę żałobną za duszę kasztelana, dawnego studenta paryskiego, odprawił sam legat papieski (najpewniej monsignor Bany, arcybiskup ateński) i „ludzi zacnych było niemało".

W miesiąc po otrzymaniu wiadomości o zgonie ojca nastąpiła wymiana listów między matką i synami za pośrednictwem umyślnego wysłannika z Polski, pana Poniatowskiego. Zgodnie z wolą wyrażoną przez Jakuba dwukrotnie — w 1629 r. przed wyprawą do Prus i w 1634 r. przed wojną z Turcją —w wypadku jego śmierci „opiekunką pierwszą i przedniejszą dzieci", „panią we wszystkim dożywotnią" miała być jego żona. W jej ręku zostawiał Jakub „dzieci i majętności szafunek". Zwracał się do niej w tkliwych słowach: „Moja jedyna Tosieńku", podobnie jak później jego syn do swej Marysieńki. Dalszy tok pobytu synów za granicą musiał więc być uzgodniony z Teofilą Sobieską. Być może względy finansowe spowodowały, że nastąpiło odejście od pewnych pierwotnych zaleceń Jakuba. W każdym razie jednak kasztelanice i ich opiekunowie nie podejmowali nic samowolnie.

Dnia 18 września 1646 r., zaledwie po trzech miesiącach spędzonych w dzielnicy uniwersyteckiej, Sobiescy, przekraczając jej mury, przeprowadzili się na Przedmieście Św. Germana (Faubourg Saint-Germain--des-Prés), na ulicę De Seine, do gospody „Pod Kwiatem Lilii". Ulica ta biegła wówczas łukiem wzdłuż obwarowań miasta, biorąc początek od nabrzeża Sekwany, skąd jej nazwa. Znajdowała się w pobliżu wieży i bramy Nesle, koło której wznosił się Pałac de Nevers, niedawna rezydencja księżniczki Marii Gonzagi. Rozciągał się stąd wspaniały widok na pawilony i galerię Luwru, odbijające się w zwierciadle rzeki. Ulica De Seine posiadała nową zabudowę — na planach z końca XVI w. w jej miejscu widać jeszcze drogę polną wśród łąk. Przedmieście formowało się wokół starego, potężnego opactwa benedyktyńskiego, którego kościół Saint-Germain-de-Prés stanowi do dziś jedną z najstarszych budowli romańskich Paryża. W czasach Sobieskich opactwo otoczone było jeszcze murem obronnym i fosą połączoną kanałem z Sekwaną. Jako opat tego właśnie klasztoru zakończy swój pełen zmian żywot król Polski Jan Kazimierz i wielki monument barokowy upamiętnia jego osobę po dziś dzień we wnętrzu kościoła. Przy opactwie odbywały się rokrocznie sławne jarmarki (trwające przez cztery tygodnie) i Gawarecki pod datą 2 lutego 1647 r. zanotował początek jednego z nich.

Otaczające pierwotnie opactwo Św. Germana łąki, utrwalone w nazwie, były głównie własnością Uniwersytetu. Znikały jednak szybko, ustępując od końca XVI w. zabudowie. „Budowali na temże przedmieściu niektóre piękne i wesołe pałacyki — wspominał Jakub — książąt tych zaś i dworskich panów pałace były staroświeckie na kształt dworów, każdy jednak miał swoją wygodę i siła tego było". Jakub wymieniał dwie najznaczniejsze, nowe rezydencje — pałac królowej Margot (która zagarnęła część terenów należących do Uniwersytetu) oraz włoskiego szlachcica Gondiego, „dosyć przestronny i piękny, z ogrodem pięknym", który w latach czterdziestych był własnością książąt de Condé (na miejscu dzisiejszego teatru Odeon). Do czasów Sobieskich przybył wspomniany już Pałac Luksemburski. Przedmieście słynęło z czystego powietrza i tonęło w zieleni. Szczyt rozkwitu jako dzielnica wyższych sfer osiągnie w XVIII w.[8]

Jakub Sobieski wyraźnie jednak nie chciał, by jego synowie mieszkali na tym właśnie przedmieściu, gdzie „najwięcej Polaków i cudzoziemców jęło się stawać". Było tu co prawda wiele dobrych gospód, być może tańszych niż w samym mieście. Tutaj znajdował się np. gościnnie otwarty dla polskich arian dom Edmunda Merciera, u którego zamieszkiwali Moskorzowski i Lubieniecki[9]. Na tym przedmieściu również zatrzymali się Grudzieńscy z Wąsowskim (za kilkupokojowe „hospitium" płacili sześćset imperiałów miesięcznie). Jakub Sobieski pragnął jednak odgrodzić synów od burzliwego i utracjuszowskiego środowiska paniczów, czujących się swobodniej nieco dalej od uniwersyteckich murów, zwłaszcza zaś od środowiska rodaków. Nie tylko widział w ich towarzystwie przeszkodę w szybkim opanowywaniu języka francuskiego, do czego jeszcze powrócimy, ale ogólnie nie pochwalał zachowania polskiej młodzieży za granicą. „Nasi radzi się z sobą wadzą — pisał — i na drugiego radzi poduszczają, nowinki sieją jeden o drugim, jeden drugiemu leda czego zajrzy [tzn. zazdrości — K.T.], jeden drugiego psuje złym przykładem, złymi obyczajami, na złe rzeczy namawiają, radzi poduszczają na starszych, na utraty niepotrzebne". Przedkładał synom, aby nie przejmowali się urazami ze strony ignorowanych współziomków. Uprzedzał, że będą ich nazywać „pysznymi, skąpymi, jezuitami, żakami" i radził: „nic ną to nie trzeba dbać, figę na to ukazać". Jakub pisał to wszystko na podstawie własnych doświadczeń — „ci błaznami teraz w Polszcze, co tak mówili, a ja chwała Bogu człowiek" — dodawał z satysfakcją.

---

[8] Le Faubourg Saint-Germain, préface P. Gaxotte, Paris 1966.

[9] J. Moreau-Reibel, loc. cit., s. 23; J. Tazbir, Stanisław Lubieniecki, przywódca ariańskiej emigracji, Warszawa 1961, s. 57.

Nie wykluczał jednak kontaktów „z dobrymi [...] z skromnymi i z tymi, co darmo czasu trawić nie będą”. Zalecał towarzystwo niejakiego Wilgi, o którym słyszał dobre słowa. W diariuszu Gawareckiego nie znajdujemy jednak o nim żadnej wzmianki. Wiemy natomiast, że mieszkając w dzielnicy uniwersyteckiej, Sobiescy nawiązali znajomość ze wspomnianymi już dominikanami Grabieckimi. Łatwo można ich zidentyfikować jako Franciszka i Wojciecha, których studia i życiowe drogi oświetlają publikowane przez nich pisma teologiczne. Kształcili się najpierw w szkołach zakonnych w Lublinie i Krakowie. Gawarecki podaje, że w Paryżu przebywali już od dziesięciu lat, przygotowując się do doktoratów w Sorbonie. Tu, w Paryżu, Wojciech wydał drukiem w 1649 r. komentarz tomistyczny. Po powrocie do Polski zostanie on przeorem w Warszawie (zm. w 1673 r.) i będzie piórem zwalczał doktrynę arian. Franciszek osiągnie nawet godność prowincjała na Polskę i Ruś, będzie teologiem Jana Kazimierza, Michała Korybuta Wiśniowieckiego i samego Jana III w pierwszym roku jego panowania (zm. w 1677 r.)[10].

Oprócz Grabieckich Sobiescy spotkali jeszcze w stolicy Francji szlachcica Kołuckiego, nie wymienionego przez Gawareckiego z imienia, oraz dwóch mieszczan — Kielmera z Gdańska i Lewonicza z Litwy. Po zamieszkaniu na Przedmieściu Saint-Germain Gawarecki nie zanotował żadnych nawiązanych tu znajomości. Najpewniej Sobiescy i ich opiekunowie, mimo przekroczenia pierwotnego zakazu ojca, dobrze pamiętali jego zaklęcia i ostrzeżenia. Przykry incydent spotkał tylko pana Lisowskiego, którego znieważył wspomniany Lewonicz. Powędrował on za to do więzienia i dopiero po ugodzie i uiszczeniu okupu został z niego zwolniony.

Pod datą 7 marca 1647 r. rozpisał się Gawarecki o potajemnym przyjeździe do Paryża księcia Bogusława Radziwiłła. Jak wiemy, Sobiescy rozminęli się z nim wcześniej, w maju 1646 r., na terenie Zjednoczonych Prowincji. Bogusław, prowadząc wówczas wojenno-awanturniczy żywot, kursował ustawicznie między Paryżem, Hagą i Brukselą. Nie wiadomo, czy Sobiescy widzieli się z nim w Paryżu, książę bowiem znalazł się tu w nie lada opałach. Przybył „nieznacznie”, „samotrzeć”, dla odbycia pojedynku z hrabią Franciszkiem Ludwikiem de Rieux. Spotkanie wyznaczyli sobie na Placu Królewskim, najczęstszej widowni takich właśnie zajść. Pojedynek udaremniony został przez księcia Gastona Orleańskiego i Bogusław powędrował do Bastylii — na półtora dnia — jak podaje Gawarecki; na trzy czy nawet sześć dni według różnych wersji autobiograficznych samego delikwenta.

Pojedynki stanowiły we Francji plagę, przed którą chciał w pierw-

   [10] R. Ś w i ę t o c h o w s k i, *Grabiecki Franciszek, Grabiecki Wojciech*, „Polski Słownik Biograficzny”, t. VIII, Wrocław 1959, s. 465—466 (autor sądził, że doktoraty uzyskali dopiero w studium generalnym zakonu w Krakowie); K. E s t r e i c h e r, *Bibliografia polska*, t. XVII, Kraków 1899, s. 303—305.

szym rzędzie ustrzec swych synów Jakub Sobieski. W związku z tym padło w instrukcji „paryskiej" wiele słów krytycznych pod adresem Francuzów. Zarówno tu, jak i we własnej relacji z pobytu w Paryżu i instrukcji dla brata Jana, zarzucał im przede wszystkim „lekkość" („levitas"), lekkomyślność i łatwą zapalność. Obserwował, że tak, jak łatwo nawiązują przyjaźń, tak łatwo ją zrywają: „lada fraszkę mają sobie za dyshonor i zaraz o to umierać chcą i pojedynkować". Przestrzegał więc Marka i Jana, aby przede wszystkim unikali okazji do zwady, jaką przynosić może np. gra w karty, nawet ćwiczenia szermiercze. Radził synom zachowywać zawsze pewien dystans — ani nie okazywać niechęci, ani się też „barzo kumać".

Wszystkie te przestrogi nie są dowodem frankofobii czy ograniczoności horyzontów Jakuba[11]. Po swych długich paryskich studiach był on w swej formacji intelektualno-kulturalnej zdecydowanym frankofilem. Obce mu było jednak ślepe uwielbienie i potrafił dostrzegać wady Francuzów. Nie on zresztą pierwszy i jedyny je odkrywał. Jego krytyka mieści się w kategoriach popularnych w całej Europie ówczesnych „opisów narodów" („descriptiones gentium"), w których starano się uchwycić ich cechy i przywary. Łacińsko-polskie piśmiennictwo epoki baroku pozostawiło nam kilka udanych utworów literackich, poruszających ten temat. „Polski Horacy" w jezuickim habicie, Maciej Kazimierz Sarbiewski, pisał na temat Francuzów:

> Galii famosi / litigiosi
> Furore calent / Impetu valent...
> Vestitu compti / Ad arma prompti.
> Non provocati / Furunt irati.
> Cadunt duellis / Plures quam bellis.

Wiersz ten przełożył na język polski kalwiński pedagog, dworzanin Radziwiłłów, Daniel Naborowski:

> Wojennikowie / Są Francuzowie,
> I popędliwi / I natarczywi...
> Ozdobni w stroju / Prędcy do boju.
> Choć bez przyczyny / Burzy się iny.
> Więcej ich ginie, / Gdy się nawinie,
> Pojedynkami / Niźli wojnami[12].

Stanisław Lubieniecki młodszy, krewny Sobieskich, przebywający równocześnie z nimi na studiach we Francji (spotkają się później w An-

---

[11] Na podstawie tych przestróg T. Żeleński (op. cit., s. 35) orzekł, że widocznie Jakub „nie był tym luminarzem za jakiego uchodził i za jakiego nam go do dziś dnia podają", a szlachcicem „o horyzontach pana Paska". Jest to ocena niesłuszna, nie uwzględniająca szerszej sfery wyobrażeń, o których będzie mowa poniżej.

[12] S. Kot, „Descriptiones gentium" di poeti Polacchi del secolo XVII, Ricerche Slavistiche VI, 1958, s. 155—156, 160.

gers), tak porównywał w zgrabnym utworze *Stosowanie Francuzów z Hiszpany* przeciwstawne cechy tych dwóch wrogich sobie narodów:

Hiszpan srogi, nieludzki, poważny z wejrzenia
Francuz ludzki i żartki, lekki z przyrodzenia.
Francuzowie humoru są kolerycznego
Hiszpanowie posępni melankolicznego...
Hiszpan się cudzoziemcom nie rad ludzko stawia
Francuz przyjaźni szuka i onę odnawia.
Hiszpan w myślach się tai, nie wiele rad mowi
Często mowa swobodna szkodzi Francuzowi[13].

Oprócz pojedynków inne jeszcze niebezpieczeństwa czyhały zwłaszcza na cudzoziemców w wielkomiejskim tyglu Paryża. Gawarecki wspominał, że miejscem, w którym się zdarza „wiele rozbojstwa zwłaszcza w nocy", jest Pont Neuf. Dodawał, że i „po inszych ulicach hultajstwa wszędzie pełno, zawsze ostrożnym być trzeba". Mimo tak zalecanej ostrożności sam padł raz ofiarą napaści. Drugiego marca 1647 r. doznał „szwanku od szpady od napadłych hultajów i szarletanów z przyczny P.L. [może znów owego Lewonicza — K.T.]"[14]. Miesiąc trwało, zanim się wylizał. Wąsowski rozpoczynał opis wrażeń paryskich od plagi żebraków, napastujących nawet ludzi modlących się w kościołach i różnego autoramentu domokrążców, oszustów i bandytów. Moskorzowski zaznaczał z ulgą, że udało się im wrócić bezpiecznie do domu z urządzanych z okazji obchodu dnia urodzin Ludwika XIV uroczystości w Ratuszu, które przeciągnęły się późno w noc.

Jakub nie wytaczał jednak w swych przestrogach dla synów poważniejszych ostrzeżeń przed objawami moralnego zepsucia. W instrukcji swej przestrzegał jedynie przed „błahą" lekturą. A piętnowały mocno owo zepsucie wspomniane charakterystyki narodów i ostro gromił w tym samym czasie Łukasz Opaliński w swym dziele *Obrona Polski — Polonia defenca contra Joannem Barclayum* (Gdańsk 1648 r.)[15]. Była to, późna zresztą, odpowiedź na zjadliwe pismo tego szkocko-francuskiego pisarza, *Icon animorum*, który w przesadny sposób przedstawiał surowość życia i zacofania ludów Europy północno-wschodniej. Broniąc Polski i Polaków przed zarzutami pierwotności i barbarzyństwa, Opaliński zwracał ostrze krytyki przeciwko Francuzom. Zajęci „grzebieniem, zwierciadłem i papilotami — pisał Opaliński na temat niewieścienia obyczajowości francuskiej — spędzają oni czas na przyglądaniu się teatrom i grze w piłkę, oddają się „zbytkowi, rozpuście i próżniactwu". Do tego starają się apodyktycznie narzucać innym swoją modę i styl życia. Dodajmy,

---

[13] *Ibid.*, s. 171.
[14] Jak przypuszczał J. B a c z y ń s k i, *op. cit.*, s. 68, 102.
[15] Ł. O p a l i ń s k i, *Wybór pism*, oprac. S. G r z e s z c z u k, Wrocław 1959, s. 167 i nast.

1. Nagrobek hetmana Stanisława Żółkiewskiego i jego syna Jana w farze
w Żółkwi

2. Jakub Sobieski, kasztelan krakowski

3. Teofila z Daniłowiczów Sobieska, kasztelanowa krakowska

4. Zamek w Olesku, rezydencja Zofii z Żółkiewskich Daniłowiczowej, babki Jana Sobieskiego i miejsce jego urodzin

5. Zamek i fara w Żółkwi, odziedziczonej po Żółkiewskich i Daniłowiczach przez Sobieskich

6. Zamek w Złoczowie, rodzinna rezydencja Sobieskich

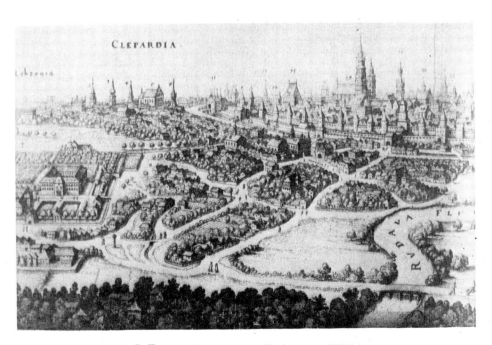

7. Fragment panoramy Krakowa z XVII w.

INSTRVKCYA

PANV ORCHOWSKIEMV
Strony

SYNOW MOICH
W punktach szesnastu.

I NABOŻENSTWO

Nie dopiero Krol y Prorok Dawid Swięty to wie:
dnym Psalmie swym axioma położył: Initium sa-
pientiæ timor Domini: a ten ma byc prawidło y
nauk, y wszytkiego życia, y wszytkich postępkow
Ludzi Chrzescianskich Katolickich urodzonych y
wychowanych in sinu Matki Naszey Koscioła Swiętego Katolickiego Rzymskiego.

I   Na każdy Boży dzien Mszey Swiętey czytaney
słuchac koniecznie będą, trzymaiąc się prostego
a swiętego przysłowia, wielkiey swiątobliwosci, go-
dnosci, y powagi w Rzeczypospolitey Naszey Su-
likowskiego Arcybiskupa Lwowskiego, ktory ręce
mawiał, że Msza Swięta nikomu czasu nie wezmie

NARRATIO
HISTORICA
Successuum Otthoma-
nicorum.

Plurimos in hoc vastissimo orbe terrarum, seu conve-
xo poli reperiri arbitror A. O. qui eam Otthomanica domus vim atque potentiam, quam hoc tempore, non
sine metu, et gravissima formidine conspicimus, admi-
rantur; eaque in stuporem plane inducuntur; et quibus
praesidiis tam sublime in orbe terrarum fastigium ade-
pta sit, cognoscere cupiunt, et optant vehementissime. Qua
re non ab re facturum me existimavi, imo convenientis-
sime personae meae, si non minus breviter, quam simpliciter,
principia et incrementa Otthomanica demonstrarem ac de-
clararem. Hoc dum facio, Imueribem sermonem meum,
et non satis ad tantam rem comparata verba, eo, quia
ad exstirpandas Otthomanicas vires habeto, animo, a-
quissime

9. Jana Sobieskiego Exercitia in classe rhetorices et dialectices z lat 1641—1643, z okresu nauki w Szkołach Nowodworskich — jedna z mów pt. Narratio historica successuum Otthomanicorum

10. Widok Paryża z 1620 r., z prawej strony u dołu zaczątki Przedmieścia Saint-
-Germain, na którym ostatecznie osiedli Sobiescy

11. Plac i kościół Sorbony w Paryżu, naprzeciwko którego zamieszkiwali
początkowo Sobiescy

12. Luwr w budowie

13. Ludwik XIII szkolony w jeździe konnej przez Antoniego de Pluvinel

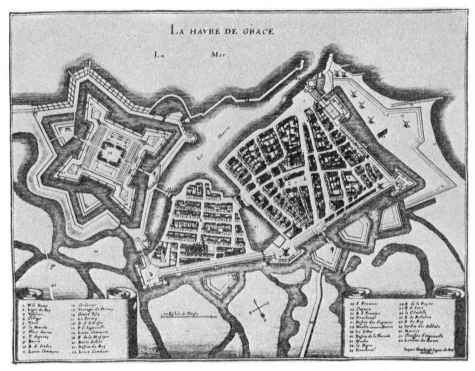

14. Fortyfikacje Hawru

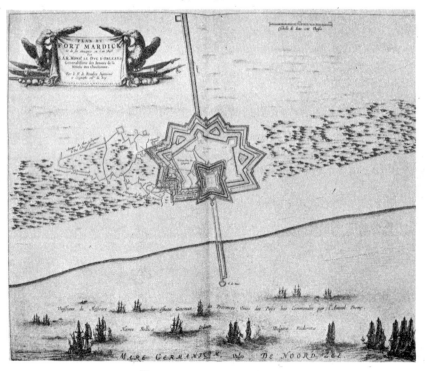

15. Blokada fortu Mardick przez wojska francuskie i flotę holenderską w 1646 r.

16. Biblioteka Uniwersytetu w Lejdzie w 1620 r.

17. Wóz z żaglem poruszany siłą wiatru pomysłu Szymona Stevina

18. Adam Freytag, *L'architecture militaire*, Leide 1635

19. Maciej Dögen, *Architectura militaris*, Amstelodami 1647

20. Jan Stampioen ml.

że z kolei francuscy pisarze-moraliści przypisywali zepsucie swej młodzieży wpływom włoskim[16].

Jakub Sobieski w instrukcji dla brata Jana uznawał Włochy za kraj największych kontrastów — najwspanialej kwitnących cnót i najgorszych występków. Ufał jednak bratu, że prawy umysł i niezachwiany sąd pozwolą mu wybierać najlepsze przykłady i że powróci do ojczyzny uczeńszy i lepszy. Podobne zaufanie pokładać musiał w synach i ich opiekunach. Opiekunom powierzał kierowanie młodych ku Paryżowi uniwersyteckiemu, w drugim zaś rzędzie — ku dworowi jako centrum sztuki rządzenia i polityki, nie tylko zaś zewnętrznego splendoru i wykwintu. Nie chciał jednak, aby synowie od razu „znajomości szukali z dworskimi". Zalecał, aby najpierw „z daleka naglądali do dworu [...] bywali w kościołach, kędy król i królowa będzie w kościele, kędy jaki będzie publicus actus, albo jaka legacyja solenna, albo jaki balet". Wstrzymywał się więc do czasu z uzyskaniem listów rekomendacyjnych od Władysława IV. Zaznaczył, że później będzie czas na wyjednanie specjalnego polecenia do króla francuskiego (młodziutkiego Ludwika XIV) i królowej (Anny Austriaczki, jego matki, regentki). Liczył, że uzyska je tak od Władysława IV, jak i przyszłej królowej, Ludwiki Marii, właśnie mającej przybyć do Polski. Później więc dopiero mieli bracia Sobiescy wejść w kontakt z dworem francuskim i jego kręgami. Ojciec ich uważał, iż powinni „upatrzywszy sobie na dworze pańskim dwóch, trzech jakich, mieć z nimi familiaritatem". Jakub pragnął bowiem, aby jego synowie, gdziekolwiek będą, nawiązywali znajomości z „ludźmi wielkimi".

Pełnej realizacji tych zamysłów stanęła jednak na przeszkodzie śmierć kasztelana. Markowi i Janowi zabrakło zapewne owych listów polecających, o które miał się wystarać ojciec[17]. Żałoba nie pozwalała im uczestniczyć w uroczystościach i zabawach[18]. Ograniczone zostały — być może — również ich środki finansowe, które i tak nie były zbyt wielkie. Jakub kładł w swej instrukcji silny nacisk na oszczędność i rozsądek (które niewątpliwie Jan III odziedziczy o ojcu). Stawiał znów przed oczy synom odstraszający przykład rodaków, którzy żyjąc ponad stan trafiali do więzienia za długi: „siła naszych Polaków — pisał — pozdychało w katuszach francuskich [...] z wielką sromotą narodu naszego". Wielu polskich paniczów, z najbogatszych nawet rodów, popadło rzeczywiście za granicą w tarapaty finansowe. Krzysztof Radziwiłł na przykład, hetman wielki litewski, stryj Bogusława i ojciec Janusza, ostro

---

[16] A. de Pont-Aymery, *L'Académie ou institution de la noblesse française*, w: tegoż, *Les oeuvres*, Paris 1599, s. 5, 58.

[17] J. Baczyński (*op. cit.*, s. 67) wysunął przypuszczenie, że być może przywiózł je Poniatowski.

[18] Co słusznie zauważył T. Żeleński, *op. cit.*, s. 39.

łajał opiekuna swego syna za nieoszczędne szafowanie pieniędzmi[19]. Bogusław Radziwiłł w wyniku lekkomyślnych wydatków musiał wysprzedać swe srebra stołowe.

Sobieski-ojciec pragnął, aby jego synowie prezentowali się godnie, ale nie rujnowali na zbyt kosztowne stroje, „zwłaszcza we Francyjej, gdzie teraz jednego dnia chodzą we złoto ulani, a drugiego dnia zaś zakażą zaraz wszystkiego, ledwie, że nic o jednym sznurku czarnym chodzą” — pisał, nawiązując do ustaw przeciwko zbytkom, wydanym przez Richelieugo. Wolał, by splendor rodziny widoczny był raczej „in oculis Pana i Wszystkiej Ojczyzny”, a więc na dworze polskim, a nie dla cudzoziemców, odwrotnie do poczynań wielu Polaków, np. świeżo Krzysztofa Opalińskiego, któremu tak bardzo zależało na tym, by olśnić Paryż bogactwem strojów, rzędów końskich i gubieniem podków. Co prawda występował on tu jako oficjalny poseł i zastępca osoby polskiego króla. Ale też jego prywatne listy odsłaniają kulisy osiągniętej przez niego wystawności[20].

Sobiescy-synowie, których okres pobytu w Paryżu uległ najpewniej skróceniu, nie wspięli się tak łatwo i tak wysoko w świecie francuskiego dworu, jak niegdyś ich ojciec, bo też czasy, o czym będzie jeszcze poniżej mowa, były już inne. Nie wiemy wprawdzie, ile faktycznych znajomości łączyło młodego Jakuba z wyliczonymi przez niego „różnymi wielkimi ludźmi et in toga et in sago”, których długi katalog zestawił w swej relacji, tak jak to zalecał czynić również synom. Okazyjnie odnotowywał jednak i takie niezbite fakty, jak np. swój udział w uczcie u księcia de Nevers (Karola Gonzagi, ojca przyszłej królowej polskiej). Nie ulega też wątpliwości, że pozyskał sobie względy samego króla, Henryka IV — „któregom nad zasługi moje — jak pisał — wielką łaskę i wielką ku sobie skłonność znał”. Pozostawił też szerszą charakterystykę jego złożonej osobowości jako przebiegłego polityka, inicjatora bezwzględnego systemu podatkowego, taumaturga, do którego tradycyjnie ściągały rzesze chorych, pobożnego i zarazem rozwiązłego w swym życiu prywatnym, w kontaktach osobistych „pana wielkiej ludzkości et affabilitatis [uprzejmości — K.T.]”. Okazję do bliższego zetknięcia z królem dała Jakubowi rola, jaką odegrał w pojednaniu dwóch zaciekłych wrogów, polskich magnatów — kalwina Krzysztofa Radziwiłła i katolika Zygmunta Myszkowskiego — którzy równocześnie przebywali wówczas w Paryżu. Pojednanie to uradowało wielce króla. Gdy zaś tuż po koronacji Marii Medici w Saint-Denis wybuchła zwada między posłem hiszpańskim i weneckim, król „sam obaczywszy mię — jak wspomina Jakub — powiadał mi tę komedyją z wielką uciechą swoją, srodze się śmiejąc, że się aż za boki trzymał” — w czasie zwady bowiem jeden z posłów

---

[19] List z 22 stycznia 1631 r. (E. Kotłubaj, *Życie Janusza Radziwiłła*, Wilno 1859, s. 234).
[20] K. Opaliński, *op. cit.*, s. 277, 280 i nast.

porwał za szpadę, a drugi za pogrzebacz. Relacja ta przeczy poniekąd melancholicznemu nastrojowi i atmosferze złych przeczuć, jakie towarzyszyć miały rzekomo królowi — wedle późniejszych relacji — w przeddzień tragicznego zgonu.

Sobieski-ojciec stał się mimowolnym świadkiem i sprawozdawcą wydarzeń paryskich z tego właśnie momentu dziejowego. Relacja o nich rozrosła się w ramach jego wspomnień w odrębną całość. Zabarwiona jest ona i elementem osobistego zagrożenia — wśród ogólnego zamętu i przerażenia pierwsze podejrzenia padały ponoć i na Polaków jako sprawców zbrodni. Jakubowi danym było słyszeć w tych wstrząsających okolicznościach tradycyjne: „Le roi est mort, vive le roi"! Przesunął mu się przed oczyma cały ciąg różnych ceremonii — konfirmacja rządów dziewięcioletniego Ludwika XIII, objęcie regencji przez jego matkę, dziwne i archaiczne zwyczaje odprawiane przy ciele zmarłego, wymyślna w zadawaniu męczarni egzekucja królobójcy Ravaillaca, zacietrzewienie paryżan, w indywidualnych wypadkach przekraczające granice rozsądku, pogrzeb w Saint-Denis. Wszystko to jest cennym i bezpośrednim świadectwem do dziejów i obyczajowości Francji owych dni[21].

Młodzi Sobiescy znaleźli się w Paryżu po pełnym okresie rządów Ludwika XIII, w czasie nowej małoletności jego syna i rządów następnej regentki, Anny Austriaczki (w rzeczywistości zaś kardynała Mazariniego). Bywalcem na ich dworze był pojawiający się coraz to we Francji wspominany już Bogusław Radziwiłł. Chwalił się on np. w swej autobiografii pod 1643 r., że król i królowa nie chcieli go od siebie wypuścić. Ale kilka lat wcześniej, w 1639 r., gdy pierwszy raz przybył na nauki do Paryża i on rozpoczynał od oglądania incognito dworu, rezydującego w Saint-Germain-en-Laye. Poza to „naglądanie z daleka" nie wiadomo, czy wyszli Sobiescy, gdyż sytuacja wewnętrzna w państwie francuskim stawała się coraz bardziej napięta. Marek i Jan bawili w Paryżu wprawdzie jeszcze przed wybuchem Frondy, wzbierała się jednak wówczas nowa fala presji fiskalnej, która rychło miała do niej doprowadzić. Moskorzowski był w Paryżu w okresie przejściowego uspokojenia, między pierwszą „parlamentarną" a drugą „książęcą" fazą Frondy. Wąsowski z Grudzieńskim natomiast przybyli już po jej zakończeniu, tuż po uroczystej koronacji Ludwika XIV w Reims w 1654 r. (piękną rycinę tej sceny dołączył Wąsowski do swej księgi), ale pod nieobecność króla w Paryżu.

Wzmianki Gawareckiego o członkach rodziny królewskiej i ważnych osobistościach, zamieszczone na marginesie opisów paryskich pałaców, nie przesądzają wprawdzie, kogo Sobiescy rzeczywiście widzieli. Rok trwający ich pobyt w stolicy Francji stwarzał jednak po temu szereg okazji.

---

[21] Jakub S o b i e s k i, *Dwie podróże...*, s. 46—67. Opisy te bynajmniej nie kompromitują samego Jakuba, jak je oceniał T. Ż e l e ń s k i (*op. cit.*, s. 36).

Pojęcie o tym dają nam zapisy Moskorzowskiego. Zaraz pierwszego dnia po przyjeździe, a był to dzień św. Ludwika, 25 sierpnia 1649 r., oglądał on uroczysty wyjazd króla z Palais Royal na uroczystości w kościele Jezuitów, noszącego wezwanie jego świętego patrona. Działo się to w tydzień po powrocie dworu do stolicy po burzach pierwszego okresu Frondy. Moskorzowskiego uderzyła niezwykła zręczność jedenastoletniego władcy, z jaką dosiadał konia, i majestat, jaki potrafił w siodle okazywać. Przez resztę dnia, po uroczystościach, uczestniczył w rozmowach na temat przyszłości małego monarchy. Jak skądinąd wiadomo, dumą i małomównością chłopiec ten maskował wówczas przykre przeżycia doznawane od najwcześniejszego dzieciństwa — atmosferę niezgody między ojcem i matką, której był przedmiotem, zaniedbania w wychowaniu oraz najdotkliwsze przeżycia z czasów Frondy. Ludwik XIV nie posiadał przy tym urody i wdzięku młodszego brata, którym zachwycał się również i nasz Moskorzowski, widząc go w lektyce obok matki. Niełatwy był więc start przyszłego Króla-Słońca.

Siódmego września 1649 r. Moskorzowski wziął udział w uroczystościach z okazji obchodzonych przez króla urodzin. Pod paryskim ratuszem słyszał wiwaty na jego cześć oraz pogróżki pod adresem Mazariniego — Vivat rex sed Siculus moriatur". Później oglądał jeszcze raz Annę Austriaczkę, spóźnił się natomiast i stracił okazję asystowania przy obiedzie, jaki spożywała wraz z królem.

Jakub Sobieski pisał w swej relacji, że królowie Francji „w jedzeniu przy stole, tak i w pokoju swym przy ubieraniu i rozbieraniu się nie wielkich używają ceremonii, ani żadnych pomp". Etykiety ustalonej przez ostatniego z Walezjuszów nie respektował bowiem bezpośredni i jowialny Henryk IV. Ludwik XIII wiódł skromne raczej życie w ustronnych rezydencjach, od czasu tylko do czasu uczestnicząc w publicznych ceremoniach[22]. Dopiero po jego śmierci Anna Austriaczka zewnętrzną pompą i splendorem wetowała sobie lata odsunięcia przez męża, a Ludwik XIV, tym bardziej jeszcze gdy dorośnie, otoczy się nimbem „słonecznego" kultu i wyszukanego ceremoniału[23].

Za czasów młodych Sobieskich dostęp do głów koronowanych nie był więc już tak łatwy, jak za czasów ich ojca, zwłaszcza że najpewniej zabrakło im wstępnych rekomendacji. Z diariusza Gawareckiego wiemy, że późną jesienią 1646 r. Sobiescy udali się na łowy, które tradycyjnie odbywały się w dzień św. Germana w lasach koło Saint-Germain-en--Laye. W zastępstwie młodziutkiego króla dyrygował nimi jego stryj, Gaston Orleański. Sobiescy wybrali się tam w towarzystwie i innych Polaków — Goreckiego, sekretarza Władysława IV, oraz Gieca, dworzanina Bogusława Radziwiłła. Przybyli jednak „niewcześnie", tzn. spóźnili się.

[22] L. Batiffol, *Le Louvre sous Henri IV et Louis XIII. La vie de la cour de France au XVIIe siècle*, Paris 1930, s. 128—147.
[23] Ph. Erlanger, *Louis XIV*, Paris 1965.

Pozostało im tylko przypatrywanie się, jak uczestnicy polowania „pięknie [...] bankietują". Tuż przed ostatecznym wyjazdem z Paryża, 15 sierpnia 1647 r., byli Sobiescy na publicznej audiencji danej na dworze landgrafowi heskiemu (Fryderykowi). „Wdzięcznie był przyjęty od królestwa" — pisze Gawarecki, nie pozostawiając jednak żadnych innych danych na temat owej wizyty. Uwagi dawnych biografów króla Jana III na temat częstego przyjmowania młodych Sobieskich przez Annę Austriaczkę[24] nie znajdują więc potwierdzenia w dostępnych nam źródłach.

Nic bliższego nie wynika też ze wzmianek o królowej angielskiej, siostrze Ludwika XIII, Henryce Marii, która uratowała się ucieczką wraz z synem „przed rozruchem wielkim" do swej ojczyzny, Francji. Syna jej, księcia Walii, widzieli Sobiescy w czasie łowów w Saint-Germain. Moskorzowski ze łzami w oczach oglądał w tamtejszej rezydencji uboziuchny obiad, podawany jednak z wyszukanym ceremoniałem królowej i jej synowi, już wówczas Karolowi II (po ścięciu ojca w styczniu 1649 r.). Z Karolem I zdołali się jeszcze Sobiescy zetknąć, jak to zobaczymy, w Anglii. Jego drugiego syna będą mieć okazję witać w Zjednoczonych Prowincjach.

Pod dniem 26 grudnia 1646 r. Gawarecki zamieścił wzmiankę o śmierci członka rodu królewskiego, Henryka de Bourbon, starego księcia de Condé. Jakub był we Francji w okresie burzliwych wydarzeń w życiu tego księcia, gdy ratował on młodziutką żonę, z domu de Montmorency, przed pożądliwością starego Henryka IV, uciekając wraz z nią do Brukseli. Powrót Kondeusza do Paryża po śmierci króla opisał Jakub z humorystycznym zacięciem. Książę wjeżdżał do miasta niepewny, „coraz to się obzierał ku tej stronie, kędy jest Bastylija". Dopiero gdy upewnił się, że jest prowadzony w stronę Luwru, „do siebie przyszedł i wesoło się każdemu kłaniał, czapkę zdejmował".

Jego syn, Ludwik de Bourbon, książę d'Enghien, a od śmierci ojca dziedzic tytułu księcia de Condé, w przyszłości Wielki Kondeusz i kandydat do tronu polskiego, upatrzony przez Ludwikę Marię i popierany przez hetmana Sobieskiego, był w tym czasie młodym wodzem opromienionym pierwszymi zwycięstwami, o których we Francji owych czasów wszędzie było głośno. Młodzi Sobiescy mogli go naocznie widzieć, np. odprawiającego tryumf w Paryżu po wzięciu Courtrai w czerwcu 1646 roku, a także na pogrzebie jego ojca[25].

Moskorzowski widział księcia de Condé jadącego wraz z bratem księciem Contim po bokach Ludwika XIV i zauważył przyćmiewające ma-

---

[24] N.A. de Salvandy, op. cit., s. 122.

[25] J. Baczyński (op. cit., s. 66, 101) zwrócił uwagę na pierwszą z tych okazji, sądził natomiast, iż młodego księcia nie było na pogrzebie ojca. Obecność jego zaświadcza M. Falibien (Histoire de la ville de Paris, Paris 1725, t. II, s. 1391). Stwierdzenie T. Żeleńskiego (op. cit., s. 39), że „nigdy Sobieski Kondeusza nie widział na oczy" nie jest więc uzasadnione.

łego króla bogactwo strojów jego stryjów. Książę Conti był nominalnym wodzem Frondy „parlamentarnej". Kondeusz stanie na czele Frondy „książęcej".

Przyszły król Jan III na pewno nie poznał w Paryżu osobiście wszystkich najważniejszych postaci ówczesnej Francji, jak to dawniej z przesadą sądzono[26]. Pobyt w stolicy był jednak na tyle długi, że mógł mu dać dobrą orientację w świecie paryskiego dworu. Wiele też mógł poznać ze słyszenia oraz z dalszego oglądu, trochę zaś z bliska i bardziej bezpośrednio. Mimo nie sprzyjających układów, o których mówiliśmy, osobistych i ogólnych, zbliżenia te mogły być zresztą większe, niż to wynika z bardzo lakonicznych wzmianek Gawareckiego.

2. NAUKI „PARYSZKIE"

Jak już wiemy, wkrótce po przyjeździe do Paryża, bo 20 czerwca 1646 r., Sobiescy osiedli w dzielnicy uniwersyteckiej, tak jak im to zalecił ojciec. „Kollegia, seminaria, tam Sorbona, kędy teologowie mieszkają i uczą" — pisał Jakub o tej dzielnicy — „tam samych kolegii, kędy się uczą siedemdziesiąt i kilka, cóż ma się rozumieć o liczbie studentów, także profesorów"[27]. Teraz i Gawarecki pomieścił w swym diariuszu pochwałę „sławnej i zacnej Akademii Sorboną nazwanej, skąd wielkich doktorów, teologów barzo wiele na wszytek świat prawie się rozchodzi". Kolegia nazywał również akademiami, pisząc: „inszych akademii [...] pięknych i dostatnich trzydzieści i kilka". Liczba ta zgadza się z wynikami wizytacji rektorskiej z 1642 r. i wskazuje, że szereg ich tymczasem zamarło. W ich murach zagnieździły się warsztaty, sklepy i prywatni lokatorzy. Kardynał Richelieu planował dalsze zredukowanie liczby kolegiów przez połączenie pozostałych. Z perspektywy dziejowej patrząc, był to okres niedobry dla tego najstarszego europejskiego uniwersytetu. Na zewnątrz toczył on wówczas walkę z konkurencyjnym szkolnictwem jezuickim o własny styl i byt (podobnie jak Akademia Krakow-

---

[26] Łatwo prześledzić narastanie legendy na ten temat. Wzięła początek od uwag, jakie poczynił jeszcze G. F. Coyer (*op. cit.*, t. I, s. 167), a ze zbytnią fantazją rozwinął i rozpowszechnił N. A. de Salvandy w swym kilkakrotnie przedrukowywanym dziele (*op. cit.*, s. 127), sugerując np. treść rozmów Sobieskiego z Kondeuszem. Niektóre z tych dowolności sprostował już J. Baczyński, np. fakt że nie było w Paryżu księżny de Longueville (*op. cit.*, s. 62, 102). Była obecna jedynie w tym okresie, gdy Sobiescy wrócili na krótko do stolicy po objeździe Francji (*op. cit.*, s. 80). Linię tę podjął T. Żeleński (*op. cit.*, s. 38—39), z odwrotną przesadą negując istnienie jakichkolwiek szerszych kontaktów Sobieskich w Paryżu.
[27] Jakub Sobieski, *Dwie podróże...*, s. 88—89 oraz inne wzmianki o „uczonym" Paryżu na s. 6, 50.

ska), wewnątrz zaś skostniał w przestarzałych formach i wyjałowionych treściach. Początek lat czterdziestych wydał falę ostrych polemik z jezuitami. Jednocześnie musiano rozwiązywać szereg kłopotów majątkowych i finansowych, z których na szczęście w latach 1644-1645 uczelnia wyszła obronną ręką[28].

Mimo skostnienia samej instytucji — kwitły jednak u jej boku inne formy nauczania instytucjonalnego (zależny od króla Collège Royal) i prywatnego, tak że Gawarecki mógł nie bez racji stwierdzić: „Co zaś ad exercitia tych, których sobie prawie wymyślić może człowiek, snadnie dostać i uczyć się może".

Sobieski-ojciec nakazywał, aby zaraz po przyjeździe wyszukano odpowiednich profesorów i rozpoczęto „nauki paryszkie". Dokładnie określał harmonogram ich i zakres. Przewidywał pięć godzin nauki dziennie. Plan pracy intelektualnej byłby więc krótszy niż w okresie krakowskim, kiedy to wypełniał cały prawie dzień. Godzina rano miała być poświęcona ćwiczeniom stylistycznym w języku łacińskim, a pół godziny — poprawianiu ich z profesorem. Z kolei następowałby godzinny wykład profesora — lektura wraz z komentarzem z zakresu historii rzymskiej. Dalsze pół godziny miała trwać lektura „prywatna" każdego z uczniów. Na tym kończyła się część nauki przedpołudniowa, obejmująca w sumie trzy godziny. Po południu przewidywał Jakub dwie godziny nauki języka francuskiego w połączeniu z historią Francji. Studia językowe — łacina oraz francuski — a na ich kanwie wzbogacanie wiedzy historycznej — oto zasadnicze treści nauk paryskich.

Ćwiczenia w stylistyce i elokwencji łacińskiej stanowić miały kontynuację nauk pobieranych w Krakowie. W instrukcji „paryskiej" Jakub wspomniał nazwisko profesora Witeliusza, z czego można wnosić, że to właśnie on przygotował Sobieskich i doprowadził do progu studiów zagranicznych. Podobnie sam Jakub od mistrzów krakowskich i zamojskich przeszedł niegdyś pod kuratelę mistrzów paryskich. Znamy nawet ich nazwiska. W swych wspomnieniach zostawił wzmiankę o trzech wybitnych filologach, którzy słynęli w czasach jego pobytu we Francji. Dwóch z nich — Fryderyk Morel i Szkot z pochodzenia — Jerzy Criton było profesorami Collège Royal. Trzeci, Izaak Casaubon (1559—1614), Szwajcar i kalwin, „człowiek ciałem i postacią mały — wedle słów Jakuba — dowcipem i nauką swoją i pismami dziwnie wielki", nie był wprawdzie profesorem uniwersyteckim. Zajmował stanowisko bibliotekarza króla Henryka IV, przy którym, po latach tułaczki po różnych uczelniach Francji, znalazł trwałe oparcie[29]. O polityce intelektualnej tegoż króla Jakub zapisał, że „chociaż był, może tak rzec, prawie idiota [tzn. człowiek bez

---

[28] C. Jourdain, *Histoire de l'Université de Paris au XVIIe et XVIIIe siècle*, Paris 1867, s. 142 i nast., 150 i nast., 160.

[29] D. Lyon, *Casaubon Isaac*, „Dictionnaire de Biographie Française", t. VII, Paris 1954, szp. 1299—1300.

wykształcenia — K.T.], srodze się w uczonych ludziach kochał, wielkim kosztem ich przy akademii paryskiej chował i na bibliotekę siła łożył". Opiece Casaubona polecił listem młodego Jakuba Szymon Szymonowic i z radością odebrał wiadomość, że on sam podjął się edukować w łacinie i grece Sobieskiego wraz z jego towarzyszem Janem Stanisławem Sapiehą. Choć z prywatnych notatek paryskiego filologa wynika, że praca z młodymi Polakami rychło mu zaciążyła i że pożałował swej decyzji, Jakub obdarzył mistrza uwielbieniem i dozgonną wdzięcznością[30]. W swej instrukcji „braterskiej" wspominał, że studiował pod okiem Casaubona przez przeciąg dwóch lat.

Z okresu własnych studiów oraz dalszych obserwacji Jakub Sobieski wyniósł przekonanie, że Francja reprezentuje najwyższy poziom uprawy filologii klasycznej — hoc saeculo primas partes mają in stilo Francuzowie — pouczał synów — i [ci — K.T.], co się obierają łaciną bawić, perfectissime i elegantissime po łacinie mówią". Słowem, u Francuzów „viget et floret latinitas". Zaznaczał, że wprawdzie nie spotkają się we Francji z używaniem języka łacińskiego w życiu codziennym, tak jak to było rozpowszechnione w Polsce. Francuzi wręcz wstydzą się mówić po łacinie, wyjaśniał. Jednak łacinę „uczoną" i oficjalną cechuje tam prawdziwa doskonałość. I ojcu chodziło o to, aby Marek i Jan wynieśli z tych właśnie najlepszych źródeł stylistycznych szlif w mowie i piśmie[31].

Dla przykładu wyliczał Jakub w instrukcji „paryskiej" kilku francuskich mężów stanu, z którymi zetknął się w Polsce przy wspólnych akcjach dyplomatycznych. Wspominał więc dwóch posłów, uczestniczących w rokowaniach polsko-szwedzkich w Prusach — poznanego w 1629 r. w Altmarku Herculesa Charnaceusa (de Charnacé)[32], który „expeditissime et elegantissime po łacinie mówił", oraz Klaudiusza Memmusa (de Mesmes, hr. d'Avaux)[33], „człowieka wielkiego, łacinnika wielkiego", występującego w Stumdorfie w 1635 r. Sekretarz tego ostatniego, Karol Ogier, w swym barwnym diariuszu, dzięki któremu znamy szczegóły i klimat całej misji, nie omieszkał zaznaczyć, z jakim podziwem były przyjmowane mowy francuskiego mediatora. Nie ukrywał jednak z drugiej strony, że w Polsce nie szczędzono Francuzom przytyków z powodu braku biegłości w potocznym posługiwaniu się łaciną. Na temat Polski pisał zaś, że wydało im się, jakby wjechali do starożytnego Lacjum („quasi

---

[30] J. Kallenbach, *Les humanistes polonais*, Friburgi 1891, s. 39 i nast., 55—61.

[31] Wędrówki Polaków do Francji na studia humanistyczne nie wygasły więc po 1610 r. jak mniemał J. Kallenbach (*op. cit.*, s. 45).

[32] M. Prevost, *Charnacé Hercule*, „Dictionnaire de Biographie Française", t. VIII, Paris 1959, szp. 607—608.

[33] W. Czapliński, *Wstęp do:* K. Ogier, *Dziennik podróży do Polski 1635—1636*, Gdańsk 1950, cz. I, s. XLIII—LXIV.

Latium vetus usurparemus") i Polaków nazywał „potomkami Romulusa"[34]. Na kartkach jego diariusza znalazły się też wzmianki o Jakubie Sobieskim jako jednym z komisarzy polskich. Ogier słyszał w Gdańsku opowiadania o sejmie elekcyjnym, w czasie którego Sobieski był marszałkiem, zasiadającym w środku poselskiego koła, postukiwaniem laski uciszającym zebranych i udzielającym głosu. Z rokowań sztumskich przytaczał zaś nawet in extenso wystąpienie Jakuba[35].

Sobieski-ojciec włączał dalej do rzędu wybitnych francuskich oratorów-dyplomatów posła Brasseusa (Mikołaja de Fleeelles, hr. de Brégy)[36], który doprowadził do skutku rozmowy polsko-francuskie w sprawie małżeństwa Władysława IV z księżniczką Gonzagą. Na ostatek podawał najświeższą wiadomość uzyskaną z kręgów dworu o „barzo wysokiej mowie łacińskiej", wygłoszonej przez sekretarza Francji przy podpisywaniu kontraktu małżeńskiego. Zawierano go 23 września 1645 r., a owym sekretarzem był Henryk de Guénégaud, którego oglądamy obok kardynała Mazariniego na okolicznościowej rycinie[37].

Mimo tych świetnych przykładów filologicznego wykształcenia Sobieski zarzucał ogólnie szlachcie francuskiej małą dbałość o wykształcenie humanistyczne — „Łaciński język i nauki u wszystkich co znaczniejszych ludzi były in contemptu i brzydzili się nimi" — pisał. Z tego względu Łukasz Opaliński z wyraźną już przesadą przeciwstawiał szlachtę polską szlachcie innych narodów, a zwłaszcza francuskiej: „Muzy wzgardzone wszędzie przez szlachtę obcych narodów — wywodził — zepchnięte najczęściej do stanu pośledniego, my jedni uważamy za odpowiednie godności szlachetnie urodzonych, sądzimy nawet, że w żaden inny sposób nie można wsławić świetności rodu, jak nauką. Stąd pierwszym zajęciem najznakomitszej młodzi jest rozrywka literacka i studia szkolne. Nauką zajmują się od chwili wyjścia z lat młodzieńczych, a i potem dla samej żądzy wiedzy przedsiębiorą dalekie podróże"[38]. Oględniej wyrażał się w tej materii Wąsowski, ale i on podkreślał, że szlachta francuska często postponuje studia humanistyczne, nie uważając ich za potrzebne dla swych dzieci[39]. W samej rzeczy w pierwszej połowie XVII w. nauka młodych Francuzów pochodzących ze starej szlachty ograniczała się do nauki domowej i krótkiego pobytu w murach kolegiów różnowierczych, jezuickich bądź oratoriańskich[40].

---

[34] K. Ogier, op. cit., cz. I, s. 5, 119, 149, 170—173, 219.

[35] Ibid., cz. I, s. 210—211, 216—217, cz. II, s. 126—127.

[36] K. Targosz, Uczony dwór Ludwiki Marii Gonzagi (1646-1667), Wrocław 1975, s. 31, 33 i passim, Monografie z Dziejów Nauki i Techniki, t. C.

[37] Ibid, il. 1. O. Guénégaud, zob. biogram w „Nouvelle Biographie Générale" t. XXII, Paris 1859, szp. 383—386.

[38] Ł. Opaliński, op. cit., s. 182—183.

[39] B. N. Wąsowski, op. cit., s. 320.

[40] R. Chartier, D. Julia, M. Compère, L'éducation en France du XVIe au XVIIIe siècle, Paris 1976, s. 169, 179.

W czasach pobytu młodych Sobieskich we Francji nie brakowało jednak chwalebnych wyjątków, zwłaszcza w rodach arystokratycznych. Dwa lata wcześniej, w 1644 r., odbyła się na Uniwersytecie Paryskim uroczystość nadania stopnia magistra sztuk wyzwolonych Armandowi księciu Conti. Choć wraz ze starszym bratem, księciem d'Enghien, był on właściwie wychowankiem jezuitów, teraz z rąk rektora Uniwersytetu odebrał dyplom w srebrnym etui, ozdobionym godłem uniwersyteckim i herbami Burbonów[41]. Wkrótce po przybyciu Sobieskich do Paryża książę Conti stanął z kolei do teologicznej dysputy. Odbyła się ona 10 lipca 1646 r. Nie wiadomo, czy w dzień po otrzymaniu wieści o śmierci ojca kasztelanice podążyli na tę dysputę. W każdym razie nie mogli o niej nie słyszeć, odbywała się bowiem w auli teologicznej Sorbony (w skrzydle bocznym, nowo wzniesionym przez Richelieugo), a więc tuż koło ich ówczesnej stancji. Rektor ogłosił z tej okazji dni wolne od zajęć, przeznaczone na specjalne uroczystości[42].

Nie znamy niestety nazwiska paryskiego profesora łaciny Marka i Jana. Wedle życzenia Jakuba mieli oni, „kosztu nie żałując", znaleźć sobie „professora co najprzedniejszego", „wielkiego oratora". Kogo udało się „obstalować" ich opiekunom i czy był to rzeczywiście „co najcelniejszy łacinnik", nie wiemy. Diariusz Gawareckiego nie zawiera żadnych na ten temat informacji. Jego milczenie nie może nas jednak dziwić. Gawarecki miał relacjonować przebieg podróży, utrwalać pokłosie turystycznych doświadczeń, a nie przebieg stacjonarnych studiów[43]. Podobny charakter posiada relacja Jakuba. Jeśli Gawarecki coś na temat studiów zapisał, to tylko marginesowo. Odpowiednim źródłem byłyby tu listy pana Orchowskiego do kasztelana, zdające sprawę z wypełniania zaleceń ojca i postępu nauk synów oraz dalsze listowne instrukcje, jakie miał nadsyłać Jakuba (takie właśnie źródła, korespondencja Szymonowica oraz jego własna z Casaubonem — dokumentują paryskie studia Sobieskiego-ojca). Zgon kasztelana unicestwił taką wymianę listów, a korespondencja z matką, ograniczona zapewne tylko do spraw najistotniejszych, nie jest nam znana.

Jakub był przekonany, że w Paryżu nie będzie trudności z wyszukaniem dobrego preceptora „in tanta copia ludzi tak wielkich i tak wielu profesorów". W latach czterdziestych, w porównaniu z początkiem stu-

---

[41] C. J o u r d a i n, op. cit., s. 158.

[42] Ibid., s. 165—166. J. B ą c z y ń s k i (op. cit., s. 62) przypuszczał, że Sobiescy byli na tej dyspucie.

[43] J. B ą c z y ń s k i niesłusznie posądza Gawareckiego o to, że zajęty sobą i własnymi przygodami zaniedbał utrwalania toku studiów (op. cit., s. 101). Nie biorąc pod uwagę charakteru diariusza Gawareckiego, T. Ż e l e ń s k i (op. cit., s. 40) stwierdza, że „diariusz ten staje się dziwnie ubogi w czasie pobytu w Paryżu" i na tej podstawie snuje dalsze negatywne wnioski na temat tamtejszej edukacji Jana.

lecia, sytuacja nie była jednak równie korzystna i w Paryżu w kręgach uniwersyteckich dawał się właśnie odczuć brak wybitniejszych filologów klasycznych[44]. W Collège Royal następca Morela, o którym wspominał Jakub, Jan Ruault, zmarł w 1636 r. Inny profesor, cieszący się dużą sławą, Mikołaj Bourbon mł., który wykładał retorykę w Collège d'Harcourt i grekę w Collège Royal, jeszcze w 1620 r. zrezygnował z kariery uniwersyteckiej i wstąpił do zakonu oratorianów. Koncentrował jeszcze wprawdzie nadal wokół siebie kręgi humanistyczno-literackie, ale zakończył życie w 1644 r. Uchodzący za najlepszego po nim retora Jan Grangier, wycofał się jeszcze wcześniej z Collège Royal i zmarł rok przed Bourbonem. Jego następcą został Jan Tarin (koniec XVI w. — 1661 r.), zwany Tarinusem. Był chłopskiego pochodzenia i nie raz w czasie wakacji wędrował pieszo na wieś do swej ubogiej rodziny. Uchodził za świetnego znawcę łaciny i greki, jego „przepastną wiedzę" („un abîme de science") wychwalali współcześni. On sam sławił panegirycznymi utworami królów i kardynałów, nosił też tytuł historyka i geografa królewskiego[45]. Drugą katedrę elokwencji w Collège Royal obejmował równolegle z Tarinusem Abraham Remi (Remmius), znany poeta, który zmarł jednak z przemęczenia w grudniu 1646 r., tak obciążony był oficjalnymi wykładami i lekcjami prywatnymi. Po nim tę drugą z katedr objął na przeciąg lat 1648—1661 Franciszek Dumonstier. Poprzednio piastował godność rektora Uniwersytetu i z tej racji wygłosił mowę pożegnalną do Marii Gonzagi opuszczającej Paryż. Wyróżnił się on też w polemikach toczonych z jezuitami[46]. W latach czterdziestych wreszcie rozpoczynał karierę łacińskiego penegirysty Wilhelm Marcel (1612—1702), zwany Marcellusem, oratorianin, związany najpierw z Collège des Grassins, a następnie z Collège de Lisieux[47].

Według zamysłów Jakuba poszukiwany na nauczyciela synów „wielki orator" winien być również „wielkim politykiem" — znawcą historii i sztuki rządzenia. Ojciec życzył sobie bowiem, by synowie analizowali z tym samym profesorem dzieła historyków rzymskich. I w tym zakresie chodziło o przedłużenie rozpoczętej w Krakowie nauki historii starożytnej. Jakub mówi bowiem o kontynuowaniu lektury *Roczników* Tacyta, po których przejść powinni do jego *Historii*, z kolei zaś — do dzieł Salustiusza. Wszystkie one traktowały o dziejach wczesnego cesarstwa rzymskiego, a „tacytyzm" odgrywał współcześnie ważną rolę w kształtowaniu ideowych podstaw absolutyzmu w nowożytnej Europie. W królewskiej bibliotece Sobieskiego odnajdujemy aż kilka egzemplarzy dzieł

---

[44] C. J o u r d a i n, *op. cit.* s. 157.

[45] C. P. G o u j e t, *Memoires historiques et litteraires sur le Collège Royale de France*, Paris 1758, s. 138—142, 145—148.

[46] *Ibid.*, s. 148—153.

[47] P. L., *Marcel Guillaume*, „Nouvelle Biographie Générale", t. XXXIII, Paris 1860, szp. 444.

Tacyta[48]. Wcześniejsze wydania odziedziczył król Jan po swych przodkach. Wydanie z Antwerpii z 1607 r. posiadało komentarze wielkiego znawcy i propagatora Tacyta — Justusa Lipsiusa, sławnego profesora na Uniwersytecie Lowańskim, którego osobiście pragnął poznać Jakub Sobieski (niestety, do Lowanium przybył tuż po jego śmierci). Wydania Tacyta z lat pięćdziesiątych i sześćdziesiątych XVII w. wskazują natomiast, że Jan Sobieski zakupywać je będzie i powracać do nich w latach późniejszych.

Z instrukcji „paryskiej" widać, iż ojciec sądził, że jego synowie dojrzeli już do samodzielnej, indywidualnej lektury. „Ordynowanie" listy autorów poprzedził ogólną zachętą do stałego obcowania z książką na resztę życia. I tu stawiał im przed oczy szereg przykładów, tym razem z rodzimego i rodzinnego kręgu. Był zdania, że to właśnie rozmiłowanie w lekturze „uczyniło wielkim" Jana Zamoyskiego oraz ich pradziada Stanisława Żółkiewskiego. Tylko przedwczesne tragiczne zgony dziada wujecznego Jana Żółkiewskiego oraz wuja Stanisława Daniłowicza nie pozwoliły zaowocować tym ich skłonnościom. Mąż ciotki Izabeli Daniłowiczówny, kanclerz Jerzy Ossoliński, znany był aktualnie jako ten, który „kradnie sobie czas do czytania". Jakub zaś wyznawał, że i on, kiedy tylko jest wolny od zajęć, „księgi z rąk nie wypuszcza". Podobnie czynią, jak pisał dalej, podczaszy koronny (Mikołaj Ostroróg, niefortunny później wódz spod Piławiec, przezwany „Łaciną"), starosta sądecki oraz „jenerał", czyli generał Wielkopolski (Bogusław Leszczyński). Jakub zapewniał synów, że gdy raz zasmakują w lekturze, to ich nic „od księgi nie oderwie", przywykną czytać „zawsze [...] i wszędzie, choć i jeżdżąc po świecie", a przez całe życie będą z wdzięcznością wspominać to jego zalecenie.

Jako prywatną lekturę przewidywał Jakub na początek *Historię* Liwiusza, a następnie *Żywoty dwunastu cesarzy* Swetoniusza. To ostatnie dzieło odnajdujemy znów w bibliotece Jana III[49]. Być może — było to wydanie genewskie z 1611 r. z komentarzami Casaubona. Dalsze lektury ojciec miał „ordynować" drogą korespondencyjną, czego — jak wiemy — nie było mu już dane czynić. Z instrukcji „braterskiej" z 1620 r. znamy za to długą listę historyków starożytnych i nowożytnych, których radził czytać swemu młodszemu bratu. Figurowały tu wielkie nazwiska Herodota, Ksenofonta, Tucydydesa, Dionizego z Halikarnasu, Polibiusza, Appiana, Cezara, Plutarcha. Prawie wszystkich tych autorów posiadał Jakub w swej własnej bibliotece oraz zbiorach odziedziczonych po Żółkiewskich, które z kolei odziedziczy i poszerzy Jan III.

Pobyt we Francji miał jednocześnie przynieść młodym Sobieskim

---

[48] *Katalog książek biblioteki króla Jana III*, wyd. T. L u b o m i r s k i, Kraków 1879, s. 2, 10, 11, 12, 17, 24.

[49] *Ibid.*, s. 11.

dobrą znajomość francuskiego. Zadanie to postawił nawet ojciec na pierwszym miejscu w instrukcji „paryskiej". Jak już wielokrotnie podkreślano, kładł on duży nacisk na naukę języków nowożytnych. Uważał, że
to konieczność i „ozdoba kożdego szlachcica polskiego" i każdego człowieka ogładzonego („hominis politici"). Wyczuwał doskonale rozbudzone w
XVII w. tendencje do włączenia w program nauczania młodzieży szlacheckiej oprócz języków klasycznych — najważniejszych języków europejskich. Kierował się przy tym zasadą, że „umieć [...] różne cudzoziem-
skie języki, a kożdego dobrze nie umieć, lepiej żadnego się nie uczyć".
Dlatego też stopniowo rozwijał swój program językowego kształcenia synów.

W Krakowie opanowali oni dobrze język niemiecki, który teraz dla
podtrzymania zdobytej już umiejętności („co się raz zakopało, zachować
trzeba") mieli ćwiczyć, znalazłszy sobie jakiegoś chłopca Niemca, przy-
datnego równocześnie do posług. Z instrukcji „krakowskiej" wynika, że
okres peregrynacji Jakub przeznaczył na opanowanie przez Marka i Jana francuskiego i włoskiego[50]. Znaczenie francuskiego dla Polaków urosło
niepomiernie tuż przed wyjazdem młodych Sobieskich w związku z małżeństwem Władysława IV z francuską księżniczką. Jakub wyczuwał ponadto stale zwiększające się znaczenie tego języka w całej Europie w
związku z rosnącą potęgą polityczną i militarną Francji. Sam wyniósł
z Paryża dobrą jego znajomość, za którą chwalił go np. poseł d'Avaux[51].
W czasach jego studiów pierwszoplanową rolę w Europie odgrywał jednak jeszcze język włoski, rozpowszechniony na wszystkich dworach i w
dyplomacji. Jakub ćwiczył się w nim — jak wspominaliśmy — u najlepszych źródeł, w Sienie i osiągnął ten stopień biegłości, że przez przygodnie spotkanych rodaków brany był za Włocha. W 1620 r. w instrukcji
dla brata zalecał mu naukę włoskiego, a francuskiego jeszcze dodatkowo,
jako „curiositas". Po dwudziestu latach sytuacja się zmieniła i francuski
wysunął się w Europie na pierwsze miejsce. Jakub eksplikował to zja-
wisko narastającą potęgą militarną Francji, zaznaczając, że język ten
rozprzestrzenił się już w obu częściach Niderlandów, a także w państwach i miastach niemieckich. Słusznie też przewidywał, że fala ta
wskutek przybycia Ludwiki Marii do Polski tym łatwiej tu dotrze i że
wraz z królową-Francuzką dwór polski stanie się rychło „wpół francuski".

Zainteresowanie narodowym językiem i literaturą rozkwitło też w
pełni w czasie pobytu młodych Sobieskich w Paryżu. Utworzona w 1634 r.

---

[50] Nie biorąc tego pod uwagę T. Ż e l e ń s k i (op. cit., s. 34) niesłusznie umniej-
szył plon krakowskich nauk, pisząc, że w efekcie Sobiescy „pojechali do Paryża
[...] niezdolni rozmówić się po francusku". Udali się tam właśnie po to, by na miejscu najlepiej język ten opanować.
[51] W liście pisanym w 1635 r. z Gdańska do Sobieskiego (K. S i e n k i e w i c z,
Skarbiec historii polskiej, Paryż 1839, t. I, s. 155).

Akademia Francuska pracowała nad doskonaleniem francuskiego, wydźwignięciem go do rangi naczelnego języka w Europie i stworzeniem z niego instrumentu jak najszerszych wpływów. Sobieski będzie posiadał w swej bibliotece powstałą nie wiele później, a spisaną przez Pawła Pellissona, historię powstania tej instytucji, *Relation contenant l'histoire de l'Académie Française*, wydaną w Paryżu w 1653 r.[52]

Ojciec uprzedzał synów, że nauka francuskiego nie będzie zrazu łatwa. „To jest język trudny — pisał — trzeba się z nim łomać", odmienna jest bowiem wymowa, odmienna pisownia. Życzył sobie, aby uczyli się języka „grammaticulariter", tj. według reguł gramatycznych. Zaraz więc po przyjeździe mieli poszukać „mistrza jakiego dobrego" i „pilnego", który zadawałby im „argumenta" do pisania, poprawiał je i czytał wraz z nimi odpowiednie lektury. Przestrzegał synów, aby nie dali się skusić „lada fraszkom i błazeństwom", mając na pewno na myśli twory lżejszej muzy, przede wszystkim literaturę romansową, właśnie wówczas przeżywającą okres rozwoju i wielkiego wzięcia. Potępiali ją jako lekturę dla młodzieży francuscy pisarze moraliści[53]. Współcześnie w Polsce krytykował francuskie romanse Łukasz Opaliński (w przyszłości zasmakuje w ich lekturze Jan Sobieski, ale będzie to — jak wiemy — w okresie jego własnych romansowych przeżyć związanych z osobą Marysieńki). Jakub Sobieski mocno podkreślał, że z tych względów muszą sobie obrać na nauczyciela francuskiego „virum aliquem seriem et gravem" — męża poważnego i statecznego.

O tym, że do młodych Sobieskich najpewniej właśnie w Paryżu trafiała współczesna umoralniająca literatura przeznaczona dla młodzieży, zdaje się wskazywać obecność w bibliotece Jana III książki, która mogła potem służyć i następnemu pokoleniu Sobieskich — Marin Le Roy de Gomberville'a *La doctrine des moeurs tirée de la philosophie des stoiques representée en cent tableaux et expliquée en cent discours pour l'instruction de la jeunesse* (Paryż 1646)[54]. Gomberville (1600-1674) był jednym z pierwszych i znakomitszych członków Académie Française[55]. Swą pięknie ilustrowaną *Doktrynę moralną* przeznaczył on dla ośmioletniego Ludwika XIV. Charakteryzuje ją tak ulubiona w baroku struktura emblematyczna[56]. Każda ze stu alegoryczno-symbolicznych rycin, wykonanych przez Ottona Voeniusa, zaprezentowana została w literackiej otoczce, złożonej z krótkiego „lemmatu"-maksymy, dłuższego wierszowanego

---

[52] *Katalog książek... Jana III*, s. 75.

[53] F. de La Noue, *Discours politiques et militaires*, ed. par F. E. Sutcliffe, Genève 1967, s. 160—176.

[54] *Katalog książek... Jana III*, s. 20.

[55] V. Fournel, *Gomberville Marin Le Soy de*, „Nouvelle Biographie Générale", t. XXI, Paris 1857, szp. 143—146.

[56] J. Pelc, *Obraz — słowo — znak, studium o emblematach w literaturze staropolskiej*, Wrocław 1973, Studia Staropolskie, t. 37.

epigramu, cytatów z autorów klasycznych oraz najobszerniejszego komentarza prozą.

W celu zapewnienia synom pożytecznej lektury sam Jakub polecał im *Historię Francji* Jana de Serres, pragnąc, aby Marek i Jan wynosili w ten sposób znów podwójną korzyść — językową i poznawczo-historyczną. Jakub interesował się żywo w czasie swych studiów historią Francji. W jednym z listów do Casaubona wyznawał, że porwała go chęć jej poznania, tak ze względu na sławę tego państwa, jak i bogactwo istniejącej historiografii[57]. Bratu zalecał lekturę dzieł Filipa de Commines i Jakuba Augusta de Thou. Dla Marka i Jana wybrał natomiast na początek Serranusa. Jan de Serres na rok przed śmiercią, w 1597 r., mianowany został przez Henryka IV oficjalnym historiografem Francji[58]. Był to kalwin, autor historii świeżych wówczas wojen religijnych, gorący zwolennik pojednania zwalczających się obozów. On też opracował całe dzieje Francji od samych jej początków — *Inventaire générale de l'histoire de France* (Paryż 1597) oraz osobne dzieje pięciu ostatnich władców — *Histoire des cinq rois* (Paryż 1595), w następnych wydaniach uzupełniane przez kontynuatorów o czasy najnowsze.

W czasie pobytu młodych Sobieskich w Paryżu historiografem królewskim był Dionizy Godefroy, który wkrótce potem wydał dzieło Filipa de Commines — *Pamiętniki*, odnoszące się do czasów Lulwika XI i Karola VIII, dodając do nich szereg dokumentów i komentarzy *(Les mémoires*, Paryż 1649). Wydanie to znajdzie się w bibliotece Jana III. Obecność w tymże księgozbiorze takich z kolei dzieł, jak Jana Silhona — *Le ministre d'état* (wydane pierwszy raz w Paryżu w 1631 r. i kilka razy przedrukowywane w latach następnych) oraz Karola de Combault — *Histoires des ministres d'état* (Paryż 1642) z serią rycin przedstawiających wybitnych mężów stanu od IX do XIV w. — wskazują na historyczne i polityczne lektury Jana w języku francuskim, sięgające początkami czasów studiów paryskich[59].

Oprócz tak pomyślanego programu nauki języka francuskiego, opartego na zgłębieniu reguł gramatycznych z jednoczesnym czerpaniem ciekawych i przydatnych treści z lektury książek, Jakub gorąco synom zalecał intensywne uprawianie konwersacji i opanowanie języka potocznego — „kożdy język, by najtrudniejszy — pisał — exercitio suo i mówieniem najprędzej się nauczy, a mówienie z konwersacyjej". Przekonywał synów, że należy próbować mówić, nie zrażając się trudnościami i nieuniknionymi błędami. Zapewniał, że zdołają oni wnet przełamać przeszkody i „łacno posmakują" przyjemności władania francuskim. Radził podejmować rozmowy z gospodarzem domu, z gospodynią, z ich

---

[57] J. Kallenbach, *op. cit.*, s. 60.

[58] M. Nicolas, *Serres Jean de*, „Nouvelle Biographie Générale", t. XLIII, Paris 1864, szp. 795—796.

[59] *Katalog książek... Jana III*, s. 41, 60.

„poczciwymi córkami" oraz innymi lokatorami. „W Paryżu pospolicie w domu jednym siła ludzi mieszkiwa różnych nacyji — pisał — jako to Niemców, Angielczyków, Szotów, Irlandczyków, Niderlandczyków". Dobrą znajomość języka francuskiego Jana poświadczyła po latach Marysieńka. I choć jej zawdzięczał na pewno pogłębienie i utrzymywanie biegłości, to jednak o zdobycie solidnych podstaw w tym zakresie zadbał już jego ojciec i przyniósł mu je niewątpliwie pobyt w Paryżu.

Jak wspomniano, Marek i Jan przybyli do Paryża pod sam koniec roku akademickiego i zapewne nie od razu usiedli do nauki. Ponieważ jednak studia ich miały mieć charakter „przyuniwersytecki", prywatny, rozpoczęcie ich nie wymagało oczekiwania na nowy rok akademicki. We wrześniu przeprowadzili się wprawdzie na Przedmieście Saint-Germain, co nie oznacza bynajmniej zerwania ze środowiskiem uniwersyteckim ani też poniechania nałożonego im przez ojca programu[60]. Nie odważyliby się na to ich opiekunowie, nawet wtedy i tym bardziej wtedy, gdy zabrakło Jakuba i gdy wola ojca stała się wolą zmarłego. Jedenastomiesięczny okres pobytu w Paryżu młodych Sobieskich — to okres dostatecznie długi do wprowadzenia w życie zaleceń Jakuba, choć — być może — ojciec przewidywał pierwotnie dłuższe studia synów w tym mieście.

Oprócz nauk intelektualnych okres ten wypełniło jednak i innego rodzaju kształcenie, zawarte także w planach ojca. Mieściły się w nich bowiem również „exercitia corporis", rycerskie ćwiczenia ciała. Jakub wiedział dobrze, że we Francji jest ono doskonale zorganizowane, że uczą ich tu „ex professo [tzn. zawodowo — K.T.] i akademice, bo to zowią akademiami, jako to jeżdżenie na koniu, szermowanie i skakanie".

Te właśnie paryskie akademie rycerskie dla szlacheckiej młodzieży wywołały zabawne nieporozumienie i atak ze strony zagorzałego humanisty, Łukasza Opalińskiego, któremu dał on upust w swej Obronie Polski. Oto, gdy znalazł się pierwszy raz w Paryżu, zapytał jakiegoś przechodnia, gdzie znajduje się akademia, mając na myśli Uniwersytet (gdyż w Polsce Uniwersytet Krakowski zwano powszechnie Akademią). „Ów odpowiedział — pisze Opaliński — że jest ich kilka w mieście i dopytywał się, czy mam zamiar iść do wszystkich, czy też do jednej znakomitszej. Sądząc, że mam do czynienia z gburem czy prostakiem, który na określenie poszczególnych kolegiów używa nazwy akademii, poprosiłem, bym mógł zwiedzić przynajmniej najważniejsze w tym dniu". Przypomnijmy, że takim właśnie „prostakiem" był niestety Gawarecki. Prze-

---

[60] T. Żeleński starając się brać „krytycznie legendy o paryskim pobycie Sobieskiego" (op. cit., s. 37), popadł w zupełną przesadę. Założył, że nie mógł on wynieść z Paryża żadnego wyższego wykształcenia i kultury ducha, gdyż nie posiadał po temu przygotowania. Całą rolę ukształtowania przyszłego króla pragnąc przypisać swojej bohaterce, stwierdzał, że „edukacja jego przyjdzie później i będzie zupełnie inna" (op. cit., s. 40). Zwalczając różne legendy utrzymał jednak jedną, chyba najmniej umotywowaną, historię „księcia Brisacierskiego", rzekomego nieślubnego syna Jana III (op. cit., s. 40—41).

wodnik zaprowadził Opalińskiego do obszernego gmachu: „Znajdowało się tam wielu młodzieńców — pisze on dalej — z tych jedni mocowali się ze sobą, inni skakali wedle oznaczonej miary, inni grali na lutni, inni jeszcze wskakiwali na drewnianego konia, wreszcie najrozmaiciej się gimnastykowali i ciskali włóczniami. Gdy zapytałem, co to za dom, odrzekł, iż to Akademia, gdzie wychowuje się młodzież francuska". „Czy tylko w tych sztukach? — pytam dalej. Nie — rzecze — cały ranek jeszcze jeżdżą zazwyczaj konno. Odwróciwszy się od niego, uśmiałem się serdecznie". Na zakończenie Opaliński uniósł się jednak i świętym oburzeniem: „Więc, o Muzy, czyż igrzysko gladiatorskie lub palestra nosi u was uświęcone imię Akademii? [...] Jakkolwiek bowiem jest rzeczą piękną i chwalebną, zwłaszcza w młodości ćwiczyć ciało i zaprawiać do broni i wojny, jednak, gdy cała nasza siła na duchu i ciele polega, a słuchamy rozkazów ducha, ciało zaś jemu tylko służy, więcej tedy starania poświęcić należy temu, co jest wodzem i kierownikiem życia śmiertelnych, aby nie zgnuśnieć w nieświadomości i zaniedbaniu sztuk i nauk. Tego zaprawdę nie uznaje szlachta francuska, której całe wychowanie i kultura ogranicza się do ciała"[61].

Tak skrajny profil francuskiego wychowania krytykował również Wąsowski. Wielu młodych Polaków, podążając za granicę dla kształcenia umysłu, korzystało jednak i z dobrodziejstw zorganizowanego kształcenia rycerskiego, tak we Francji, jak i w Niemczech, Włoszech i Niderlandach. „Gdzie też na dzisiejsze czasy wejrzysz — pisał na początku XVII wieku Sebastian Petrycy — wszędzie obaczysz szkoły szermierskie i w Niemczech, we Włoszech, we Francyjej, w Hiszpanijej, w Angliej, tak iż żadnego niemal miasta nie najdziesz, gdzieby szermierskie szkoły nie miały być gęste"[62]. Słowa te aż tchną przesadą, którą Petrycy wesprzeć chciał swoje postulaty utworzenia podobnych szkół w Polsce. Wspomnijmy tu o kilku przykładach rycerskiego kształcenia Polaków za granicą, w Niemczech i Włoszech (o Niderlandach będzie jeszcze mowa później), począwszy od schyłku XVI w. Tak np. Stanisław Lubomirski, mimo słabowitego zdrowia, uczył się ok. 1595 r. w Monachium jazdy konnej u specjalnego kawalkatora i uczęszczał do „szermierskiej szkoły". Krzysztof Radziwiłł, przyszły hetman, odwiedził pierwszą regularną szkołę rycerską, Collegium Mauritianum, założone przez landgrafa heskiego w Kassel. Jerzy Ossoliński zaprawiał się do jazdy konnej w Neapolu „pod sławnym we wszystkiej Europie mistrzem Honorato Pintatio", a Jan Sapieha udał się do Florencji, by „przećwiczyć mógł wszystkiego, tak skoczka, szermierstwa, wsiadania na koń, na lutni grania"[63].

---

[61] Ł. O p a l i ń s k i, *op. cit.*, s. 170—172.
[62] S. P e t r y c y, *op. cit.*, s. 189—190.
[63] W. C z a p l i ń s k i, J. D ł u g o s z, *Podróż młodego magnata do szkół*, Wrocław 1969, s. 87; J. F r e y l i c h ó w n a, *Ideał wychowawczy szlachty polskiej w XVI i na pocz. XVII w.* Warszawa 1938, s. 82, 98.

Myśl o założeniu specjalnych szkół dla synów szlachty francuskiej zaczęła się pojawiać u schyłku XVI w. Znajdujemy ją np. w dziele kalwina Franciszka de la Noue, *Discours politiques et militaires* (powstałym w latach osiemdziesiątych, później kilkakrotnie przedrukowywanym). De la Noue wskazywał, że nie wystarczy tradycyjne kierowanie młodzieży na dwory czy do wojska. Kolegia nie uwzględniały potrzeb szlachty, kształcenie prywatne było drogie, wyjazdy do Włoch zarówno drogie, jak i niebezpieczne. Wysuwał więc projekt utworzenia czterech akademii rycerskich w czterech głównych miastach — Paryżu, Lyonie, Bordeaux i Angers — lub czterech obszernych rezydencjach królewskich[64].

Pierwszą trwałą akademię w Paryżu udało się jednak założyć dopiero sławnemu ujeżdżaczowi koni, Antoniemu de Pluvinel (1555-1620)[65]. Wyszedł on z neapolitańskiej szkoły Jana Jakuba Pignatelli. Jako koniuszy Henryka de Valois towarzyszył mu w Polsce, a z kolei i w ucieczce. Za Henryka IV doczekał się możliwości założenia szkoły i kierowania nią. Powstała ona przy stajniach królewskich na Przedmieściu Saint-Honoré. Odtąd młodzież francuska nie musiała już wyjeżdżać do Italii, za co sławili Pluvinela współcześni — Aleksander de Pont Aymery i Tomasz Pelletier[66]. Pluvinel został też z czasem drugim guwernerem delfina, przyszłego Ludwika XIII. Owocem udzielanych mu nauk stał się napisany przez Pluvinela, a wydany pośmiertnie, podręcznik *Le maneige royal* (Paryż 1623), przedrukowywany później w ciągu XVII w. Ma on formę żywego dialogu między dostojnym, choć młodziutkim uczniem, wielkim koniuszym a Pluvinelem. Instruując swego ucznia, wykładał on tajniki sztuki ujeżdżania i kierowania koniem, uwypuklając dwie swoje naczelne zasady, głoszące, że naukę należy rozpocząć od rzeczy najtrudniejszych, ale równocześnie i najkonieczniejszych. Podręcznik zdobi seria wspaniałych ilustracji, najpiękniejszych rycin koni i jeźdźców, jakie powstały w tym czasie we Francji. Wykonał je nauczyciel malarstwa ze szkoły Pluvinela, Crispine de Passe młodszy[67].

Akademię Pluvinela prowadził dalej pan Benjamin. W 1635 r. wyszedł z niej jeden z przyszłych przywódców jansenizmu, Antoni Arnauld, wspominający później świetną opiekę roztaczaną tam nad młodzieżą. W latach 1637-1639 kształcił się w tej szkole książę d'Enghien[68]. Benjamin zakończył swą działalność w 1642 r., złamany starością i przedwczesną

---

[64] F. de La Noue, *op. cit.*, s. 133—159; C. de Montzey, *Les institutions d'éducation militaire jusju' en 1789*, Paris 1866, t. I, s. 65—66. Wydanie *Discours* z 1587 r. znajdujemy w *Katalogu książek... Jana III*, s. 22.

[65] H. F., *Pluvinel Antoine de*, „Nouvelle Biographie Générale", t. XL, Paris 1842, szp. 524.

[66] A. de Pont-Aymery, *op. cit.*, passim.; T. Pelletier, *La nourriture de la noblesse*, Paris 1610, t. I, s. 96—97.

[67] *Le maneige royal* A. de Pluvinela posiadał Jan III wśród „ksiąg koperszytchowych" w swej bibliotece (*Katalog książek... Jana III*, s. 89).

[68] H. Chérot, *Trois éducation princière au XVIIᵉ siècle: Le Grand Condé,*

śmiercią syna i upatrzonego następcy, barona du Pré. W tym czasie istniała już, na szczęście, większa liczba podobnych instytucji.

W 1645 r., w czasie „wspaniałego wjazdu posłów polskich do Paryża", jak nazywa przybycie Krzysztofa Opalińskiego i Wacława Leszczyńskiego po księżniczkę Gonzagę współczesna relacja — wystąpiło czterech dyrektorów różnych akademii, każdy z czwórką swych uczniów. Rozmieszczono ich pomiędzy oddziałami polskich członków orszaku[69].

Tak więc po piechocie rotmistrza Pieczowskiego „jechał Monsieur del Campo z asystencyją młodzi szlacheckiej, którzy się w jego Akademii jeździć na koniach uczyli, w pięknym bardzo porządku".

Po oddziale karabinierów rotmistrza Choińskiego „jechał Monsieur de Vo [de Vaux — K.T.] z Akademią swoją, na koniach ćwiczonych, różnemi rubantami albo raczej wstęgami jakoteż i pierwsi akademikowie ozdobionych".

Z kolei za oddziałem dworzan Opalińskiego „jechał Mr. Arnolfini z Akademią swoją, nie tak strojno w osoby same, jako w dzielność koni, na których siedzieli".

Wreszcie za oddziałem dworzan biskupa Leszczyńskiego jechał „monsieur Momon z Akademią, którego młódź nie ustąpiła przed sobą inszym w stroju i w okazałości".

Możemy ich wszystkich oglądać na rysunkach Stefana della Belli, sporządzonych niewątpliwie po to, by uwiecznić cały wjazd na rycinach, które — niestety — nigdy nie doczekały się wykonania[70].

Liczba akademii w Paryżu wzrastała w następnych latach, skoro Michał de Marolles (dawny nauczyciel i doradca księżniczki Gonzagi) w swym wierszowanym opisie Paryża z 1677 r. wylicza aż osiem akademii rycerskich[71]. Powtarza się wśród nich nazwisko Memont, znane z opisu wjazdu. Dowiadujemy się też, że następcą Arnolfiniego został jego kuzyn Bernardi, rodem z Lukki (część dyrektorów to — jak widzimy — Włosi).

Główne skupisko akademii istniało na Przedmieściu Św. Germana, gdzie tak chętnie osiadała młodzież szlachecka z Francji i innych krajów i gdzie zamieszkali ostatecznie także i Sobiescy. Sam Jakub, choć tak przeciwny był mieszkaniu synów na tym właśnie przedmieściu, zapewne też tu bywał, skoro w pamiętny dzień zabójstwa Henryka IV sługa jego został wysłany „na Przedmieście Świętego Germana do szermierza".

---

son fils le duc d'Enghien, son petit-fils le duc de Bourbon (1636—1684), Lille 1896, s. 82—95.

[69] Zbiór pamiętników historycznych o dawnej Polszcze, wyd. J. U. N i e m c e w i c z, Warszawa 1822, t. III, s. 325—328; M. P a s z k i e w i c z, Stefano della Bella, Wjazd wspaniały posłów polskich do Paryża A.D. 1645, Londyn 1956, s. 20—21.

[70] M. P a s z k i e w i c z, Stefano..., il. 3, 5—6, 7—8.

[71] M. de M a r o l l e s, Paris ou déscription succincte et néanmoins assez ample de cette grande ville... (s.l.), 1677, s. 38—39.

Opis Paryża Germana Brice'a z 1687 r. podaje, że na Faubourg Saint-
-Germain, które w tym czasie po zburzeniu czterech bram przemieniło
się już z przedmieścia w dzielnicę miejską, mieściło się sześć akademii
rycerskich — koło kościoła Saint-Sulpice pana de Mémont (znana nam
z 1646 i 1677 r.), aż dwie akademie koło Hôtel de Condé, w tym jedna
pana Bernardiego, dalej pana de Longpré na ulicy Św. Małgorzaty, de
Rocforta na ulicy Uniwersyteckiej oraz pana de Vandeuil na ulicy de la
Seine[72] (przy której zamieszkiwali wcześniej Sobiescy). Był to chyba
szczytowy okres rozkwitu akademii na Przedmieściu. Brice zaznacza, że
jednej tylko zimy kształciło się w nich dwunastu książąt, ponad trzystu
hrabiów i baronów, nie licząc szlachty. W dziewiątym wydaniu jego dzieła, jakie ukazało się w 1752 r., podano, że liczba akademii zmniejszyła
się z siedmiu do trzech (najznakomitszym uczniem w tym czasie był tu
Fryderyk August, książę saski, syn króla polskiego Augusta III)[73].

Gawarecki, po wzmiance o przeprowadzce Sobieskich na Przedmieście Saint-Germain w dniu 18 września 1646 r., dodał: „Tu się zaraz na
koniach uczyć zaczęli u kawalkatora Monsieur Forestie, a z szpadą
u Monsieur Xientaigne u Włocha". Forestie wraz ze swym synem wyje-
chał później aż na milę przed Paryż na spotkanie Sobieskich, powraca-
jących z wojażu po Francji, najwyraźniej uprzedzony o ich powrocie.
Odprowadził ich do gospody, dając tym wyraz rewerencji dla swych
szlachetnych uczniów.

Jak z tego wynika, Sobiescy przekroczyli zakaz ojca, który widocznie
na podstawie obserwacji, a może i doświadczeń osobistych, krytycznie
był nastawiony do francuskiego szkolenia w szermierce, w którym — jak
wspominaliśmy — widział niebezpieczną pobudkę do zwady. Z tych to
powodów wolał, aby jego synowie naukę szermierki odłożyli na okres
pobytu we Włoszech, gdzie — jego zdaniem — sztuka ta rozkwitała jeszcze wyżej („maioris floris haec ars"). Sobiescy — być może — liczyli
się już z tym, że ich pobyt we Włoszech ulegnie skróceniu. W każdym
razie na nauczyciela wybrali Włocha, jak podaje Gawarecki, choć nazwisko Xientaigne wydaje się francuskie.

Jakub aprobował natomiast jak najbardziej naukę konnej jazdy, czyli
„woltigowanie", zwłaszcza skoki na drewnianego konia — „jest to i exer-
citium agilitatis et ad rem militarem apprime necessarium — pochwalał
— wielka jest rzecz dosieść konia w przypadku". Widział więc korzyści
płynące z takich ćwiczeń, choć np. Wacław Potocki w drugiej połowie
stulecia wyśmiewał fakt udawania się w tym celu aż za granicę[74].

---

[72] G. B r i c e, *Description nouvelle de ce qu'il y a de plus remarquable
dans la ville de Paris*, Paris 1687, t. III, s. 120—121.

[73] T e n ż e, *Description de la ville de Paris...*, reproduction de la 9e édition
(1752), avant-propos par M. F l e u r y, Genève—Paris 1971, s. 384—385.

[74] W. P o t o c k i, *Ogród fraszek*, Lwów 1907, t. I, s. 267; J. F r e y l i-
c h ó w n a, *op. cit.*, s. 99.

Do wychowania fizycznego synów włączał jeszcze Jakub „francuskie piły granie". Jeśli nie odbywało się ono w akademiach, to miejscem takich zajęć mogły być liczne w Paryżu sale gry w piłkę — „jeu de pomme". Sobiescy mogli grę uprawiać w dni świąteczne, podobnie jak to bywało w Krakowie.

Decyzji Marka i Jana pozostawiał ojciec naukę tańca oraz gry na instrumentach, które wchodziły w zakres kształcenia w akademiach rycerskich. Na temat tańca Jakub pisał, że „o to nic nie dba" i pragnie, aby jego synowie „na koniach da Bóg tańcowali, bijąc się z Turki i Tatary". Te ostatnie słowa tak silnie zapadły w pamięć Jana, że wspominał je po latach w swym wywodzie przodków. W myśl łacińskiej maksymy, że należy się jednak dostosowywać do gustów otoczenia („Quacunque arte placere potest, placeat"), ojciec brał pod uwagę, że synowie mogą w Paryżu nauczyć się „galardy francuskiej i tych przedniejszych tańców u dworu", aby po powrocie, przebywając na dworze polskim, umieli się „akomodować" królowej-Francuzce.

Podobnie tolerancyjny okazywał się ojciec w stosunku do ewentualnej gry na lutni lub innym instrumencie. „Ja się przyznam — oświadczył jednak — żebym żałował tego czasu, co byście na tym błazeństwie strawili". Dodawał, że będzie ich wszak stać na to, aby „muzykę chować", czyli utrzymywać własną kapelę. Nie bronił jednakże nauki, jeśli któryś z synów będzie wykazywać zdolności — „ingenium" — w tym kierunku. W swych komentarzach do *Polityki* Arystotelesa Petrycy zamieścił niegdyś rozważania na temat: „Jeśli muzyka do wszelkiego stanu żywota zgadza się" oraz „Jeśli lepiej muzyki słuchać, czyli muzyki uczyć się". Przytaczając różne sądy przeciwników muzykowania, konkludował odmiennie niż oni, że czynne zaangażowanie przynosi satysfakcję, jakiej nie da się kupić za pieniądze[75]. Przyjaciel Jakuba, Tomasz Zamoyski, przebywający nieco później niż on w Paryżu, nie tylko uczył się szermierki i „kawalkowania co dzień prawie u przedniejszego kawalkatora królewskiego", lecz również pobierał lekcje gry na lutni. Portret przedstawiający go jako młodego chłopca ukazuje go nam na tle grubych foliałów na półkach z leżącą przed nim na stole lutnią[76].

Bogusław Radziwiłł, przybyły do Paryża na kilka lat przed braćmi Sobieskimi, uczył się jazdy konnej u De La Folego (w innej wersji nazwisko to Radziwiłł podał jako Delafolli), szermierki u Saint Ange'a, tańca u De Noye (De Noyes)[77]. Z nauki gry na lutni i tańca Sobiescy — być może — jednak zrezygnowali ze względu na czas żałoby po ojcu.

O popularności akademii rycerskich niech świadczy fakt, że garnęli się do nich wówczas i młodzi arianie, którzy odeszli już od surowości

[75] S. P e t r y c y, *op. cit.*, s. 370—372.
[76] S. Ż u r k o w s k i, *op. cit.*, s. 29; *Malarstwo polskie*, t. II: *Manieryzm — Barok*, Warszawa 1971, il. 4.
[77] B. R a d z i w i ł ł, *op. cit.*, s. 123.

obyczajów poprzednich pokoleń i ich antywojennego nastawienia. Moskorzowski, przebywający w Orleanie w 1649 i 1650 r., uczęszczał tu najpierw do „palestry" pana Chabrona w celu nauki sztuki „gladiatorskiej" (walki wręcz), z kolei zaczął się uczyć sztuki jeździeckiej u „szlachetnego Richause'a", a na koniec wszedł do palestry niejakiego Morela, poety, facecjonisty i mima, uczącego tańca i w ogóle wykwintnego zachowania.

Działalność rycerskich akademii w różnych krajach śledził pilnie w latach pięćdziesiątych jezuita Wąsowski. Choć nie pochwalał faktu, że szlachta francuska takie właśnie kształcenie uważa za pierwsze i ostateczne dla swych dzieci, stwierdzał, że instytucje te, bardzo liczne, rozwijają się pomyślnie pod protektoratem monarchów. Młodzież mieszka bądź w konwiktach, bądź dochodzi z zewnątrz. Dodawał, że oprócz różnorakich ćwiczeń fizycznych uczono tu również wiedzy o fortyfikacjach i architektury militarnej.

Uwzględnienie takich przedmiotów, jak matematyka, fortyfikacje, geografia, historia, wszystko zaś traktowane językiem francuskim, łącznie z nauką innych języków nowożytnych, postulował już pierwszy projektodawca utworzenia szkół dla szlachty, Franciszek De La Noue[78]. Nie wiadomo jednak, czy wszystkie powstałe później akademie tak szeroki program rzeczywiście realizowały. Wiadomo, że wszedł on w życie np. w Akademii Richelieugo w założonym przez niego nowym mieście Richelieu (które z niemałym podziwem oglądać będą w czasie swej podróży po Francji młodzi Sobiescy). W sześciu klasach uczono tu gramatyki, poezji, retoryki, historii wraz z chronologią, geografii, astronomii, matematyki i języków, przede wszystkim nowożytnych[79]. Wiedzy o fortyfikacjach uczył się w Akademii pana de Benjamin przyszły Wielki Kondeusz[80].

Nie wiemy, czy Sobiescy przechodzili naukę z tego ostatniego zakresu już w Paryżu, ich ojciec bowiem przewidywał ją na okres studiów w Niderlandach, do czego dojdziemy później. W każdym razie w bibliotece Jana III odnajdujemy dzieło wybitnego teoretyka francuskiego, matematyka i inżyniera Henryka IV, Jana Errard de Bar-Le-Duc, *La fortification reduite en art* (Frankfurt 1620) oraz świeżo wydane dzieło de Lostelneau *Marechal de bataille* (Paryż 1648)[81]. To ostatnie dedykowane było dziesięcioletniemu Ludwikowi XIV, który jakoby już w tym wieku prześcignął wiedzą wojskową starych i doświadczonych wodzów. Dzieło ozdabiały wspaniałe ryciny przedstawiające musztrę muszkieterów i pikinierów oraz szyki kompanii, w skład których wchodzili.

---

[78] F. de La Noue, *op. cit.*, s. 54.

[79] R. Chartier, D. Julia, M. Compère, *op. cit.*, s. 184.

[80] H. Chérot, *op. cit.*, s. 89. Chérot słusznie podnosił, że znaczenie akademii rycerskich nie zostało dostatecznie docenione. Problem pozostaje nieprzebadany aż do dzisiaj.

[81] *Katalog książek... Jana III*, s. 31.

W czasie swego pobytu w Paryżu Wąsowski zastał niejakiego Macieja Smuszewskiego, kształcącego się w jednej z tutejszych akademii tak w jeździe konnej, jak i ogólnych zasadach walki i wiedzy o fortyfikacjach. Podopieczni Wąsowskiego, Grudzieńscy, w Paryżu bawili krótko, a w dyscypliny rycerskie wdrażali się w innych ośrodkach — niemieckich, niderlandzkich i włoskich. Ze zwiedzanych przez nich instytucji Wąsowski opisał szerzej szkołę rycerską w Neapolu. Wszystkie zgromadzone za granicą obserwacje nie pozostały obojętne dla jego przyszłej działalności pedagogicznej w kraju. W latach siedemdziesiątych będzie dążył do zreformowania szkolnictwa jezuickiego w Polsce, właśnie w kierunku połączenia go z naukami matematycznymi oraz przygotowaniem fizyczno-rycerskim. Dla tych swoich częściowo tylko zrealizowanych planów będzie się starał pozyskać m. in. ówczesnego hetmana wielkiego koronnego, Jana Sobieskiego[82].

Po naukach rycerskich pobieranych za granicą młodzi Polacy angażowali się nieraz w praktyczną służbę wojskową na obcej ziemi. Jakub Sobieski sam miał ochotę skorzystać z takiej okazji w czasie pobytu we Francji. W Paryżu był świadkiem wielkich przygotowań wojennych prowadzonych przez Henryka IV. Cel ich utrzymywany był w tajemnicy. Przypuszczano, że będzie to kampania przeciw Hiszpanom we Włoszech bądź Niderlandach. W samym Paryżu zebrało się już kilkanaście tysięcy piechoty. Jakub chciał uczestniczyć w wyprawie i Henryk IV wyznaczył mu nawet specjalnego „przystawa" w osobie pana de Vitry jako przewodnika i towarzysza. Niespodziewany zgon króla unicestwił te plany.

W latach czterdziestych, gdy Francja zaangażowała się w wojnę trzydziestoletnią, sprzymierzona z Republiką Zjednoczonych Prowincji Niderlandów przeciwko Habsburgom, Bogusław Radziwiłł np. brał żywy udział w operacjach wojennych na pograniczu francusko-niderlandzkim. W 1648 r. otrzyma on we Francji tytuł „colonel général des trouppes étrangères" z pensją trzydziestu tysięcy rocznie. Wobec wybuchu wojen kozackich zrezygnuje jednak z kariery w obcej służbie i przyjmie generalstwo gwardii Jana Kazimierza (Sobieski spotka się z nim pod znakami króla szwedzkiego, a po powrocie do obozu prawowitego króla w 1658 r. — będzie służyć pod jego komendą).

Natomiast służba Jana Sobieskiego, jaką miał rzekomo odbyć w „czerwonej gwardii" królewskiej we Francji, nie znajduje zupełnie potwierdzenia w naszych źródłach[83]. Brak na nią miejsca w prowadzonej nie-

---

[82] J. Baranowski, *O pierwszym projekcie „szkoły rycerskiej"*, w: *Sarmatia artistica. Księga pamiątkowa ku czci prof. W. Tomkiewicza*, Warszawa 1968, s. 135—143. Autor mylił się oczywiście, sądząc, że był to pierwszy projekt założenia akademii rycerskiej w Polsce. Projekt skomentował L. Piechnik (*Studium matematyczne i projekt akademii wojskowej Bartłomieja Wąsowskiego*, „Nasza Przeszłość", XXXVI, 1971, s. 175—187).

[83] Jest to jedna z tych „legend" na temat paryskiej edukacji Jana, stale powta-

przerwanie relacji ważniejszych wydarzeń peregrynacji pióra Gawareckiego.

Marek i Jan przebywając w Paryżu obejrzeli — jak już wspomniano — mury miasta, stare i „ladajakie", częściowo tylko zastąpione nowocześniejszymi wałami. Zwiedzili też „Arsenał wielki [...], w którym jest dział i inszej armaty do wojska należącej niemało, blisko ojców celestynów", na północno-wschodnim krańcu miasta. W czasie ich pobytu Paryż rozbrzmiewał tryumfami z okazji zdobycia Cotre, Mardic (wziętego 18 sierpnia 1646 r.) i Dunkierki. Następne wydarzenia na froncie francusko--flandryjskim i inne sprawy wojenne śledzili już Sobiescy w czasie objazdu Francji.

3. PEREGRYNACJA FRANCUSKA

W dniu 1 maja 1646 r., pobłogosławieni przez zaprzyjaźnionych polskich dominikanów, Grabieckich, Sobiescy wraz z Krzysztofem Skotnickim opuścili Paryż. Drugi ich towarzysz podróży z Polski do Francji, Stefan Zamoyski, odprowadziwszy wyjeżdżających tylko dwie mile za miasto, pozostał w stolicy.

Wyruszano w objazd Francji „dla przejrzenia się w miastach i dla przewiedzenia prowincyj fracuskich"[84]. Ten „tour de France" Marka i Jana miał trwać cztery miesiące i w swym obfitym programie krajoznawczym przewyższał objazd, jakiego dokonał niegdyś ich ojciec Jakub oraz współcześnie inni peregrynanci, tacy jak Moskorzowski i Grudzieńscy z Wąsowskim[85]. W tym wypadku nie mogą nam oni służyć pełnym materiałem porównawczym. Cenne poboczne źródło stanowią natomiast przewodniki po Francji — Jana de Laet Gallia (Lejda 1629), gdańszczanina Abrahama Golnitza Ulysses Belgico-Gallicus (Lejda 1631) oraz

rzana, także przez T. Ż e l e ń s k i e g o (op. cit., s. 40), a którą należy wykreślić. Pierwszy jej zapis dał chyba G. F. C o y e r (op. cit., s. 167—168). Nie wiadomo na podstawie jakich przekazów pisał on, że Sobieski zaciągnął się do kompanii królewskiej, tzw. wielkich muszkieterów („les grands mousquetaires"), obok której istniała druga kompania, służąca Richelieumu. N. A. de S a l v a n d y (op. cit., s. 123) o tyle informację tę przeinaczył, że kazał służyć Sobieskiemu w „czerwonych kompaniach", stworzonych przez kardynała, a po jego śmierci podporządkowanych królowi. O Sobieskim-muszkieterze wspomina też J. C z e r m i ń s k i, Wstęp do historii Jana Sobieskiego, zamykający dzieje jego młodości do powrotu z obcych krajów, „Rocznik Towarzystwa Naukowego z Uniwersytetem Krakowskim połączonego", IX, 1824, s. 235. Informację tę przejął T. K o r z o n (op. cit., t. I, s. 13) i inni biografowie króla.

[84] S. G a w a r e c k i, Diariusz..., s. 64—107.

[85] Jakub S o b i e s k i, Dwie podróże..., s. 67—68, 91—95; H. G. M o s k o-rzowski, op. cit., s. 248—251, 278—361, N. B. W ą s o w s k i, op. cit., s. 340——349, 381—387.

wspomnianego już Justusa Zinzerlinga — publikującego pod pseudonimem Jodocusa Sincerusa — *Itinerarium Galliae* (Amsterdam 1649). Na dwa ostatnie powołuje się często Moskorzowski. Dwa pierwsze przewodniki były zapewne w posiadaniu Sobieskich w czasie peregrynacji, odnajdujemy je bowiem później w bibliotece królewskiej[86].

Jakub Sobieski podziwiał niegdyś Francję jako „królestwo dziwnie ludne, w żywność obfite, w intraty bogate". Francja oglądana przez jego synów była państwem zaangażowanym w wojnę trzydziestoletnią na zewnątrz, królestwem ważnych przemian idących w kierunku absolutycznym od wewnątrz. Towarzyszący temu ucisk podatkowy szerokich rzesz społeczeństwa wzbudzał ciągłe protesty w latach czterdziestych XVII w. Ulga podatkowa dopuszczona w 1645 r. była przejściowa i właśnie w 1647 r. została cofnięta. Wkrótce też wybuchnąć miała Fronda. Wąsowski, objeżdżający kraj wraz ze swymi podopiecznymi kilka lat później, skarżył się na nędzne wyżywienie i ogromną drożyznę. Młodym Sobieskim uciążliwości te nie dawały się jeszcze odczuć. Wielkie miasta francuskie prezentowały im natomiast, w ślad za Paryżem, niezwykłą w porównaniu z sytuacją w Polsce liczebność i potęgę. W miastach — jak to zauważył Wąsowski — chętnie zamieszkiwała szlachta, która odmiennie niż w Polsce nie zajmowała się osobiście „ekonomią wiejską", żyjąc przeważnie z dzierżaw i czynszów.

Młodzi Sobiescy, w pierwszym odcinku podróży wiodącym przez Chartres do Orleanu, skorzystali z usług tzw. messagera, czyli pocztowca („tabellarius publicus, quem messagerum vulgo nuncupant" — jak go nazywał Moskorzowski). Zapewniał on pośrednictwo, konie i gospody. Mimo wiosennej, majowej pory pogoda początkowo nie sprzyjała peregrynantom. Dało się im silnie we znaki „przykre zimno ze dżdżem i wiatrem".

Następny etap, wiodący przez Touraine i Anjou, odbyli drogą wodną, Loarą, na wynajętej barce. Z Blois zrobili w bok wypad do Chambord. Koło Tours zachęcono ich do zwiedzania grot — Les Caves Gouttières (opisywanych również przez Wąsowskiego), aby zobaczyli, „jak woda rodzi kamień". Groty te mocno ich jednak rozczarowały, „choć curiosum nie zawadzi widzieć" — przyznał Gawarecki. Przewodnik Golnitza podawał na ten temat, że kamień przypominał najdrobniejszy biały cukier. Sincerus utrzymywał, że to po prostu zlodowaciałe krople. Za prawdziwą osobliwość tego regionu uznał natomiast Gawarecki fakt, że jaskinie na wysokim brzegu Loary były zamieszkiwane przez ludzi (co przetrwało do dziś).

Z Tours tylko pan Orchowski ze służącym popłynął dalej Loarą do Saumur, reszta zaś zwiedziła dodatkowo Richelieu i Loudun; to ostatnie osławione klasztorem mniszek nawiedzonych przez czarty. Znów Loarą

---

[86] *Katalog książek... Jana III*, s. 33, 44.

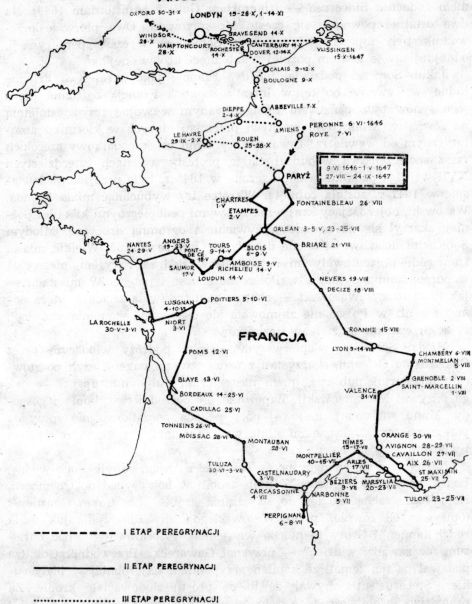

III. Trasa peregrynacji Sobieskich po Francji i Anglii

dotarli do Les Ponts-de Cé, a stąd już konno do Angers w dniu 19 maja. „Drogi bardzo wesołe i miejsca, ponad rzeką zamki, ogrody i winnice", pisał Gawarecki o dolinie Loary, „ogrodzie Francji". W Angers podróżni wynajęli nową barkę i dopłynęli do Nantes, położonego już w Bretanii (24 maja).

Stąd, znów pod przewodnictwem messagera, ruszyli na południe i przecinając prowincję Poitou, stanęli w sławnym dawniej centrum kalwinizmu — La Rochelle. Z kolei skierowali się na północny wschód i przez Niort, Saint-Maixent, Lusignan, dojechali do Poitiers (5 czerwca). Na tej trasie „dróg złych zażyli". Do tego woźnica wraz z bagażami zaginął po drodze i nie wiadomo było początkowo, czy padł ofiarą zbójców, czy też sam uciekł. W końcu okazało się, że przyczyną jego zniknięcia stała się choroba — bagaże odesłał uczciwie przez posłańca.

Dalszy długi odcinek podróży prowadził w kierunku południowym ku brzegom oceanu, aż do stolicy Gaskonii, Bordeaux (14 czerwca). W ostatnim etapie płynęli barką niesioną „refluksem", czyli odpływem morskim na Żyrondzie. W Bordeaux zatrzymali się najdłużej, półtora tygodnia, oczekując listów z domu, które ich tu rzeczywiście doszły.

Potem znów barką w górę biegu Garonny, a następnie końmi wjechali na teren Gujenny. Drogi stały się „bardzo wesołe", pojawiły się wokół nich drzewa figowe, pigwowe i cyprysy. W dniu 30 czerwca przybyli do „świętej" i „uczonej" Tuluzy. W dalszej drodze do Carcassonne mieli już przed oczyma panoramę Pirenejów w wiecznych śniegach na szczytach. Wokół nich rozciągały się gaje oliwne, pola rozmarynu i lawendy, tak charakterystyczne dla Langwedocji. Z Narbonne zrobili wypad na samo południe, do Perpignan, tym razem przez „drogi niecnotliwe, góry, skały". Dalej przez Beziers dotarli do widocznego już z daleka, wyniosłego Montpellier (10 lipca). Przez Nîmes, Beaucaire i Tarascon dojechali do Arles.

Nadal wśród rozkosznych pól rozmarynowych i lawendowych, drzew kasztanowych, migdałowych i orzechowych, ale górskimi, uciążliwymi szlakami, przemierzali Prowansję. Koło Saint-Chamas przejechali wykutym w skałach tunelem. Wreszcie 19 lipca znaleźli się w Marsylii i tu z powodu wielkich upałów zatrzymali się na kilka dni. Następnie udali się do Tulonu, by stąd zawrócić na północny zachód przez Saint-Maximin do Aix-en-Provence. Po drodze oczy ich cieszyły drzewa pomarańczowe i cytrynowe, ale szlaki były nadal bardzo trudne. Wynająwszy konie, podróżowali dalej przez kraj „dziwnie wesoły", obfitujący w źródła, winnice i wszelkie owoce, a także nadzwyczaj życzliwych ludzi. W dniu 28 lipca znaleźli się w Awinionie na terenie państwa papieskiego. Niedaleko za Awinionem wjechali na teren innego „państwa", księstwa Orange, dziedzicznego gniazda kalwińskich książąt orańskich, piastujących współcześnie godność stadhouderów Republiki Zjednoczonych Prowincji Niderlandów, dokąd wkrótce później mieli udać się Sobiescy na dalsze studia.

Kierując się doliną Rodanu na północ, przybyli do Valence, skąd pan Orchowski pojechał prosto do Lyonu z bagażami, reszta zaś towarzystwa skręciła do Grenoble. Mimo upałów droga okazała się „nietęskliwa", gdyż wiodła „jako jakim sadem", krainą, „kędy się wina rodzą rozynkowe, muszkatelowe". Z częstych napomknień Gawareckiego znać, że peregrynanci degustować musieli po drodze różne gatunki win. W Grenoble znaleźli się 2 sierpnia. Stąd wybrali się najpierw oglądać dziwy natury — płomienie wydobywające się z wnętrza gór wraz z gorącą wodą (opisywane przez Sincerusa). Z Grenoble zapuścili się również do macierzystego klasztoru kartuzów, założonego przez św. Brunona. W tych „srogich górach skalistych" podziwiali zwinność napotkanych kozic, sami zaś z największą trwogą posuwali się wąskimi ścieżkami ponad przepaściami — „zachowaj Boże upsnąć się koniowi, to jużyż zginął ze wszystkim człowiek" — wspomina Gawarecki. Alpejskie wrażenia, utrwalone w relacjach peregrynanckich, należały do najsilniejszych[87]. W Alpach przekroczyli Sobiescy granicę francuską i znaleźli się na terenie księstwa Sabaudii. W Chambéry Jan trochę zaniemógł. W powrotnej drodze górale znosili paniczów na specjalnych krzesłach. Z widoczną ulgą Sobiescy opuścili region alpejski — „pozbyli już tych gór niecnotliwych". Doliną Rodanu dojechali do Lyonu (9 sierpnia). Tu zatrzymali się dłużej, zmuszeni korzystać z usług messagera.

Od Roanne popłynęli znów barką po Loarze, tym razem w górnym jej biegu. Rzeka niosła ich wśród winnic, przez „państwo królowej Jej Mości naszej polskiej" — Niwernię, mijając Décize, Nevers, La Charité, Briare. Po raz drugi znaleźli się w Orleanie, skąd pan Orchowski z bagażami powrócił wprost do Paryża, reszta peregrynantów zaś zwiedziła jeszcze Fontainebleau.

Po odpoczynku i przygotowaniach do dalszego wojażu, pożegnali ostatecznie Paryż 24 września i wraz z messagerem ruszyli ku Normandii. Przez Pontoise przybyli do Rouen, skąd skierowali się do Pikardii, najpierw do Amiens, następnie do Abbeville. Jadąc po „górach, błotach, piaskach, nad brzegami morskimi" do Boulogne i Calais, ujrzeli stąd „brzeg angielskiej ziemi".

W ciągu prawie cztery miesiące trwającego wojażu zwiedzili blisko sześćdziesiąt miast i miejscowości. W większych miastach zatrzymywali się po kilka dni. Kolejne miejsca postoju splotły się z barwnymi nazwami gospód, notowanymi przez Gawareckiego z wyraźnym upodobaniem. Były to nazwy nabożne — Pod Białym Krzyżem, Pod Obrazem Matki Boskiej, Pod Trzema Królami; czasem pretensjonalne — Pod Złotą Kotwicą, Pod Złotym Pelikanem, to znów o lokalnym zabarwieniu — Pod Trzema Pomarańczami (w Orange), Pod Admirałem (w Tulonie), Pod Morskim Kwadrantem (w Rouen). Zdarzały się i nazwy pełne humoru — Pod Wieprzem, Pod Dzikusem. Prawie wszystkie te gospody chwalili sobie nasi podróżni, co u Gawareckiego znalazło wyraz w takich określeniach, jak: gospoda „wczesna", „dostatnia", „wygodna", „porządna". Zwłaszcza gospodom w Tours, Nantes i Roanne poświęcił Gawarecki dużo słów uznania. W Tours była ona „ze wszytką wygodą, traktują

---

[87] T. Mączak, op. cit., s. 15—19.

dobrze i według inszych nie wiele zdzierają". Wyżywienie było tu w dwóch kategoriach — „od pierwszego stołu od osoby groszy 50, a od drugiego groszy 30 na dzień i z komorami i łóżkami". W Roanne, w gospodzie ponoć „sławnej we Francyjej", otrzymali Sobiescy na wieczerzę „dwa noszenia [tj. dania — K.T.] i dwoje wety [tj. desery — K.T.]", płacąc talar od osoby. W Nantes zatrzymali się w gospodzie, „kędy wiele dostatnich paniąt zawsze stawa, traktują pięknie", a gości mogło się pomieścić stu.

Z rzadka tylko pobrzmiewają złe wspomnienia. Czasem w drodze przez wioski trafiła się „oteleryjka ladajaka", „błahy kabarecik". Raz jeden zdarzyło się, że nie znaleźli na noc dachu nad głową. Tuż przed Marsylią złapał ich zmierzch — „obmierzchli" — i musieli „ciągnąć nocą ponad morzem po skałach". Droga ta była uciążliwa szczególnie dla pana Orchowskiego. Miasto zaś zastali już zamknięte i nie pozostało im nic innego, jak „koczować przy słomie z końmi do dnia". Na szczęście „księżyc świecił, a słoma nie mniej".

W Lyonie przeżyli właśnie w gospodzie wzruszający moment — „w gospodarskich księgach między podpisami peregrinów" natrafili na wiersz, datę i podpis ojca-Jakuba: „Fugiendo in media ruitur fata, in anno D. 1611 die 13 Augusti, Jacobus de Sobieszyn Sobieski pallatinides Lublinensis haeres in Złoczów et Zborów".

Jak wspominaliśmy, peregrynanci zasmakowali w różnorodnych winach i chwalili je sobie. W Nîmes poczęstowano ich mięsem bociana. Na tych notatkach wyczerpują się jednak uwagi kulinarne Gawareckiego.

Większość wzmianek o napotykanych ludziach poświęcił autor diariusza gospodarzom zajazdów. W notatkach z Montmelian w Sabaudii upamiętnił on postać Włocha, który mimo osiemdziesięciu lat „rzeźwy był jakoby we trzydzieści lat drugi". Był kolejno mężem czterech żon, ojcem dwudziestu ośmiu dzieci. Nie rozstawał się z puginałem, zawieszonym u boku. Wobec gości był ugrzeczniony, wyraźnie jednak z chęci zysku, „jakoż nie tanio się obszedł z Ich Mościami". Także w Angers trafili na gospodynię „strojną, ale peregrynującym nie bardzo pożyteczną dla zdzierstwa". Zdarzało się jednak im spotkać i taką właścicielkę gospody, która darmo traktowała winem.

Zwiedzanie miast stykało podróżujących przede wszystkim z dowódcami garnizonów, o czym jeszcze osobno będzie mowa. Ogólne obserwacje o ludziach wypadały korzystnie. W odniesieniu do mieszkańców Tours, Bordeaux, Narbonne, Montpellier, Nîmes, Awinionu i Lyonu zastosował Gawarecki takie określenia, jak „lud polityczny", „grzeczny". Tylko pod adresem mieszkańców Perpignan i Calais padły określenia przeciwne — „lud niepolityczny", „gruby".

Ta „niepolityczność" Perpignańczyków szła w parze ze „szpetnym" strojem niewieścim. Gdzie indziej natomiast rzucała się w oczy wytworność i uroda płci nadobnej. W Bordeaux podziwiali „stroje piękne, a zwłaszcza białychgłów", i podobnie w Montpellier zauważyli „białogłów nadobnych i strojnych siła". Nad urodą kobiet z Prowancji rozwodził się niegdyś jeszcze szerzej Jakub, pisząc, że delikatnością i gładkością wieśniaczki „równają się nie wiedzieć jakim szlachciankom, mianowicie i baby, choć stare, nie są tak szpetne jako gdzie indziej". Pod Tuluzą zwrócili natomiast uwagę na ludowy strój, który Gawarecki określił jako „kopieniaki białe z kutasami czarnemi". Oglądali tu zabawę, niedzielny festyn „przy bębenku i fujarce". Czasem też mieli okazję zetknąć się bliżej z wieśniakami — np. koło Awinionu zabiegł im drogę pastuch i z „ludzkości" częstował morelami wielkości jabłek.

Z rzadka pojawiają się u Gawareckiego uwagi na temat stosunków wyznaniowych i skupisk protestanckich. W Orleanie zanotował np., że jedną trzecią stanowili kalwini. w Montpellier było ich więcej niż katolików, wielu ich zamieszkiwało w Saumur, La Rochelle, Montauban. W Orange było „siła kalwinów Olendrów". Natomiast w Awinionie zobaczyli Żydów wyróżniających się żółtymi nakryciami głowy („birlitkami", „bierlitami").

W Nîmes dołączył do Sobieskich w charakterze przygodnego towarzysza podróży francuski szlachcic, niejaki pan de la Papilery (jak jego nazwisko zapisał Gawarecki; nie wiadomo, czy prawidłowo). Dzięki pewnemu porucznikowi z Bordeaux zostali wprowadzeni do zamku Cadillac, do księżny d'Epernon, która wraz ze swoją siostrą przyjęła peregrynantów bardzo uprzejmie i pozwoliła obejrzeć swą rezydencję. Była to Maria Du Camboust-Coislin, siostrzenica Richelieugo, faworytka królowej Anny Austriaczki. W Montauban Sobiescy — być może — poznali również samego księcia d'Epernon (Bernarda de Nogaret de La Valette), który poprzednio popadł w niełaskę u Ludwika XIII, przebywał w Anglii, następnie zaś odzyskał względy monarchy i powrócił do ojczyzny[88]. Doświadczony wojownik, przesadnie jednak dumny i chciwy, obejmował właśnie w zarząd prowincję Guyenne. Sobiescy byli w Tuluzie świadkami jego wjazdu „na państwo". Wjazdowi asystował tłum ludzi, księcia wprowadzał do miasta parlament, grała muzyka, oddawano salwy z dział. Polscy peregrynanci skonstatowali jednak skromność całej tej uroczystości, porównując ją z olśniewającymi orientalizującym przepychem wjazdami praktykowanymi w ich rodzinnym kraju. Tu zaś towarzysze księcia jechali „w prostych siodłach i munsztukach".

Czasem zdarzało się im napotkać rodaków, jak np. osiadłego w Angers Wąsowicza vel Pakosza, kiedy indziej znów syna kupca krakowskiego w Pons, dla nauki języka przebywającego we Francji.

Dla porównania dodajmy, że niewiele więcej znajomości zawarli np. Grudzieńscy. W Blois zastali Gastona Orleańskiego, ale książę wyruszał

---

[88] R. d'Amat, *Espernon Bernard de Nogaret de la Vallette, duc d'*, „Dictionnaire de Biographie Française", t. XII, Paris 1970, szp. 1341—1342.

właśnie na polowanie i na dłuższą wizytę zatrzymała ich tylko jego żona. W czasie pobytu w Bayonne zetknęli się bliżej z marszałkiem de Gramont (Antonim de Guiche), wielkim przyjacielem Polaków, jak zaznaczał Wąsowski. Był on bowiem dawnym dobrym znajomym księżniczki niwerneńskiej, a synowie jego mieli później zawitać do Polski[89].

Po przybyciu do każdego z miast, znalezieniu gospody i odpoczynku czy noclegu, szli peregrynanci oglądać „rzeczy godne widzenia". Wyniesione z tego oglądu wrażenia i informacje Gawarecki szeregował zazwyczaj według danych dotyczących obronności, położenia, wielkości i charakteru miast, znacznych budowli świeckich i kościelnych oraz innych napotkanych osobliwości, podobnie jak to czynił poprzednio, przejazdem przez Niemcy.

Zgodnie z ojcowskim zaleceniem i tutaj kontynuowali Sobiescy zwiedzanie miast szczególnie pod kątem widzenia ich obronności, naturalnej i sztucznej. W pierwszym etapie podróży zwiedzili łańcuch umocnień nad Loarą — zamki w Blois, Amboise, Saumur, Angers, Nantes, wzniesione na stromych, skalistych brzegach rzeki i z góry czuwające ponad miastami. Te średniowieczno-renesansowe twierdze zyskały sobie u Gawareckiego już miano „starożytnych", a ich mury, choć „potężne w obronie" — „staroświeckich".

W La Rochelle zatrzymali się na trzy dni „dla widzenia miasta, portu jego, kościołów i szańców, miesc inszych, skąd dobywano miasta tego". Gawarecki zanotował, że podczas półtorarocznego oblężenia tej twierdzy kalwinizmu przez Ludwika XIII, wznoszono potężną tamę (dygę), zatapiając okręty, dzięki czemu miasto zostało w końcu zdobyte (w 1628 r.). Wówczas z rozkazu króla zburzono do szczętu „mury okoliste". Podobnie rozburzone mury oglądali w drugim centrum kalwinizmu na południu Francji, w Montauban, stawiającym również opór Ludwikowi XIII pod przewodem marszałka de La Force. I tu specjalnie oglądali „miejsca, skąd król dobywał tego miasta i jakie oblężenie jego było i jako dostał".

W Tuluzie stwierdzili, że wkoło miasta biegną mury „niebardzo potężne", ale za to wieża kościoła Saint-Sernin „stoi za wielką fortecę". Z umieszczonych w niej dział oddawano właśnie salwy z okazji wjazdu księcia d'Epernon. Nie do wszystkich twierdz znajdowali dostęp. Nie wpuszczono ich np. do twierdzy Blaye (nad Żyrondą) oraz do górnej części Carcassonne, gdzie „żadnego etrangera nie puszczają". To ostatnie, średniowieczne miasto, którego system obronny przetrwał do dziś, miało — zdaniem peregrynantów — „obronę barzo dobrą".

Wypad w najdalej na południe, u podnóża Pirenejów położone regiony, dał im możność obejrzenia francuskich zdobyczy na pograniczu hiszpańskim — twierdzy wziętej przez starego księcia de Condé oraz

[89] K. Targosz, *Uczony dwór...*, s. 27, 177, 216—217, 239.

Perpignan, zdobytego przez Richelieugo po kilkumiesięcznym oblężeniu (w 1642 r.). Perpignan pozbawione zostało wtedy murów, jego przedmieścia zburzono. Natomiast na górze znajdowała się nad nim cytadela, „około której wały i mury we troje" (potrójne), porównana przez Gawareckiego do sławnej cytadeli w Antwerpii, jaką zwiedzali w drodze do Francji. „Dobrze obronną cytadelę" oglądali też pod Montpellier, które samo miało mury „niebarzo potężne, staroświeckie".

W Marsylii widzieli nad portem długie i kosztowne działa, a potem małą barką wypłynęli w morze — dla obejrzenia galer z wojskiem. Oglądali też kilka „fortec potężnych na insułach na morzu od miasta na milę". Z kolei obejrzeli Tulon, „dobrze od morza i naokoło murami i strzelbą ufortyfikowany". Tu zastali flotę wojenną francuską, czterdzieści okrętów i dwadzieścia galer. Znów bareczką podpłynęli do niej i weszli na okręt niedawno poległego na nim admirała, pana de Brege (?), któremu w czerwcu 1646 r. wyprawiono w Paryżu uroczyste egzekwie, o czym poprzednio wspomniał Gawarecki. Z kolei zwiedzili okręt nowego admirała, księcia de Richelieu, wyposażony w pięćdziesiąt cztery działa. Mieli przy tym okazję zobaczyć samego księcia. Dziesięć lat wcześniej zwiedzanie tego właśnie portu wojennego kosztowało królewicza Jana Kazimierza, niedoszłego wówczas admirała hiszpańskiego, dwuletni prawie pobyt w więzieniach francuskich[90]. Wspomnienie tego wydarzenia splotło się w dzienniku Gawareckiego nieco wcześniej ze zwiedzaniem fortecy La Tour de Bouc, koło której ujęty został polski królewicz. Miejscowy porucznik zaprosił naszych peregrynantów na obiad, w czasie którego słuchali dziejów owej „traedii" z ust miejscowych starych żołnierzy. Rozegrała się ona jednak w czasach, gdy Polska Władysława IV politycznie ciążyła ku obozowi Habsburgów, aktualnie natomiast nawiązała przyjazne stosunki z Francją, przypieczętowane świeżym małżeństwem króla.

W siedzibie rodowej książąt orańskich, w Orange, wędrowcy oglądali z kolei potężną cytadelę nad miastem, mogącą pomieścić cztery do pięciu tysięcy żołnierzy. Do cytadeli strzegącej Valence znów jednak nie zostali dopuszczeni. W Alpach, na terytorium Sabaudii, minęli dwa zamki zburzone przez Francuzów, a w Montmelian podziwiali cytadelę, która mimo półtorarocznego oblężenia pozostała nie zdobyta. Opasywały ją wykute w skałach rowy „we troje" i Sobiescy byli świadkami, jak jeszcze bardziej drążono skały, rozsadzając je minami. W Montmelian również zwiedzili cekhauz, wyposażony w działa o niezwykle długich lufach. Obserwowali porządek, widzieli żołnierzy, „chłopów hożych i oficerów grzecznych". Ci właśnie oficerowie szczególnie „ludzko stawili się Ich Mościom".

Po powtórnym opuszczeniu Paryża, w drodze do Anglii i Niderlan-

[90] W. Tomkiewicz, *Więzień kardynała. Niewola francuska Jana Kazimierza*, Warszawa 1957.

dów, zwiedzili szereg zamków, położonych na nadmorskich nizinach. Najpierw byli w Rouen, gdzie przebywało wówczas w więzieniu kilkudziesięciu oficerów hiszpańskich, potem widzieli potężnie ufortyfikowany Le Havre z cytadelą nad portem, wzniesioną przez Richeulieugo tuż przy ujściu Sekwany i służącą mu za „depozyt" skarbu. Od tego właśnie portu rozpocznie zwiedzanie Francji dokładnie dwa lata później (we wrześniu 1649 r.) Moskorzowski, nazywając Hawr bastionem całej Francji („totius Galliae propugnaculum"), umiejscowionym w szczególnie ważnym strategicznie miejscu.

W Amiens spotkali kilkuset zaciężnych Polaków pod wodzą pana Przyjemskiego i „inszych kolonelów". Zaciągi w Polsce prowadzone wówczas były staraniem ambasadora de Brégy jako widomy efekt przyjaznych stosunków nawiązanych między Polską i Francją. Co do owego Przyjemskiego, to w grę wchodzić mogło aż trzech reprezentantów tej rodziny — Rafał, Krzysztof i Władysław, wszyscy oni bowiem służyli wojskowo we Francji przed połową XVII w. Miejscowy gubernator wpuścił młodych Polaków do cytadeli w Amiens, pokazał cekhauz i z honorami odprowadził. Tu dowiedzieli się smutnej dla Francuzów nowiny o zgonie marszałka de Gassion (2 października 1647 r.)[91]. Zmarł on na skutek rany odniesionej w bitwie pod Lans, które Francuzom udało się zdobyć. Ciało marszałka miało być tej nocy przewiezione do Amiens.

Nowe potężne fortyfikacje nizinne — mury, wały i fosy — oglądali dalej wokół Abbeville, Boulogne i Calais. W Abbeville zainteresowała ich miejscowa produkcja strzelb i pistoletów. Koło Calais oglądali jeszcze trzy osobne cytadele pod miastem, z których jedną, położoną tuż przy porcie, w czasie przypływu oblewała woda. Herby kardynała Richelieu na wspaniałej bramie miejskiej w Calais uwieczniały nazwisko inicjatora tych umocnień, jednocześnie twórcę podstaw mocarstwowej pozycji Francji w Europie. Sobiescy mieli jeszcze zamiar zwiedzić Dunkierkę, jednak ze względu na niebezpieczeństwo ze strony wojsk hiszpańskich zrezygnowali z tego zamiaru.

W sumie zyskali jednak dobry rozgląd w militarnych zabezpieczeniach granic Francji, zwłaszcza południowych od strony Hiszpanii i Włoch oraz północno-wschodnich od strony Niderlandów Hiszpańskich, gdzie toczyły się wówczas czynne działania wojenne. Jakub Sobieski przed trzydziestu pięciu laty znacznie mniej uwag typu militarnego pozostawił w swym diariuszu, choć i on wspominał np. o cytadeli w Amiens i jej twórcy Henryku IV, o osadach „ludzi służałych" (żołnierzy zaciężnych) w Amiens, Abbeville, Boulogne i Calais. Nacisk położony przez Jakuba na te sprawy w instrukcji dla synów wypływać musiał ze świadomości potrzeby bliższego podpatrzenia obcych wzorów.

---

[91] A. Sauzay, *Gassion Jean de*, „Nouvelle Biographie Générale, t. XIX, Paris 1857, szp. 592—594.

Piękne położenie miast w pejzażu nazywał Gawarecki „wesołym”. Zaznaczał, czy znajdują się na równinie, czy w górach, nad rzeką czy na brzegu morskim. Duże miasto, jak np. Orlean, określał, podobnie jak Paryż, jako „bardzo nasiadłe i wielkie”, Lyon — jako „pozorny (okazały) i wielki”. W Poitiers, „w wielkiej osadzie i murach”, zobaczyli jednak „siła placów pustych, kędy zboża sieją”. Ten prastary ośrodek miejski widział już w stanie zniszczenia po wojnach z hugenotami Jakub Sobieski i nie zdołał się on na nowo podźwignąć. Większość miast manifestowała jednak swą prężność i potęgę, zwłaszcza miasta „portowne” — Nantes, La Rochelle, Bordeaux, Marsylia, Rouen. Pod Bordeaux oglądali „okrętów holenderskich ze trzydzieści pięknych”, w Nantes — „nad rzeką spichlerzów barzo pięknych niemało” oraz plac handlowy, na którym miał się właśnie rozpocząć jarmark. Place handlowe dla największego we Francji jarmarku widzieli na południu w Beaucaire.

Czasem Gawarecki napomykał o specjalizacji rzemieślniczej poszczególnych ośrodków — o zegarmistrzach w Blois (w liczbie ponad sześćdziesięciu), o paciornikach w Saumur, grzebieniarzach w Carcassonne, wytwórcach broni palnej w Abbeville. O Montpellier wspominał jako o sławnym ośrodku nie tylko kształcącym lekarzy, ale i centrum sztuki aptekarskiej i kosmetycznej — „kędy alkiermesy robią barzo zacne i pożyteczne na wszelkie choroby ludzkie, także olejki, pudry, pomady, czego wszytkiego taniej i najlepiej dostanie”. Analogiczne uwagi pozostawił Wąsowski, który dorzucił ponadto wzmiankę o Roszeli — centrum wyrobu sakw ze skór morskich zwierząt, oraz Tours, najsławniejszym we Francji centrum wyrobu jedwabiu. Grudzieńscy zwiedzili tu warsztaty jedwabnicze.

Niekiedy osobne uwagi poświęcał Gawarecki kształtowi urbanistycznemu miast. Tak pisząc o Montauban, wspomniał piękny rynek „w kwadrat” z podcieniami, w Bordeaux ulice „przestronne”. Najwięcej miejsca poświęcił małemu wprawdzie miasteczku, ale niedawno założonemu i wzniesionemu przez potężnego kardynała — Le Richelieu. Miało ono trzy bramy, dwa rynki, główną ulicę przez środek, domy zbudowane „jedną proporcyją”, tak że bez godeł „niełatwieby poznać gospody”, gdyż „wszytko równo, jakby pałac jakiś”.

W wielu miastach podziwiali „kamienice piękne i ozdobne”, w Marsylii „wysokie na pięcioro, sześcioro piętra” — ówczesne drapacze chmur. Jedynie w Rouen skrytykowali domy „niebarzo piękne, wpół drzewem wszystko budowane”. W Bordeaux i w Tuluzie rzuciły się im w oczy okazałe ratusze, a w nich „piękne izby i malowania piękne parlamentczyków” (miasta te posiadały swoje sądownicze trybunały — parlamenty). Zwiedzanie ratusza w Tuluzie skojarzyło się ze wspomnieniem wydarzenia, jakie tu miało miejsce w 1632 r. — ścięciem księcia Henryka de Montmorency, uczestnika spisku przeciw Richelieumu. Ujęto go w Castelnaudary, o czym również napomknął Gawarecki w związku z pobytem w tym miasteczku. W Bordeaux przyciągnął ich uwagę szpital miejski, „xenodochium", czyli przytułek dla biednych i bezdomnych — imponujący kompleks, rozłożony wokół kilku dziedzińców.

Duże zainteresowanie i podziw peregrynantów wzbudziły budowle mostowe na rzekach, których Gawarecki odnotował blisko dwadzieścia. Był to więc najpierw most na Loarze w Orleanie, ozdobiony odlanymi w brązie figurami — Piety, Karola VII i Joanny d'Arc (dziś już nie istniejącymi), z końca XVI w., z inskrypcją z 1578 r. przytoczoną w diariuszu. Most ten, wspomniany niegdyś również przez Jakuba, obszerniej opisał Moskorzowski, który w Orleanie dłużej przebywał. Ósmego maja 1650 r. oglądał przeciągającą przez ten most procesję ku czci Dziewicy Orleańskiej, w której niesiono relikwie jej szat, a bezbrody żebrak odgrywał rolę świętej. Po procesji stoczono zaimprowizowaną walkę Francuzów z Anglikami. Polski arianin zgorszony był tą „zabobonną religią lub religijnym zabobonem".

W dolnym biegu Loary oglądali Sobiescy ozdobiony kamienną piramidą most w Blois, mosty w Amboise, Saumur, Le Pont-de-Cé i szczególnie długi most w Nantes. Na południu Francji podziwiali mosty w Montauban i w Tuluzie na Garonnie; ten ostatni, nowy, „na kształt paryskiego Pont Neuf". Jadąc z powrotem ku północy, widzieli sławny do dziś most w Awinionie oraz inne mosty na Rodanie, koło Orange i w Lyonie. Aby zobaczyć most św. Ducha pod Orange, „dość długi, wysoki i proporcyją piękną murowany", nałożyli specjalnie cztery mile drogi. W końcu mieli okazję widzieć mosty w górnym biegu Loary, w Roanne i Nevers.

Ponadto w Briare nad Loarą „chodzili widzieć śluzy murowane", którymi mogły przepływać barki z Loary do Sekwany (jej dopływami), co „wielkim kosztem jest robione — jak pisał Gawarecki — ale pożytek wielki czyni też". Tym dziełem ujarzmienia żywiołu wody, dokonanym w czasach Ludwika XIII i Richelieugo, zachwycał się też Moskorzowski. Był to pierwszy wielki kanał przekopany w Europie, rozpoczęty w 1604 r. i zakończony w 1642 r., długości pięćdziesięciu siedmiu kilometrów.

Na północy Francji w Rouen ujrzeli na Sekwanie inne jeszcze wysokie osiągnięcie budownictwa wodnego — most złożony z barek, ale pokryty kamiennymi płytami, opuszczany i podnoszony w zależności od poziomu wody (wspomniany również przez Moskorzowskiego). Osobną atrakcją było oglądanie resztek budowli sięgających czasów rzymskich — mostu, a równocześnie akweduktu między Nîmes i Beaucaire na rzece Gard (Pont du Gard).

Na południu Francji natrafili na więcej śladów architektury rzymskiej. W Poitiers i Bordeaux zwrócili już uwagę na „znaki murów" dawnych amfiteatrów, ale silniejsze wrażenie wywarło na ich, tak jak i na dzisiejszych turystach, dopiero amphitheatrum w Nîmes: „które prawie wszystko w swej całości jeszcze trwa [...]. W cyrkuł jest murowane, sklepienia cudowne wszystkie z wielkiego kamienia ciosowego, stopniów, co dla ludzi do widzenia, jest naokoło jedenaście". Rozległa arena zabudowana była wówczas domkami (o czym wspomniał Wąsowski). Za miastem zwiedzali „kościół [...] bogini Dyjanny, który mało co jest jeszcze nadpsowany, z kominami, w których cielców palono na ofiarę jej za pogan". Tuż obok było źródło, a na górze — wieża (Magne). Wszystko to zwiedzał niegdyś ojciec Jakub, a współcześnie opisywały przewodniki Sincerusa i Golnitza. W Aix-en-Provence oglądali prywatne muzeum starożytnicze — „kabinet u jednego mieszczanina barzo zacny i kosztowny, w którym wiele raritates starożytnych dosyć godnych do widzenia mieliśmy, tak bożków, które sobie poganie wystawili, ofiary onym oddając", jak też inne rzeźby i monety. Prywatny gabinet osobliwości, w którym nie brakowało zapewne i starożytności, oglądali również u pewnego mieszczanina w Arles (Golnitz wspomina o dwóch miejscowych zbiorach).

„Starożytnymi" nazywał Gawarecki, podobnie jak i inni mu współcześni, również i stare kościoły chrześcijańskie, z wieku których nie bardzo precyzyjnie zdawano sobie sprawę i nieraz go przeceniano. „Kościołów jest pięknych starożytnych siła" — notował Gawarecki w czasie pobytu w Poitiers, rzeczywiście jednym z najstarszych ośrodków chrześcijaństwa we Francji, związanym z działalnością św. Hilarego i żony Klotara I, św. Radegondy. Z tą świętą legenda złączyła tu ogromny głaz, na którym znajdowało się „różnych cudzoziemców peregrynujących podpisów siła" i pewnie Sobiescy dodali swoje, jak to mieli w zwyczaju. Tutejszy kościół Notre-Dame, klejnot romańskiej architektury i rzeźby, nie był jednak „jeszcze od Konstantyna zmurowany", jak wierzył Jakub Sobieski. Młodzi Sobiescy oglądali i inne romańskie świątynie — Saint-Martin w Tours (największą budowlę romańską we Francji) oraz budowle częściowo romańskie, częściowo gotyckie, jak Saint-André w Bordeaux, Saint-Jean w Lyonie, Saint-Cyr w Nevers.

Z przejazdu przez Chartres Gawarecki nie poświęcił żadnej wzmianki tutejszej katedrze, upamiętnił jednak zwiedzanie całego szeregu gotyckich katedr Francji — w Orleanie, Tours, Nantes, Narbonne, Tuluzie, Béziers, Montpellier, Awinionie, Rouen i Amiens. Często określał je jako „staroświeckie", ale z wyraźnym podziwem dla ich wielkości i „proporcjonalności". Zaznaczał krzyżowy plan tych budowli („na krzyż murowanych") oraz dwuwieżowość fasad. Najwyższe pochwały zyskała katedra w Rouen, podobnie zresztą u Jakuba Sobieskiego, Moskorzowskiego i Wąsowskiego. Jakub uznał ją za piękniejszą od paryskiej, wspanialszą jednak z zewnątrz niż w środku. Gawarecki podkreślał, że budowlę tę „przedkładają nad insze we Francyjej". Moskorzowski opisywał dokładniej wieże katedry i ich dzieje. Sobiescy weszli na jedną z nich, by obejrzeć miasto z góry. Wisiał tu największy dzwon, jaki zdarzyło im się widzieć. Moskorzowski podawał jego wymiary i wagę, dodając, że przewyższa go jednak krakowski Zygmunt („qua longe a Cracoviensi

Sigismundana superatur"). Wąsowski, może jako pierwszy z Polaków, posługiwał się już określeniem „Gotthicum opus" i on naszkicował zewnętrzną strukturę katedr gotyckich — paryskiej i strassburskiej (z systemem łuków oporowych).

Naturalnie jako jezuita Wąsowski opisywał dokładniej wszystkie świątynie swego zakonu, ale i Gawarecki zwracał na nie baczniejszą uwagę jako na budowle wyróżniające się nowym kształtem barokowym (choć w spokojnym, francuskim wydaniu). Tak więc pochwalał kościoły jezuickie w Chambéry, Lyonie, a zwłaszcza w Rouen — „owo opisać trudno, takiej nowej inwencyjej".

Od czasu do czasu pojawiają się poza ogólnymi uwagami o całości budowli jakieś szczegóły o ich wyposażeniu i wystroju — to o starych freskach w Poitiers, to o rzeźbach w katedrze Św. Jana w Amiens, nagrobkach książąt bretońskich w Nantes odznaczających się „subtelną i misterną robotą", książąt niwerneńskich w Nevers, normandzkich w Rouen, papieskich w Awinionie, to o ołtarzach „nową fozą" i organach u dominikanów w Angers, to znów o szpalerach (obiciach ściennych) w Narbonne, haftach lepszych niż malowidła w Rouen.

Szereg szczegółowych wzmianek odnosi się — oczywiście — do różnego rodzaju relikwii. W opactwie Marmoutier pod Tours oglądali „w małej flaszeczce olejek", świętość religijno-narodową, związaną z pierwszą koronacją królewską, wedle tradycji zesłaną z nieba. Najwięcej relikwii napotykali na południu Francji. Przodowała w tym Tuluza — Tholosa sancta — z kościołem Saint-Sernin, w którym peregrynanci oglądali oprawne w złoto ciernie z korony Chrystusa i suknię Matki Boskiej oraz ciała sześciu apostołów, nie licząc relikwii innych późniejszych świętych (np. grobu św. Tomasza z Akwinu w kościele Dominikanów). Ale i inne miasta, zwłaszcza w Prowansji, szczyciły się niemałymi skarbami relikwialnymi — Tarascon posiadał relikwie św. Marty, pod Marsylią peregrynanci byli w pustelni jej siostry, św. Marii Magdaleny, której głowę i ciało oglądali w Saint-Maximin. Młodzi Sobiescy znaleźli się tu w tłumnym miejscu pielgrzymkowym, gdzie i ojciec ich oglądał głowę świętej i „niegodny całował" ją. Tu też Jakub nabył kilka miar wzrostu owej Marii, które miały specjalne zastosowanie, „bo znacznie pomagają białymgłowom rodzącym — pisał Jakub — gdy się tymi opasują". Przywiózł więc kilka tych miar ze sobą do Polski i rozesłał po domach znajomych; „podczas rodzenia zażywały ich obie małżonki moje" — dodawał. Tak to przyjściu na świat Marka, Jana i ich rodzeństwa towarzyszyła owa pamiątka prowansalska z peregrynacji ich ojca. Teraz i oni oglądali głowę świętej trzymaną w zamknięciu „aż za dwanaście kluczów". Otoczyli ich również zaraz po przyjeździe przekupnie, oferujący medaliki oraz ową miarę. Nie wiemy jednak, czy młodzi Sobiescy byli równie zapobiegliwi i łatwowierni, jak ich ojciec. W kościółku pokazano im jeszcze srebrną lampę fundowaną przez królewicza Jana Kazimierza jako wotum po oswobodzeniu z więzienia we Francji.

Jakub Sobieski, wyliczając i inne prowansalskie relikwie osób z najbliższego otoczenia Chrystusa, zastrzegał, że „nie trzeba się dziwować, że tam tak wiele ciał tych świętych starodawnych leży". Wyjaśniał to „dawną bardzo tradycją" o ich ucieczce przed prześladowaniami w Palestynie i schronieniu, jakie tu właśnie znaleźli. Prosta i szczera wiara w nawarstwione przez stulecia podania, jaką reprezentował jeszcze Jakub, zaczynała jednak już wówczas nawet wśród katolików rzednąć. Gdy księżniczka Maria Gonzaga z nabożną czcią oglądała w Amiens głowę św. Jana Chrzciciela, nauczyciel jej i doradca, Michał de Marolles, opat z Villeloin wyjaśnił jej, że jest to piąty lub szósty relikwiarz z rzekomą głową tego świętego, jaki w różnych miejscach zdarzyło mu się widzieć[92]. Zdecydowaną walkę kultowi relikwii wydali od przeszło stu lat protestanci i młodzi Sobiescy widzieli np. w Tours pusty grób św. Marcina. Jego ciało spalono i prochy wyrzucono do Loary. Ale odtąd katolicy otoczyli czcią dawne miejsce jego spoczynku, a Wąsowski przytoczył treść inskrypcji, głoszącej, że św. Marcin, będąc wyznawcą za życia, po stuleciach stał się jeszcze dodatkowo męczennikiem.

W miastach i na trasie podróży przesunął się przed oczyma Sobieskich cały szereg wspaniałych budowli świeckich — zamków i pałaców. Były to średniowieczne zamki, jak w Saumur i Angers, których surowe i mało ozdobne kształty nie wywoływały jednak specjalnych zachwytów. Średniowieczno-renesansowy zameczek myśliwski w Amboise, pamiętny śmiercią Karola VIII, oglądali w całym jego złożonym kompleksie (dziś już nie istniejącym). Zameczek stał opustoszały. Uwagę peregrynantów, jak i dzisiejszych turystów, przykuły „szerokie a płaskie" schody, a właściwie ślimakowata pochylnia, umożliwiająca wtaczanie dział na szczyt wieży. Również „wschody dwoiste, kręcone misterną robotą, które przekładają w subtelności roboty, że żaden kraj takich nie ma", podziwiali w zamku w Chambord, gdzie do dziś budzą zainteresowanie swą dwubiegową strukturą. W Chambord oglądali ponadto z uznaniem elementy wystroju komnat, takie jak „wierzchy" (stropy), kominki, „odźwierki" (portale). W innym wspaniałym renesansowym zamku nad Loarą, w Blois (gdzie na początku 1716 r. dokona żywota Maria Kazimiera), zwiedzanie wnętrz kojarzyło się ze wspomnieniami mordu popełnionego tu na trzech Gwizjuszach, który dla Polaków świadczył o tym, że ex-król polski, Henryk III, „tyrańsko się stawiał Francuzom". Widzieli tu rozpoczętą budowę nowego skrzydła przedsięwziętą przez Gastona Orleańskiego (nigdy zresztą nie doprowadzoną do końca). Z dawniejszych renesansowych rezydencji królewskich zwiedzili jeszcze Fontainebleau. Jakub Sobieski skrytykował niegdyś ten wielki konglomerat budowli z różnych czasów

---

[92] K. Targosz, *Uczony dwór...*, s. 38.

za to, że „własnej nie ma proporcyji". Nasi peregrynanci docenili słusznie niezwykłość wystroju wnętrz, zdobnych malowidłami i złoceniami. W Nevers widzieli rodowy zamek swej królowej, miejsce narodzin Ludwiki Marii. Gawarecki zapisał, że jest to „struktura staroświecka, jednak prospekt na wszystkie strony bardzo piękny". Z nowszych budowli, jakie narosły w ich stuleciu, widzieli również kilka reprezentacyjnych zamków i pałaców. Najwięcej miejsca poświęcił Gawarecki pałacowi kardynała Richelieu w miejscowości noszącej jego nazwisko. Pałac „nową strukturą barzo kosztowną" wzniesiony zaimponował im niezwykłym bogactwem wnętrz. Gawarecki wyliczał ilość posągów i popiersi. Galeria z dwudziestoma malowanymi scenami ukazywała im wszystkie militarne sukcesy kardynała, m.in. i te, o których dowiadywali się bliżej, zwiedzając różne miejscowości — oblężenie i wzięcie Roszeli, ujarzmienie Montauban, zdobycie Chambéry, pokonanie księcia de Montmorency. Wspaniałą rezydencję książęcą mieli okazję zwiedzić w Cadillac, należącym do książąt d'Epernon. Jej sale zdobiła wyprodukowana tu na miejscu (w latach 1632—1637) seria tkanin, upamiętniających życie Henryka III (m.in. pobyt posłów polskich w Paryżu).

Wszystkie te budowle zwracały uwagę peregrynantów również i swym otoczeniem — ogrodami i zwierzyńcami. Szczególne uwzględnienie znalazły: ogród z galerią i długi „kurs" dla przejażdżek powozami w Blois (tak lubiane później przez Marysieńkę), fontanny i sadzawki z rybami oraz posągi z mosiądzu i marmuru w Fontainebleau, „misterny" ogród w Cadillac. W drodze z Nîmes do Beaucaire specjalnie „wyboczyli", aby zobaczyć ogród barona de Prevo (?). W Montpellier zwiedzili ponadto ogród „doktorski" (botaniczny) przy tutejszym fakultecie medycyny. W Tours zauważyli ogród miejski na obwarowaniach, miejsce przechadzek oraz uprawianych po dziś dzień gier w kule („ludus pilarum" — wspomniany przez Wąsowskiego). Był to opisywany w przewodniku Sincerusa tzw. Callemaille.

Młodych Sobieskich pociągał zawsze świat zwierząt. W La Rochelle zdarzyło im się zobaczyć „rybę morską złapaną w czasie odpływu". Według twierdzenia niektórych był to lew morski — „jakoż głową, gębą, wąsami, oczyma i zębami podobna onemu" — notował Gawarecki, podając, że stworzenie to miało cztery krótkie nogi z pazurami oraz błonami jak u gęsi. „Kiedy mu się naprzykrzano, tedy ryczał strasznie". Oglądanie kosztowało trzy grosze od osoby. Doszły ich potem słuchy, że stwór ten rychło zdechł. Gdy zwiedzali ogrody w Fontainebleau, znajdowali tam — wedle słów Gawareckiego — wszystko, „co tylko do delicyji należy królewskich". Naszych peregrynantów zajęła „delicyja" typu bardzo chłopięcego — wrzucanie do sadzawki żab i obserwowanie wyskakujących z wody „na łokieć" w górę pstrągów.

Dwukrotnie oglądali prywatne gabinety dziwów natury, zaczątkowe muzea przyrodnicze. Tak więc u jednego aptekarza w La Rochelle widzieli zbiór różnych muszli i korali. Podobnie w Montpellier zwiedzili „kabinet sławny" również u „aptykarza". Miał on w swym posiadaniu skóry krokodyli, jaszczurek, salamander, bazyliszka oraz rybę remorę, długą tylko na piędź, ale groźną dla wielkiego statku. Dodajmy, że ryciny i opisy lwa morskiego oraz remory znaleźć mógł później Jan Sobieski w dedykowanej swemu kuzynowi, Rozrażewskiemu, wspomnianej już części *Historii naturalnej* Jana Jonstona pt. „De piscibus et coetis" (Amsterdam 1657). Aptekarz z Montpellier prezentował im dalej wypchane ptaki egzotyczne, zbiory muszli, róg jednorożca i tura, ziele pokrzyk, a nawet zabalsamowane zwłoki dziecka jakiegoś indyjskiego władcy. W Amboise oglądali rogi jelenia kolosalnych rozmiarów, które wielkością swą budziły podejrzenia współczesnych (np. Sincerusa) co do swej autentyczności.

W poszczególnych miastach dowiadywali się Sobiescy o miejscowe instytucje szkolne. Gawarecki najwięcej odnotował kolegiów jezuickich — zwiedzali je w Poitiers, Bordeaux, Montauban, Tuluzie, Béziers i Lyonie. W związku z tym ostatnim wspominał „bibliotekę cudownie zacną i wielką, z której prospekt na rzekę". Niektóre z tych kolegiów opisał, daleko dokładniej, Wąsowski, szczególnie zainteresowany szkołami swego zakonu. On też wraz ze swymi podopiecznymi był w najsławniejszej szkole jezuickiej w ówczesnej Francji, w La Flèche, skupiającej liczną młodzież szlachecką, której wychowankiem był sam Kartezjusz.

Dwie „sławne i starożytne akademie" zwiedzili Sobiescy w Orleanie i Montpellier. O tym ostatnim uniwersytecie Gawarecki zapisał, że stąd „doktorów zacnych i uczonych siła wychodzi". Z innych szkół wspomniał o akademii kalwińskiej w Saumur i szkole żydowskiej w Awinionie.

Przy okazji zwiedzania tych instytucji szkolnych często następowały spotkania ze studiującymi w nich Polakami. W czasie dwukrotnego przejazdu przez Orlean napotkali (wyliczonych samymi nazwiskami w diariuszu Gawareckiego) — Orzechowskiego, Sawickiego, Sobockiego oraz braci Kłokockich. Orzechowski — to niewątpliwie Mikołaj, którego zastanie tu jeszcze w następnym roku Moskorzowski. Dostąpił on nawet godności prokuratora nacji germańskiej (do której musieli zapisywać się Polacy). Jednym z Kłokockich był Kazimierz, pełniący funkcję bibliotekarza przy bibliotece nacji w 1645 r. Z kolei Sawicki — to na pewno Andrzej Zygmunt, który poprzednio studiował w Padwie prawo[93]. I w Orleanie studia prawnicze były głównym przedmiotem pociągającym młodzież polską. Nie stronili jednak również od edukacji typu rycerskiego, jak np. Moskorzowski, o czym już była powyżej mowa. Tolerancyj-

---

[93] S. K o t, *Polacy na studiach w Orleanie w XVI i XVII w.*, „Bulletin de l'Académie Polonaise des Sciences et des Lettres", 1919—1920, s. 336—338; J. M o r e a u - R e i b e l, *loc. cit.*, s. 19; *Metryka Nacji Polskiej...*, s. 378.

ność wyznaniowa otwierała podwoje tego uniwersytetu kalwinom i arianom. Do połowy XVII w., do wybuchu Frondy we Francji i równoczesnych wojen rozpoczynających się w Rzeczypospolitej, przeszło przez uniwersytet w Orleanie stu czterdziestu Polaków, w tym czterdziestu synów czołowych rodzin magnackich. W 1639 r. wpisał się do ksiąg uniwersyteckich królewicz Jan Kazimierz. Niedługo przed wizytą Sobieskich byli tu Janusz Radziwiłł i Jan Zamoyski. Pamiątki po nich, w postaci medali, przechowywała nacja, o czym wspomina Moskorzowski. Ten ostatni przebywał tu od września 1649 do lipca 1650 r. i w diariuszu swym barwnie opisał szczególne uroki miasta z jego zacienionymi drzewami, placami, atmosferą i zwyczajami panującymi wśród studiującej młodzieży. W Orleanie pozostał na kilka miesięcy towarzysz Sobieskich, Krzysztof Skotnicki, który odprowadziwszy ich jeszcze do Blois, następnie zawrócił. Później dołączy znów do nich w Rouen — dla odbycia wspólnej wyprawy do Anglii.

W Angers miało miejsce niezbyt miłe spotkanie grupy naszych peregrynantów z owym Lewoniczem, z którym pan Lisowski miał przykre przejścia w Paryżu. Sobiescy zastali tu ponadto swego dalekiego krewnego, arianina Stanisława Lubienieckiego młodszego. Był on opiekunem studiów Stefana Niemirycza, podkomorzyca kijowskiego. Pobyt w Angers był dla nich drugim etapem studyjnym — po pobycie w Orleanie, wyprzedzał zaś etapy następne — Saumur, Paryż i Lejdę[94]. Sobiescy spędzili w towarzystwie Lubienieckiego i Niemirycza cztery dni, od 19 do 23 maja 1647 r., odprowadzani potem przez nich aż do Nantes. Na uniwersytetach w Angers i Orleanie panowała wówczas atmosfera wyznaniowej tolerancji, przyciągająca polskich różnowierców. Oprócz uniwersytetu istniała w Angers i akademia rycerska, sławna wówczas na całą Francję, do której zjeżdżała młodzież z Niderlandów, Anglii, Niemiec, Czech i Polski[95]. O tej instytucji Gawarecki wspomniał jako o „akademiach różnych exercitii, tak na koniech, jako i szyrmirskich”.

W Richelieu przecięły się drogi Sobieskich i Denhoffów, podążających z Saumur, zapewne ze wspomnianej akademii kalwińskiej, w kierunku Tours. Byli to zapewne Jan i Krzysztof Denhoffowie, przez jakiś czas studiujący również i w Orleanie.

Dwukrotnie, w Rouen i Hawrze, spotkali się Sobiescy z Opalińskim, jak podaje Gawarecki, wojewodzicem poznańskim. Syn wojewody Krzysztofa był w tym czasie jeszcze dzieckiem. W grę wchodzić może Jan Konstanty, syn Jana (zm. w 1627 r.), którego w 1645 r. poseł Krzysztof Opaliński spotkał w Utrechcie, a w cztery lata później będzie chwalić za zdobytą we Francji biegłość w języku francuskim[96].

---

[94] J. T a z b i r, *Stanisław Lubieniecki...*, s. 40—66.
[95] W. F r i j h o f f, *Etudiants étrangers à l'Académie d'équitation d'Angers au XVIIe siècle*, „Lias” IV, 1977, nr 1, s. 13—84.
[96] K. O p a l i ń s k i, *op. cit.*, s. 297, 397. J. B a c z y ń s k i (*op. cit.*, s. 81)

W czasie długiego objazdu Francji, gdy tyle wrażeń spotykało co krok peregrynantów, gdy oglądali moc wspaniałych i nieznanych obiektów, od czasu do czasu nawijało się jednak pod pióro Gawareckiemu jakieś skojarzenie i podobieństwo z daleką ojczyzną. Tak np. o romańskim kościele św. Hilarego w Poitiers napisał, że jest „na kształt cerkwi ruskich" i malowidła wydały mu się podobne do „malowań greckich" — dostrzegał więc podobieństwa między wczesnośredniowieczną sztuką na zachodzie Europy i tradycjami bizantyńskimi przetrwałymi na Wschodzie. Świetnie zachowane ciała zmarłych w podziemiach kościoła bernardyńskiego w Tuluzie przypomniały mu podobne „w naszej ziemi w Kijowie". Jarmark w Beaucaire — jak zaznaczał — jest „najsławniejszy we Francyjej, jako u nas w Polszcze w Jarosławiu". Niedzielny festyn wiejski koło Tuluzy skojarzył z zabawami „u nas na Mazowszu". O pustelni Marii Magdaleny pod Marsylią zapisał wreszcie: „To miesce jest wpół skały jakoby umyślnie wyrobiony sklep jaki, na kształt smoczej jamy w Krakowie".

———————

przypuszczał, że chodzi o Jana Leopolda, ten jednak w 1648 r. kształcił się dopiero w Poznaniu (K. O p a l i ń s k i, *op. cit.*, s. 403).

IV. W ANGLII

Z Calais Sobiescy mieli początkowo zamiar udać się dalej wybrzeżem na wschód, najpewniej od razu do Niderlandów. Zagrożenie ze strony „partii hiszpańskich" skłoniło ich jednak do wyprawienia się najpierw do Anglii. Opuścili Francję 12 października 1647 r. i na pobyt na wyspie poświęcili miesiąc, do 15 listopada[1].

W czasie morskiej podróży nie obyło się bez przygód. Barka pocztowa, bezpieczna, bo nie napadana przez piratów, o mało im nie uciekła. Dognali ją na małej łodzi — mimo ostrego sztormu. Po zatargu z „batnikami" (przewoźnikami) o wysokość należności znaleźli się w końcu na pokładzie pocztowej fregaty i na „oceanie morskim". Tu mocno się pochorowali, zwłaszcza Skotnicki, towarzyszący znów Sobieskim w tej nowej wyprawie. Podobnego „niewczasu i utęsknienia morskiego" doznał również przed laty ojciec Sobieskich, który na zwiedzanie wyspiarskiego królestwa wybrał się w czasie jednej z letnich przerw w studiach paryskich[2].

Po dziesięciu godzinach podróży młodzi Sobiescy znaleźli się wreszcie w Dover. Musieli przeczekać niedzielę, ściśle świętowaną przez anglikanów, by następnie końmi pocztowymi, drogami „wesołymi", częścią zaś „błotnymi i górzystymi" wyruszyć do Canterbury. Po drodze podziwiali obfitość lasów, owoców, ptactwa, wołów, koni, zwłaszcza zaś owiec, „których jest genus różny od inszych", jak zauważył Gawarecki. Sięgnijmy do nieco szerszej charakterystyki kraju i ludzi, jaką w 1633 r. skreślił Jan Zawadzki, podstoli ciechanowski, poseł Władysława IV. Tak oto pisał on o Anglii: „[...] jest to kraj bardzo żyzny, wesoły, przelegający się w pagórki, doliny i najpiękniejsze łąki; pasą się po nich niezliczone trzody owiec cienką wełnę mających. Wszystkie drogi tak są po obu stronach zasadzone małemi krzewami, iż się zdaje, że ciągłym jedziesz ogrodem. Nie wiele znajdziesz lasów i stąd w domach i kuchniach kamiennemi palą węglami"[3].

W Canterbury, niezbyt zadowoleni z pocztowego środka lokomocji, Sobiescy najęli dwie karety, z których każda miała po cztery konie. Nocą, ale przy blasku księżyca, minęli Rochester i przybyli do Graves-

[1] S. Gawarecki, *Diariusz...*, s. 107—118.
[2] Jakub Sobieski, *Dwie podróże...*, s. 14—20.
[3] *Zbiór pamiętników historycznych o dawnej Polszcze...*, t. III, s. 121.

end u ujścia Tamizy. Nazajutrz obejrzeli port i popłynęli barką w górę rzeki. Dla rozrywki liczyli zapewne mijane statki, „srodze wielkie i ładowne"; Gawarecki podaje, że było ich blisko tysiąc. Na dwie mile przed Londynem widzieli dom indyjski i kilkadziesiąt okrętów z Indii. Tegoż dnia, 15 października po południu, dopłynęli do stolicy. W Londynie spędzili w sumie cztery tygodnie, od 15 do 28 października i od 1 do 14 listopada. Pobyt swój przerwali wyprawą do Hampton Court, Windsoru i Oksfordu. Następnie znów Tamizą udali się z powrotem, zwiedzając jeszcze Greenwich.

Wiele nazw miast angielskich Gawarecki poprzekręcał, niektóre zanotował po francusku (np. Londres). Peregrynanci często byli brani za Francuzów, posługiwali się bowiem francuskim i najłatwiej nawiązywali kontakt z Anglikami mówiącymi tym językiem. Zatrzymywali się też chętnie w gospodach prowadzonych przez Francuzów — najpierw w Dover, a potem Pod Francuskim Talarem w Londynie. Pierwszą uznali zresztą za znacznie lepszą jeszcze od gospód w samej Francji. Tu stwierdzili jednak, że „moneta francuska daleko tańsza" i odtąd Gawarecki powracał ciągle do uwag o drożyźnie i łupieniu podróżnych. Poseł Zawadzki chwalił gospody, ale i z jego opisu dowiadujemy się, jak kosztowne było podróżowanie po Anglii. Z uznaniem Sobieskich spotkał się zwyczaj umieszczania przed gospodami znaków „wielkich i robotą piękną". W Londynie trafili na gospodę Pod Znakiem Świata, a w niej — na herb zostawiony przez ich ciotecznego brata, Jakuba Rozrażewskiego. Sobiescy dali więc wymalować Janinę i pozostawili ten herb również na pamiątkę swej wyprawy.

Tuż po wylądowaniu w Anglii stwierdzili, że mieszka w niej „lud nadobny, zwłaszcza białogłowy". Gawarecki odnotował taki szczegół, jak noszenie przez kobiety specjalnych kółek żelaznych pod trzewikami, żeby ich „błotem nie pomazać".

Zwiedzając Anglię, Sobiescy znów zwracali uwagę w pierwszym rzędzie na militaria. To, że brano ich za Francuzów, stanęło im jednak na przeszkodzie np. w zwiedzeniu pierwszego napotkanego zamku w Dover (złożonego w rzymskiej jeszcze wieży i średniowiecznych budowli). Do jego wnętrza nie dopuścił ich „niepolityk gubernator". Gawarecki powtarzał więc tylko zasłyszane wieści, że znajduje się tam działo tak potężne, że kula jego dosięgnąć może brzegów Francji. Słusznie jednak powątpiewał w prawdziwość takich przechwałek Anglików: „powieść to jest — pisał — nie ewangelia". Z potężnych zamków udało im się zwiedzić Windsor z osobno ufortyfikowaną cytadelą. W Rochester mieli ponadto okazję zobaczyć okręt królewski „barzo wielki i kosztowny", wyposażony w sto cztery działa.

W samym Londynie oglądali oczywiście Tower, nazwany przez Gawareckiego z francuska „bastyliją", „potężnie opatrzoną w murach i wodach", wraz z arsenałem i mennicą. O arsenale Gawarecki podał, że jest tam „dział zacnych siła", raptem jednak zmienił zdanie i dopisał, że jest „barzo ledajaki" (Jakub Sobieski określił go niegdyś jako „porządny"). Nad Tamizą oglądali rozstawionych tysiąc dział, po części zdobytych na Francuzach.

Londyn miał kształt mocno wydłużony, rozciągnięty wzdłuż Tamizy, głównie na jej północnym brzegu; „ma wielką długość swoję — pisał o mieście Gawarecki — ale nie nazbyt szerokie". W środku mniej więcej wznosił się na Tamizie zabudowany wysokimi domami most. Gawareckiego wraz ze Skotnickim „curiositas napadła" i nie bez ryzyka, „spuścili się na malutkiej bareczce" pod ten most na śluzie, w czasie odpływu, na szczęście bez wypadku.

Z budowli świeckich zwróciła szczególną uwagę turystów londyńska giełda, ozdobiona statuami królów z białego marmuru oraz posągiem jednego z potężnych bankierów, który wsławił się tym, że wspaniałomyślnie darował długi królowej angielskiej. Częstując ją winem ze sproszkowaną ogromną perłą, spalił weksel na kominku, aby ogrzała się przy jego ogniu. Wąsowski przy zwiedzaniu tej galerii królów rozpisał się na temat ostatnich władców angielskich. Wraz z Grudzieńskimi był on w Anglii w 1654 r., a więc już za czasów protektoratu Cromwella[4]. Marek i Jan Sobiescy byli tu jeszcze za życia Karola I Stuarta, do czego wkrótce powrócimy.

Kilka tysięcy małych barek kursujących po Tamizie ułatwiało poruszanie się po osi podłużnej miasta. Tym sposobem Sobiescy udali się do Westminsteru, „kędy parlament sądy odprawuje". Powrócili tu raz jeszcze, chcąc obejrzeć uroczyste przybycie nowego burmistrza dla złożenia przysięgi. Przypłynął on również Tamizą, „na bacie przyozdobionym chorągwiami", z wielką pompą, wystawnym orszakiem i muzyką. Cóż, kiedy osławiona mgła londyńska „była wielką przeszkodą do widzenia". Dopiero gdy się „uśmierzyła", mogli w pełni ocenić wspaniałość jego powrotu na statek.

Westminster, niegdyś siedziba królewska, od czasów Henryka VIII ustąpił miejsca nowej rezydencji, Whitehall. Zwiedzał ją niegdyś Jakub Sobieski, a wkrótce po młodych Sobieskich — Grudzieńscy z Wąsowskim, który wszystko najdokładniej opisał (nazwy podając w wersji niemieckiej). Gawarecki, tym razem nie wymieniając w ogóle trudnych nazw, wspomniał jednak o wielu szczegółach, m.in. o „osobnej galerii [...], kędy balety odprawują, niedawnych czasów zmurowanej, barzo kosztownej i wielkiej, i wysokiej w podniebieniu, z gankami, w której też malowania barzo zacne". Opisywał więc Banquetting House, jedyną zachowaną do dziś z całego kompleksu Whitehall budowlę, wzniesioną w latach 1619—1622, projektu Inigo Jonesa. Ten wykształcony we Włoszech architekt inicjował na terenie Anglii styl klasycyzującego palladia-

---

[4] Opis Anglii u B. N. Wąsowskiego (*op. cit.*, s. 272—293).

nizmu w miejsce dotrwałego do owych czasów angielskiego późnego gotyku.

Zarówno wcześniej Jakub Sobieski, jak i Gawarecki, zaskoczeni byli wiszącymi w królewskich pokojach obrazami o katolickich treściach religijnych, wyobrażających „Świętych Bożych i Matkę Bożą". Jakub dodawał, że panujący w jego czasach król Jakub I Stuart kolekcjonował tego rodzaju malowidła tylko ze względów estetycznych, bo „się w naszych obrazach kochał". Poza tym — monarcha ten uczony i wiele czytający „stał sam za ministra". Mimo to utrzymywał bardzo dobre stosunki z tak kontrreformacyjnym władcą, jak polski król Zygmunt III — „Mieli obaj przez wszytek wiek do siebie dobre serce — pisze Jakub — i bardzo dobrą i przyjazną z sobą mieli korrespondencyją".

W Whitehall oglądali młodzi Sobiescy m.in. „Malowania Rubensowe barzo zacne". Na obrazy tego artysty zwrócili ponadto szczególną uwagę, zwiedzając inny jeszcze wspaniały pałac londyński, rezydencję znanego faworyta Jakuba I, pałac Buckingham (w miejscu dzisiejszej siedziby królewskiej). Oprócz zbiorów rzeźb, tkanin, gabinetu lustrzanego, wywołującego zdwojenie przestrzeni, Gawarecki odnotował „malowania [...] obrazy cudowne sławnego onego malarza Rubensa". Jedyne to nazwisko artysty, jakie utrwala diariusz podróży młodych Sobieskich (po raz trzeci wymieni je jeszcze Gawarecki w związku z pobytem w rodzinnym mieście malarza — Antwerpii).

W jednym z pałacyków Whitehall widzieli Sobiescy „królewiczów dwóch małych, dzieci króla angie'skiego i królewnę jednę także niewielką". Złożyli więc tu wizytę młodszym dzieciom Karola I, który od dwóch już lat przebywał w więzieniu. Czternaście lat wcześniej Zawadzki tak oto charakteryzował Karola I: „Król ten posiada cnoty, największych godne monarchów, za pierwszą liczy pobożność, ta lubo w błędnej religii, przykładną jest jednak. Wstaje o godzinie siódmej i wraz udaje się do kaplicy, odprawia modlitwę i śpiewa psalmy nie po łacinie, jak u nas, ale w ojczystym języku. Po nabożeństwie zatrudnia się sprawami publicznemi. Wstrzemięźliwy w jedzeniu i piciu, mało używa wina, więcej piwa i wody jęczmiennej zaprawionej cukrem. Po obiedzie nie sypia, jak tylu innych, ale gra w piłkę lub się po ogrodzie przechodzi. Szybki jest nadzwyczajnie w bieganiu, tak że żaden z dworskich nie tylko go wyścignąć, lecz dogonić nawet nie może [...]. W ubiorze nie lubi przepychu [...]. Miłośnikiem jest sprawiedliwości lubo przez zbyteczną hojność w płaceniu długów nie zawsze rzetelny, o co na parlamencie w Anglii, które co lat tylko siedem zbiera się, wielkie skargi słyszeć się dają"[5].

Zwiedzając Oksford, Gawarecki zanotował, że tu właśnie „król dzisiejszy angielski oponował się przeciwko parlamentczykom in Anno

---

[5] *Zbiór pamiętników historycznych o dawnej Polszcze...*, t. III, s. 118.

126

1646". Król bitwę przegrał, w przebraniu prostego żołnierza zdołał uciec, przez Szkotów został jednak wydany i uwięziony. Dwudziestego ósmego października Sobiescy pospieszyli do podlondyńskiego pałacu Hampton Court, aby zobaczyć nieszczęsnego monarchę, ale spóźnili się i nie mieli możności asystować przy jego obiedzie. Towarzyszył im jednak dobrze mówiący po francusku Anglik, dzięki któremu „króla umyślnie wypuszczono do pocałowania ręki wszystkim, do jednego pokoju, w którym więc zwykł dawać inszym audientią". Monarcha-więzień zabawił z nimi „z pół kwadransa". Peregrynanci obejrzeli potem jeszcze wspaniałości rezydencji, podziwiając zwłaszcza baldachim z herbem królewskim z pereł i drogich kamieni, z diamentem wielkości laskowego orzecha. Choć w przyszłości mieli znów pod nim zasiąść Stuartowie; nie świecił on już nigdy ponad głową Karola I. W dwa tygodnie po wizycie Sobieskich, 11 listopada, udało mu się wprawdzie zbiec z Hampton Court, wkrótce jednak został ponownie pojmany, postawiony przed sądem, skazany i stracony 30 stycznia 1649 r. na szafocie ustawionym przed fasadą Banquetting House. Przyszły król elekcyjnej i odległej Rzeczypospolitej miał zatem okazję zobaczyć króla angielskiego już w stanie poważnego zagrożenia, które zawiśnie odtąd nad dotychczasowym porządkiem feudalnej Europy.

W drodze powrotnej, w Greenwich, zwiedzili Sobiescy ostatnią rezydencję królewską, w której szczególne pochwały Gawareckiego zyskała znów najnowsza budowla projektu Jonesa, Queen's House, z galeriami widokowymi, tarasami i wspaniałym wystrojem wnętrz.

Przy pałacach królewskich widzieli Sobiescy liczne zwierzyńce, a w nich zwierzęta, przede wszystkim daniele. W Londynie natomiast poszli oglądać urządzane regularnie dwa razy w tygodniu walki zwierząt. Te krwawe igrzyska bardzo im przypadły do gustu, gdyż Gawarecki znalazł takie oto słowa zachwytu: „jest rzecz piękna i ucieszna widzieć brytanów z niedźwiedziem, ale z bawołem jeszcze ucieszniejsza, bo rogami haniebnie brytanów, wzwyż na kopiją i dalej rzuca do góry, jakoż i siła kaleczą psów". O podobnych widowiskach wspomina również i Wąsowski. Zastąpiły one w purytańskiej Anglii zlikwidowane wówczas teatry i zapanowały niepodzielnie. Jakub był w Anglii jeszcze w czasach rozkwitu życia teatralnego i do „miejsc publicznych dosyć pięknych" zaliczał „teatry na komedyje, w których się ten naród kocha i na nich się przesadza". Żył jeszcze wówczas Szekspir i Jakub Sobieski mógł być widzem jego dramatów, teatry odwiedzał bowiem chętnie (także w Hiszpanii i we Włoszech).

Młodzi Sobiescy zwiedzili jeszcze ponadto rodzaj publicznego ogrodu zoologicznego. Płacąc po dwa grosze od osoby, zobaczyli lwa z lwicą, dwa tygrysy i rysie, „kota indyjskiego z Wirdziniej" (może była to puma) oraz skórę ogromnego węża złowionego dawnymi czasy w Tamizie. Wypchane eksponaty — stworów morskich i ziemskich, egzotycznych ptaków oraz samych kolorowych piór — oglądali, zwiedzając „cabinet jeden" (opisywany również przez Wąsowskiego), który przewyższał podobne gabinety osobliwości z Francji. W tym pramuzeum znajdowały się również zbiory etnograficzne — stroje i broń. W kilku miejscach widzieli również wspaniałe rogi jednorożca (m.in. w Tower).

Na osobną wyprawę udali się Sobiescy 30 października do Oksfordu, aby zwiedzić tamtejsze „akademie starożytne". Poszczególne kolegia „na kształt zacnych pałaców staroświeckie", z kaplicami, krużgankami, bibliotekami, wśród ogrodów, wzbudziły ich wielki podziw. Sławny, stary uniwersytet znajdował się jednak w stanie upadku „i już wszystkie nauki ustają — pisał Gawarecki — prawie mało co w każdej akademiej studentów jest, wolą parlamentczykowie te fundusze tak bogate obracać na swe pożytki, aniżeli fundacjom dosyć czynić". Po kolegiach, świadkach dawnej świetności, oprowadzał ich „jeden mistrz", którego zaprosili na wieczerzę do gospody wraz z napotkanym tu studentem z Gdańska, niejakim Koimansem.

Na samym początku podróży zetknęli się peregrynanci z jedną ze wspaniałych i ogromnych budowli sakralnych — gotycką katedrą w Canterbury. „Tam bywało czasów swoich pięknych rzeczy do widzenia, a teraz do pustek jakich przyjdzie" — ubolewał Gawarecki. Posągi Matki Boskiej i świętych miały utrącone głowy, większość witraży wybito, na nagrobkach zmieniono inskrypcje. Jakub zaznaczył, że była to niegdyś katedra Św. Tomasza „Kantuaryeńskiego". Wąsowski rozpisał się o miejscu męczeństwa tego wielce czczonego w średniowieczu biskupa-świętego (a podobnego do polskiego św. Stanisława) i o miejscu jego grobu, już nie istniejącego, ograbionego i zlikwidowanego przez Henryka VIII. Gawarecki pozostawił natomiast o katedrze następującą notatkę: „Miałem też tę curiositatem, że mi się chciało zmierzyć ten kościół, który na naszych łokci sam w sobie jest długi na dwieście dwadzieścia, a w szerz tylko na trzydzieści".

W Londynie oglądali gotycką jeszcze wówczas katedrę Św. Pawła, z ustawionymi wewnątrz rusztowaniami, której odnowa została jednak poniechana. Wąsowski zaznaczał, że budowla grozi zawaleniem (po pożarze z 1666 r. powstanie w jej miejsce obecna katedra kopułowa projektu Krzysztofa Wrena).

Tylko opactwo Westminster, kościół koronacyjny i nekropolię królewską znaleźli „w zamknieniu i porządku". Wąsowski przytoczył szereg napisów na nagrobkach królewskich oraz innych wybitnych ludzi, np. poety Chaucera — „Homera angielskiego" — czy Casaubona. Być może i Sobiescy zauważyli grób tego ukochanego paryskiego profesora ich ojca, który — jak wspominaliśmy — pod koniec życia przeniósł się do Anglii. Gawarecki ograniczył się do kilku napomknień, np. na temat monumentu pierwszego króla chrześcijańskiego, Edwarda Wyznawcy — „staroświecka robota z mosiądzu, ale cudowna jest rzecz". Zwiedzając

Windsor, byli z kolei w kaplicy ozdobionej herbami kawalerów Orderu Podwiązki (późnogotyckiej, pod wezwanim Św. Jerzego). Przy tej okazji Gawarecki podał znaną historię powstania tego orderu.

Powrotna morska przeprawa nie poskąpiła peregrynantom nowych emocji. Zabrali się tym razem kupiecką fregatą. Na początku spotkały ich „sprzyczania z mytnikami", zaniedbali bowiem, opuszczając Londyn, zaopatrzenia się w specjalny paszport. Posiadali jedynie ogólny dokument wydany im przez króla polskiego. Nie uniknęli rewizji bagaży dla stwierdzenia, czy „nie mieli byli co kupieckiego". W czasie nocnej drogi burza obracała okrętem i „wichrzyła" żaglami, następnie zaś wiatr zapędził ich ku mieliznom. Najwięcej cierpiał, jak i w drodze do Anglii, Skotnicki, „ledwie żywy od womitów, których przez noc i pół dnia dwadzieścia osiem razy miał". Ale i inni nie mieli nawet sił, aby się modlić, gdyż „kto leżał, choć się i trzymał czego, nieladajako się mógł zatrzymać, musiał po okręcie się tarzać". Jeden z Anglików wpadł do „budy" ze straszną wieścią, że osiedli na mieliźnie i wszyscy niechybnie zginą. Tymczasem wkrótce potem dobili szczęśliwie do zelandzkiego portu Vlissingen.

V. W NIDERLANDACH

1. HOLENDERSKA KARTA
Z „WIELKIEJ KSIĘGI ŚWIATA"

Drugim po Francji krajem wybranym przez Jakuba Sobieskiego na miejsce dłuższego pobytu i studiów synów było wieloimienne, nowe państwo — Republika Zjednoczonych Prowincji Niderlandów, zwane krócej Zjednoczonymi Prowincjami, także Belgią Skonfederowaną i Niderlandami Północnymi (w odróżnieniu do Belgii Hiszpańskiej, czyli Niderlandów Południowych), wreszcie zaś od najważniejszej prowincji określane często jako Holandia.

Sobiescy przemierzyli terytorium Republiki po raz pierwszy w drodze z Polski przez Niemcy do Francji w maju 1646 r. Zwiedzili wówczas, jak wspominaliśmy, Groningen, Amsterdam, Utrecht i Dordrecht. Po półtorarocznym pobycie we Francji i miesięcznym wojażowaniu po Anglii przybili 16 listopada 1647 r. do portu we Vlissingen i przez Middelburg przepłynęli cieśninami morskimi do Rotterdamu. Po tygodniu przenieśli się do Delft, a wkrótce potem do Hagi, gdzie przebywali od końca listopada 1647 r. do końca maja 1648 r. Po opuszczeniu Hagi zwiedzili w drodze do Niderlandów Hiszpańskich Lejdę i Haarlem, po raz drugi Amsterdam, Rotterdam i Dordrecht, na samym zaś ostatku Bredę.

Republika Zjednoczonych Prowincji zajmowała zupełnie wyjątkową w XVII-wiecznej Europie pozycję, tak pod względem politycznym, społecznym, ekonomicznym, jak i kulturalnym. Amsterdamski geograf Jan Blaeu nie wahał się użyć charakterystycznej, barokowej przenośni, nazywając swą ojczyznę „teatrem całego świata" („universi orbis theatrum"), były bowiem na nią rzeczywiście zwrócone oczy z wszystkich innych krajów.

Zapoznanie się z Holandią stanowić więc miało i dla młodych Sobieskich nowy i pełen niezwykłych treści rozdział „wielkiej księgi świata" („le grand livre du monde"), wedle słów Kartezjusza. Tylko w takiej księdze filozof ten postanowił szukać prawdy, gdy po latach nauki szkolnej przeznaczył „resztę swej młodości na podróże, oglądanie dworów i armii, zaznajamianie się z ludźmi różnego usposobienia i stanu, zbieranie wielorakich doświadczeń" — materiału dla dalszych przemyśleń[1]. Swoje podróże rozpoczął zaś od Holandii. Ten wyjątkowy kraj wybrał też później na swą drugą ojczyznę i przebywał tu od lat blisko dwudziestu w chwili przybycia Sobieskich do Prowincji. Z tej racji do życia i dzieł wielkiego filozofa przyjdzie się nam wielokrotnie odwoływać i jego „ukrytej" postaci poświęcimy osobne rozważania[2].

Rozpatrzmy kolejno różne aspekty panoramy holenderskiej rzeczywistości, oglądanej przez braci Sobieskich, znanej też wcześniej i ich ojcu[3]. Relacje z podróży Sobieskich nie ogarniają oczywiście i nie rozszyfrowują całej jej złożoności, której nie potrafiła zresztą wyczerpać żadna ze współczesnych relacji. Mimo wybiórczego charakteru, a czasem i nieporadności, nie pozbawionej jednak uroku, świadectwa związane z Sobieskimi odznaczają się trafnością wielu obserwacji i ocen. Są zbieżne z głosami innych obserwatorów. Diariusze Moskorzowskiego i Wąsowskiego dostarczają nam znów obfitego materiału porównawczego[4]. Na terenie Prowincji doszło, jak zobaczymy, do osobistego spotkania Sobieskich z Moskorzowskim. Przykładowo sięgać będziemy również do relacji cudzoziemców, trzech Francuzów — Karola Ogiera, który w 1636 r. przez Holandię wracał z Polski do Francji oraz Jana Le Laboureur i Piotra Des Noyers, towarzyszących na przełomie 1645 i 1646 r. królowej Ludwice Marii w jej podróży do Polski[5]. W swych „holenderskich" rozdziałach relacje te nie były dotąd wykorzystane, a stanowią

---

[1] R. D e s c a r t e s, *Discours de la méthode,* w: tegoż, *Oeuvres,* publiées par Ch. A d a m et P. T a n n e r y, Paris 1897—1910, s. 9.

[2] Opieram się tu głównie na monografii dołączonej do cytowanego powyżej wydania dzieł filozofa, Ch. A d a m, *Vie et oeuvre de Descartes,* (R. D e s c a r t e s, *Oeuvres...,* t. XII) oraz studium G. C o h e n, *Descartes en Hollande,* w: tegoż, *Les écrivains français en Hollande dans la première moitié du XVIIe siècle,* La Haye—Paris 1921, s. 355—689 (gdzie również znajdują się inne szkice dotyczące ówczesnych związków kulturalnych holendersko-francuskich). Cytując poniżej szereg wypowiedzi Kartezjusza z jego korespondencji, korzystałam oprócz wydania w *Oeuvres* z osobnego i poszerzonego wydania R. D e s c a r t e s, *Correspondance...,* publiée par Ch. A d a m et G. M i l h a u d, Paris 1936—1963, t. I—VIII. Wydanie to podaje obszerne noty biograficzne szeregu postaci, o których będzie poniżej mowa. Daty listów cytuję w tekście, co pozwoli je łatwo odszukać w obydwóch edycjach.

[3] S. G a w a r e c k i, *Diariusz...,* s. 119—126; Jakub S o b i e s k i, *Dwie podróże...,* s. 20—36.

[4] H. G. M o s k o r z o w s k i, *op. cit.,* s. 116—166, 198—246; N. B. W ą s o w - s k i, *op. cit.,* s. 237—272 (ta część rękopisu doczekała się wydania, B. W ą s o w - s k i, *Foederatorum Ordinum Batavorum descriptio,* editée... par B. Z b o i ń s k a - -D a s z y ń s k a, *Bijovragen en Hededelingen van heet Historisch Genoetschap,* Groningen 1960).

[5] K. O g i e r, *op. cit.,* s. 287—331; J. Le L a b o u r e u r, *op. cit.,* s. 57—87; P. D e s N o y e r s, *Mémoire du voyage de Madame Louise-Marie de Gonzague...,* rkps 1, *Mémoires et documents — Pologne,* Archives du Ministère des Affaires Etrangères w Paryżu oraz kopia z XIX w., rkps 1970 IV, Bibl. Czart., s. 39—47.

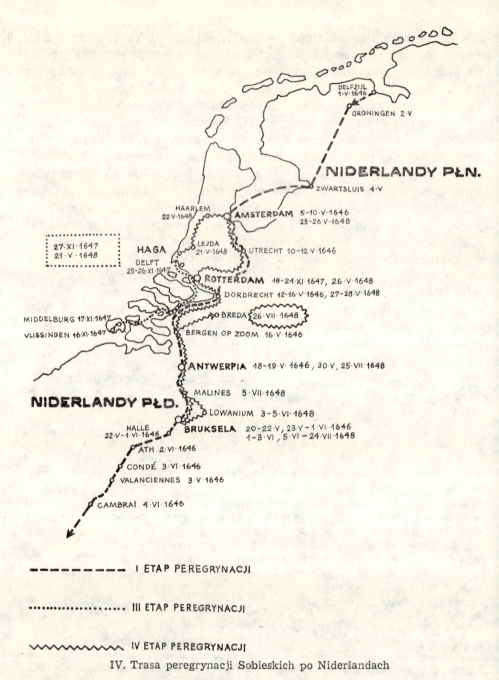

DELFZIJL
1·V·1646

GRONINGEN 2·V

NIDERLANDY PŁN.

ZWARTSLUIS 4·V

HAARLEM
22·V·1648

AMSTERDAM 5-10·V·1646
23-26·V·1648

27·XI·1647
21·V·1648

LEJDA
21·V·1648

UTRECHT 10-12·V·1646

HAGA
DELFT
25-26·XI·1647

ROTTERDAM 18-24·XI·1647, 26·V·1648

DORDRECHT 12-16·V·1646, 27-28·V·1648

MIDDELBURG 17·XI·1647

BREDA 26·VII·1648

VLISSINGEN 16·XI·1647

BERGEN OP ZOOM 16·V·1646

ANTWERPIA 18-19·V·1646, 30·V, 25·VII·1648

NIDERLANDY PŁD.

MALINES 5·VII·1648

LOWANIUM 3-5·VI·1648

HALLE
22·V-1·VI·1646

BRUKSELA 20-22·V, 23·V - 1·VI·1646
1-3·VI, 5·VI - 24·VII·1648

ATH 2·VI·1646

CONDÉ 3·VI·1646

VALANCIENNES 3·V·1646

CAMBRAI 4·VI·1646

– – – – – – – – I ETAP PEREGRYNACJI

················· III ETAP PEREGRYNACJI

∿∿∿∿∿∿ IV ETAP PEREGRYNACJI

IV. Trasa peregrynacji Sobieskich po Niderlandach

bliski czasowo wędrówce młodych Sobieskich wdzięczny materiał uzupełniający.

Tak się złożyło, że pobyty Sobieskiego-ojca w 1609 r. oraz Marka i Jana w 1648 r. zbiegły się z dwoma szczególnie ważnymi dla Republiki momentami dziejowymi: Jakub opisywał Niderlandy jeszcze łącznie jako siedemnaście prowincji, które spod panowania burgundzkiego przeszły pod hiszpańskie, a część ich zbuntowawszy się wznieciła „wielkie wojny". Jakub przybył tu rychło po zawarciu zawieszenia broni — „inducyi króla hiszpańskiego z Holendrami na lat dwanaście". Słyszał zewsząd niebywałe na tle krwawych lat poprzednich nowiny, jak to „Spinola, hetman króla hiszpańskiego i Maurycy Nassau, hetman holenderski, siedzieli z sobą u stołu, żartowali, dyszkurowali o wojnie". Podpisany w kwietniu 1609 r. rozejm był aktem uznania przez Hiszpanię rozpadu Niderlandów na dwie części, a z perspektywy historycznej patrząc, powstaniem pierwszego w dziejach Europy państwa burżuazyjnego.

Młodzi Sobiescy oglądali Republikę tuż przed ostatecznym zakończeniem osiemdziesięcioletnich walk o jej niepodległość i równoczesnym finałem wojny trzydziestoletniej w Europie. W lutym 1648 r. Gawarecki zanotował, że „Holandowie w Munster pokój generalny zawarli z Hiszpanami", a w maju wiadomość o „konfirmacji" pokoju i wyznaczeniu dnia 5 czerwca na uroczystą jego „publikację". W dniu tym Sobiescy znajdowali się już w Niderlandach Południowych, które pozostały pod władzą hiszpańską. Byli tu świadkami wieczornych „triumfów pokoju" (do czego jeszcze powrócimy) — prawdziwe zwycięstwo święciła jednakże Republika, gdzie obchody tryumfalne dane było w Hadze oglądać Moskorzowskiemu.

Mimo osiemdziesięcioletniego stanu wojennego Prowincje przedstawiały w połowie XVII w. kraj najwspanialej rozkwitający w Europie, posiadający największą flotę handlową i wojenną, najwyżej rozwiniętą wytwórczość, niezwykły rozpęd we wszystkich dziedzinach kultury. W czasie swego półrocznego pobytu tutaj Marek i Jan mieli dostatecznie dużo czasu i możliwości, aby poznać pełnię holenderskiego „złotego wieku" w jego różnych, dostępnych im przejawach. I nam jest on dotąd szczególnie bliski i dobrze znany dzięki holenderskiemu malarstwu w niezrównany sposób utrwalającemu kraj i ludzi, przyrodę, miasta, wnętrza domów, do najdrobniejszych przedmiotów codziennego użytku włącznie. Holenderska sztuka tej epoki fascynuje do dziś swą odkrywczością, kształtem, kolorem, światłem, prowokując ustawicznie badaczy do podejmowania różnorodnych rozważań, do zgłębienia ówczesnej „filozofii człowieka"[6]. Nie sposób nie przywoływać przed oczy tej bezpośredniej, ówczesnej wizualizacji holenderskiego świata, rozpatrując pobyt młodych Sobieskich w Holandii.

Przesuwały się przed nimi charakterystyczne krajobrazy, jakby w serii płócien pejzażowych, tego gatunku malarstwa, który dopiero pod pędzlem mistrzów holenderskich stał się godny samodzielnego ujęcia.

---

[6] J. H u i z i n g a, *Dutch Civilisation in the 17th Century and other Essays*, London 1965; B. S u c h o d o l s k i, *Rozwój nowożytnej filozofii człowieka*, Warszawa 1967.

Jak już o tym była mowa, w drodze do Francji zetknęli się po raz pierwszy z morzem. Oglądali je i spokojne i burzliwe, jak na współczesnych widokach marynistycznych, z szeroko rozpostartym ponad żywiołem wody niebem, z dumnie rysującymi się na jego tle spiętrzonymi sylwetami żaglowców. Przykuwały one mocno ciekawość peregrynantów. Jakub podziwiał niegdyś w porcie amsterdamskim ogromne statki, biorące po sześćset łasztów żyta i „wojenne galliony, jakby największe domy jakie". Marek i Jan zastali tu „okrętów z różnych nacji z mniejszymi barkami pod dwadzieścia tysięcy". Płynąc z Middelburga do Rotterdamu mieli akurat sposobność widzieć „flotę holenderską, która wyprawowała się stamtąd do Brazylijej, okrętów czterdzieści przeciwko Portugalczykom". Był to okres krótkotrwałej przewagi Holandii na morzu, jej największych triumfów. Zapewne jeszcze ze zbiorów Jakuba znalazło się w bibliotece króla Jana dzieło Hugona Grotiusa *Mare liberum sive de iure quod Batavis competit ad Indorum commercia* (wydanie drugie z Lejdy, 1618 r.)[7]. W czasie powtórnego pobytu w Rotterdamie weszli Sobiescy na „barzo zacne barki albo fregaty księcia Orańskiego", które sprawiały wrażenie pływających pałaców z „galeryjami, pokojami, kabinetami ozdobionymi malowaniem barzo kosztownym" (zwiedzał je również i Moskorzowski). W kościele w Haarlem podziwiali wiszące u sklepienia modele okrętów. Szczególnie dużo uwagi holenderskiej flocie — tak handlowej, jak i wojennej — poświęcił Wąsowski, pozostawiając nawet opis nowego typu okrętu, bez żagli i wioseł, z kołem poruszającym wodę. Przypomnijmy, że dla Polski były to czasy ożywionych przez Władysława IV śmiałych planów morskich na Bałtyku, które później będzie się starał wskrzesić raz jeszcze Jan III.

Podróże w głębi kraju rozwijały przed peregrynantami płaski, szczególnie nasycony zielenią, wiejski pejzaż holenderski. Gawarecki wspomniał o „wsi jednej murowanej porządnej" tylko raz, ale wsi takich mijali mnóstwo. Jakub Sobieski tak charakteryzował prowincję Holandię: „Owo zgoła siłą i wesołością jest podobna Holandyja naszej Żuławie pruskiej, w bydło są tam ludzie zamożyści i w nabiał obfici". Gwoli prawdzie — porównanie Jakuba należy odwrócić, bo to Żuławy Wiślane upodabniały się i zagospodarowywały na wzór holenderski. Jakub pisał też o położeniu kraju w „równinie wielkiej i owszem w nizinie, obtoczonej to morzem, to rzekami, i przyrodzonemi [tzn. naturalnymi — K.T.], i kopanemi, które czynią navigandi commoditatem".

Ojciec Sobieskich podziwiał prędkość komunikacji „na kolaskach małych bez dyszla", biegnących z dwoma końmi po groblach z szybkością poczt. Synowie zażywali przyjemności wolniejszej, ale wygodnej podróży kanałami, korzystając ze stałych, czyli „ordynaryjnych", kursów barek holowanych brzegiem przez konie, zmieniane co dwie mile (wpro-

---

[7] *Katalog książek... Jana III*, s. 54.

wadzono je w 1630 r.). Dla czystej też przyjemności odbywali piesze wędrówki. I tak na dwie mile przed Dordrechtem wysiedli z barki dla „zażycia przechadzki"; innym zaś razem „pro recreatione — jak pisze Gawarecki — ścieżką bardzo wesołą, posadzoną cegłą równiusieńko, szliśmy pomiędzy drzewami milę do miasta Miltemburg" (Middelburg).

Na kartach diariusza Gawareckiego napotykamy jednak przede wszystkim uwagi o miastach, a w bibliotece Sobieskiego znajdujemy monumentalne wydawnictwo, wspaniale dokumentujące rozmiary i rozmach miejskiej kultury Republiki — *Novum ac magnum theatrum urbium Belgicae liberae ac foederatae* (Amsterdam 1649), opublikowane przez wspomnianego już geografa i drukarza Jana Blaeua[8]. Dzieło opuściło prasy drukarskie w 1649 r., przedmowa wydawcy datowana była jednak w sam dzień proklamacji pokoju z 1648 r., miało więc ono stanowić jeden z objawów radości z powodu wywalczonej nareszcie niepodległości. Młodzi Sobiescy mogli wiedzieć o przygotowaniu wydawnictwa na tę okazję, mogli już z góry zamówić jego wysyłkę, będąc jeszcze w Holandii. W każdym razie tom, liczący blisko sto ogromnych miedziorytniczych plansz, zapewnił na przyszłość Sobieskiemu wdzięczny materiał dla ożywienia jego wspomnień — wędrówek po holenderskich ulicach, mostach, po placach z dominantami ratuszów i kościołów, po kwaterach ogrodowych i liniach fortyfikacji. Plansze tego dzieła, zaopatrzone w legendy i obszerne opisy, ukazywały plany miast, perspektywiczne widoki z lotu ptaka oraz panoramy — wszystko to uchwycone dokładnie w czasie, w jakim oglądali je nasi peregrynanci. Plany mienią się różnorodną siecią układów — to rygorystycznie szachownicowych, to fantazyjnie podążających wzdłuż zakoli i meandrów rzek, drobiazgowo uwzględniają niemal każdy dom i drzewo. Tak przedstawił się Sobieskim np. Haarlem, gdy spoglądali nań z wysoka, z kościelnej wieży (Groote-Kerk, mierzącej osiemdziesiąt metrów), na którą weszli „aż po sam krzyż, skąd barzo prospekt piękny na wszystkie strony", jak podaje Gawarecki. Do biblioteki Sobieskiego trafi później również poręcznych rozmiarów przewodnik *Les délices de la Hollande* (Lejda 1660)[9], z planami głównych miast, opisami prowincji, systemu rządów, wydarzeń historycznych, obyczajów mieszkańców. Moskorzowski wielokrotnie powoływał się na współczesny przewodnik Godfryda Hegenitiusa *Itinerarium Frisio-Hollandicum* (Lejda 1630).

Zwiedzanie wszystkich kolejnych miast — Groningen, Utrechtu, Dordrechtu, Vlissingen, Middelburga, Rotterdamu i innych — połączone było oczywiście z oglądaniem umocnień fortyfikacyjnych. Potężne forty widzieli przy wjeździe od strony Fryzji. Gawarecki wspomina o naj-

---

[8] *Ibid.*, s. 8. Tom pierwszy poświęcony Niderlandom Hiszpańskim nosi tytuł: *Novum ac magnum theatrum urbium Belgicae Regiae.*

[9] *Katalog książek... Jana III*, s. 21.

potężniejszej fortecy Huyt, wziętej w zastaw od grafa fryzyjskiego. Podobnie silne umocnienia, jak np. twierdza Lillo, znajdowały się od strony Belgii Hiszpańskiej. Foryfikacje holenderskie zwiedzali pilnie i inni polscy peregrynanci — Bogusław Radziwiłł, Grudzieńscy z Wąsowskim. Wiązały się one ściśle z przedmiotem ich studiów w Holandii i do sprawy tej powrócimy jeszcze poniżej.

Dwukrotne zwiedzanie Amsterdamu (5—10 maja 1646 r. i 23—26 maja 1648 r.) oszołomiło naszych peregrynantów, bo też oszałamiał on wszystkich cudzoziemców jako największe emporium handlowej ówczesnej Europy, „port w chrześcijaństwie sławny bardzo", wedle słów Jakuba. Z końcem XVI w. liczył 31 tysięcy mieszkańców, w 1640 r. już ok. 140 tysięcy. W tym „ludnym bardzo mieście", rzucały się Gawareckiemu w oczy rozmaite stroje, zdradzające przybyszów ze wszystkich stron świata. Le Laboureur przyrównywał go do dumnego Babilonu, gdzie mieszały się wszelkie możliwe religie i języki. Jakub podkreślał, że to „z kupiectwa ustawicznego po nowym świecie, po tak wielu insułach i królestwach", pochodzą „wielkie zyski, a z zysków bogactwa, a z bogactw potęga". Kartezjusz w znanym liście do poety Jana Ludwika Guez de Balzaca z 5 maja 1631 r. pisał, że jest jedynym zamieszkującym to miasto człowiekiem, który nie trudni się kupiectwem, a przechadzając się w ciżbie ma poczucie swobody i spokoju, nigdzie indziej nie spotykane. W tym największym mrowisku ludzkim XVII stulecia znalazł Kartezjusz upragnioną ucieczkę przed skrępowaniami i zobowiązaniami, jakie niosło ze sobą życie dworskie i towarzyskie we Francji. Wedle słów z Discours de la méthode, filozof żył tu „samotny i w ukryciu jak na najodleglejszej pustyni".

Sobiescy zwiedzili oczywiście w Amsterdamie słynny Dom Indyjski, prezentujący niebywałą różnorodność i egzotykę towarów, przede wszystkim pochodzących z dalekiego Wschodu — „korzenia, cukru i różnych galanteryj, w Europie naszej nie widzianych", jak wspominał Jakub. Tutaj w Boże Narodzenie 1645 r. Ludwika Maria incognito kosztowała smakołyków nawet z nazwy nieznanych we Francji. Le Laboureur słusznie nazywał Amsterdam „targowiskiem świata", „sklepem rarytasów z całego globu". Owe „płody Indii", wszelkie rzadkości, „rzeczy ciekawe, jakich tylko można sobie zażyczyć", zajmowały też ważne miejsce w rejestrze pochwał Holandii zawartych w liście Kartezjusza do Balzaca. Dawały bowiem uczonemu nieprzebrany materiał do nowych obserwacji. Także i poza samym Amsterdamem mieli Sobiescy niejedną okazję do zetknięcia się z owymi zaoceanicznymi osobliwościami. I tak np. w Middelburgu kosztowali chleba z Indii, który zresztą bardzo ich rozczarował. Był bowiem „jako krupy jakie", zupełnie bez smaku — stwierdzał Gawarecki — „ale rzecz sytna ma być" — dodawał. To znów w Dordrechcie byli świadkami, jak tamtejsi mieszkańcy „dla rekreacyjej zażywają łuków indyjskich".

Po zwiedzeniu Domu Indyjskiego przeszli Sobiescy szereg rynków branżowych. Gawarecki, podobnie jak dziesięć lat wcześniej Ogier, osobno wspomniał o targach zwierzęcych: „jest też osobny rynek na to, kędy tylko przedają psy wielkie i małe, koty morskie, ptaszki rozmaite". Owe „koty morskie" mógł później oglądać Sobieski na rycinie w dziele Jonstona *Historia naturalis* jako jeden z rodzajów małp (Meer Katz, Cercopithecus)[10]. Dało tu o sobie znać szczególne zainteresowanie Sobieskich światem zwierzęcym. Z drugiego, krótkiego pobytu w Amsterdamie Gawarecki też pozostawił opis zoologicznych ciekawostek. Oglądali wówczas pelikana: „Wzrostem to jest wielkości jako łabędź — pisał — pióra wszystkie koloru isabellowego, czubek barzo piękny na głowie, jakoby z piór czaplich, co na kity u nas zażywają. Gardzil ma wielką jako owe morskie baby, i długi, i na końcu ostry pyszczek, którym dziurawi piersi swoje dla dzieci". Widzieli też kilkanaście „zebetów", dających cenne piżmo, które znów możemy odnaleźć na rycinie w dziele Jonstona (zibethi), wśród tylu innych opisanych przez niego stworzeń. W Hadze kasztelanice oglądali wielbłąda, znanego im z ojczyzny, a za to w Holandii zupełnie egzotycznego, dalej — lwa z lwicą oraz słonia. Wzbudzał on szczególny zachwyt, ponieważ potrafił wywijać chorągwią i szpadą (za pomocą trąby), a nawet oddawać strzały z pistoletu. Ten barwny obrazek należy już jednak do osobnego kręgu osobliwości jarmarków, z których haski danym było widzieć Sobieskim. Słoń ten musiał wędrować z jarmarku na jarmark i tego samego oglądał zapewne Moskorzowski w Amsterdamie, równie zachwycony jego wielorakimi umiejętnościami.

W czasie swych wędrówek po Amsterdamie Sobiescy dotarli również do „kamienicy, którą zowią Austerbril". Szynkowano tu trunki, a na górze był piękny taras widokowy. Była to sławna Austeria Bril, prowadzona przez ex-profesora języka arabskiego w Lejdzie, Jana Theunisza (Yantunusa)[11]. Mieścił się tu również gabinet niezwykłych wynalazków gospodarza (zegarów, machin hydraulicznych, przyrządów optycznych i akustycznych), pominięty przez Gawareckiego, ale najpewniej zwiedzany przez Sobieskich.

Do tej całej różnorodności amsterdamskich wrażeń dołączały się także przeżycia teatralne. Sobiescy oglądali tu korowód czternastu ruchomych figur woskowych, przedstawiających postacie cesarzy i królów, wśród nich Gustawa Adolfa Wazy. Następnie byli świadkami całego misterium pasyjnego — „Passio Christi". Szerzej o widowiskach tych wspomina w swym diariuszu Moskorzowski. Odbywały się one w jakimś prywatnym domu. W korowodzie postaci, oprócz wspomnianego króla

---

[10] J. Jonston, *Historiae naturalis de quadrupedis*, libri IV, Amstelodami 1657, tabl. LXI, LXXIV, s. 97—100. O wspomnianych poniżej piżmowcach, zob. *ibid.*, tabl. LXXIII, s. 157—163.

[11] T. Mączak, *op. cit.*, s. 79—80.

oglądano Henryka IV, Jakuba Stuarta, Maurycego Orańskiego. Były to niewątpliwie automaty, kostruowane wówczas z coraz większą inwencją, podjętą i doskonaloną w wieku następnym. Zamiast przedstawienia pasyjnego widział natomiast Moskorzowski różne inne „akty" — scenę pasterską, króla Salomona i królowę Sabę, św. Jana na puszczy i męczeństwa apostołów. Gawarecki nadmienił ponadto o „komediach co tydniowych" i w tym wypadku chodziło najpewniej o regularne przedstawienia, dawane w pierwszym stałym i publicznym teatrze w Republice, wykończonym w 1638 r. przez Jakuba van Campena amsterdamskim Schouwburgu. Teatr ten zwiedzała niewiele wcześniej Ludwika Maria, a Le Laboureur zaznaczył, że został zbudowany „na wzór amfiteatrów rzymskich"[12]. Rozwiązanie widowni i sceny było rzeczywiście klasycyzujące, nie pozbawione jednak cech indywidualnych. W teatrze tym Le Laboureur oglądał jakąś krwawą tragedię oraz frywolną farsę, nie bardzo dlań zrozumiałe ze względu na obcy język. Zaznaczał, że aktorzy to amatorzy, którzy z desek scenicznych powracają do pracy tragarzy i robotników portowych. Połowa dochodu z imprez przeznaczona była dla biednych.

Uwagę Sobieskich, jak i tylu innych turystów, przykuły osobno urządzenia socjalne i charytatywne, niespotykane w tej formie i zakresie w innych krajach europejskich. „Byliśmy też w domu jednym — zapisał Gawarecki — kędy wszytko szaleni, osobliwy fundusz na to jest i porządek piękny. Także też i w kilku szpitalach barzo porządnych, ze wszytką wygodą choremu, co i po tysiąc ludzi jest w drugim". Moskorzowski przytułek dla ubogich nazywał rajem i opisywał dokładnie dom dla starców, otoczony bujną zielenią, wewnątrz pięknie przyozdobiony malowidłami.

Zwiedzając Amsterdam kasztelanice byli „nawet i w szkołach żydowskich [...] kędy wiele uczą i w bożnicy ich". Świat Żydów w Republice stanowił bowiem dalszą osobliwość intrygującą cudzoziemców. Ogier tylko z fizjonomii rozpoznawał Żydów napływających licznie z Portugalii i Hiszpanii, nie byli tu bowiem zobowiązani do wyróżniania się specjalnym strojem. Jako zamiłowany filolog nie mógł się dość nasłuchać hebrajszczyzny w czasie nabożeństwa w jednej z synagog. W tym okresie szkołą amsterdamską kierował rabbi Saul Levi Morteira, a pod jego okiem kształcił się młodziutki Baruch Spinoza. W tym środowisku Rembrandt znajdował inspiracje do swych wizji scen starotestamentowych. Wielu też intelektualistów i teologów holenderskich utrzymywało kontakty z rabinami. Z jednym z uczonych żydowskich zetknęli się Sobiescy przy powtórnym, choć krótkim przejeździe, przez Amsterdam. Był on autorem dzieła traktującego o arce Noego i o świątyni Salomona (sy-

---

[12] K. Targosz, *Polsko-francuskie powiązania teatralne w XVII w.*, „Pamiętnik Teatralny", XX, 1971, s. 17.

nagoga amsterdamska była jej odwzorowaniem). Obejrzeli jednocześnie ich modele. Tymi niezwykle precyzyjnie wykonanymi miniaturami zachwycał się również Moskorzowski. Temu ostatniemu udało się ponadto poznać Manasseha ben Israel[13], pisarza i drukarza, uwiecznionego na szkicu portretowym Rembrandta (z Israelem pragnął się zaznajomić również i Ogier, niestety bezskutecznie).

Nic też dziwnego, że w przyszłych swych zbiorach król Jan III będzie posiadał dzieła Rembrandta o tematyce żydowskiej, np. „obraz rabina portugalskiego malowania Rymbrandta", „obraz takiejże wielkości Żydówki w birecie". Zamiłowanie Sobieskiego do tego malarza i tematyki nie zrodziło się dopiero na dworze Jana Kazimierza czy pod wpływem szwagra, markiza de Béthune[14], wziąć musiało początek z samej Holandii. Stąd też liczne w zbiorach króla nie tylko dzieła malarstwa, ale i rzeźby i wytwory niderlandzkiego rzemiosła artystycznego[15].

Niespotykaną nigdzie indziej swobodę, jaką Żydzi cieszyli się w Republice, przeciwstawiał Ogier, jak i prawie wszyscy inni podróżnicy katoliccy, sytuacji swoich współwyznawców. Tak też i Gawarecki podkreślał, że oto znaleźli się w państwie, w którym tolerowano „wiar różnych pod czterdzieści", z wyłączeniem katolików. Tych zaś miało być wedle Ogiera blisko trzydzieści tysięcy, a wedle danych zasłyszanych przez Gawareckiego „więcej niźli pięćdziesiąt tysięcy". Jakub Sobieski uczestniczył w Lejdzie w mszy odprawianej potajemnie w piwnicy, a Des Noyers — w jakimś spichlerzu. Obydwaj porównywali te warunki oraz gorliwość wyznawców katolicyzmu do wczesnego chrześcijaństwa. Gawarecki skwapliwie odnotował wszystkie spotkania z utajonymi katolikami, powtarzając zasłyszane pogłoski, że nawet książęta orańscy są krypto-katolikami. Katoliccy przybysze nie wnikali natomiast w problemy i konflikty kościoła reformowanego w Republice, które w połowie XVII w. uległy już zresztą uśmierzeniu. Ze zbiorów Jakuba zapewne znalazły się jednak w bibliotece Jana III dwa dzieła polemiczne dotyczące synodu w Dordrechcie, który przyniósł zwycięstwo gomarystów nad arminianami (jedno pióra Ślązaka, kalwina Daniela Tilenusa: *Canones synodi Dordracenae*, Paryż 1622, drugie katolika Jana Malderusa: *Antisinodica*, Antwerpia 1620[16]). Młodzi Sobiescy zmuszeni byli tylko czasem podporządkować się miejscowym obyczajom religijnym, np. pod Bredą oczekiwali długo pod zamkniętą bramą miejską na zakończenie niedzielnych nabożeństw i kazań, na czas których zamierało zupełnie życie miejskie. Z ubolewaniem przyszło im oglądać „kościoły starożytne [...] które teraz

---

[13] W. Ducat, *Manasseh ben Israel*, w: *The Universal Jewish Encyclopedia*, New York 1948, t. CVII, s. 312—313.
[14] W. Drecka, *Na tropach obrazów ze zbiorów Jana III Sobieskiego*, Studia Wilanowskie I, Warszawa 1977, s. 130, 131.
[15] W. Fijałkowski, *loc. cit.*, s. 23, 26, 30.
[16] *Katalog książek... Jana III*, s. 12, 44.

kalwini trzymają", surowe i ogołocone z pierwotnego wystroju malarsko-rzeźbiarskiego.

Bogactwo dzieł artystycznych spotykali natomiast na każdym kroku w powiązaniu z miejską architekturą świecką. Oglądali więc imponujące gmachy ratuszów, dawne i nowsze, np. w Delft „piękną proporcyją" murowany, z ogromną salą kolumnową wewnątrz. Jako prawdziwie monumentalny pomnik uzyskania niepodległości przez Republikę miał wkrótce stanąć nowy ratusz w Amsterdamie, projektu wspomnianego architekta Jakuba van Campena. W trakcie budowy będą go oglądać Grudzieńscy wraz z Wąsowskim, a jego plany przywiezie do Polski ze swej misji dyplomatycznej do Holandii w 1658 r. Hieronim Pinocci[17].

Drugi, dłuższy pobyt w Republice dał Sobieskim możność poznać „kamienice barzo ozdobne" nie tylko od strony zewnętrznej, ale też we swych wnętrzach skrywających niebywałą zasobność — w języku Gawareckiego „ochędostwo" — holenderskiego mieszczaństwa. Niepowtarzalny urok komnat, gabinetów, sypialni, sieni, a nawet kuchni, świetnie oddany w ówczesnym malarstwie, zniewolił ich jak wszystkich przybyszów. Tuż po przybyciu z Anglii Gawarecki pisał z zachwytem o kamieniczkach w pierwszym portowym mieście, we Vlissingen, z ich pięknymi gankami, marmurowymi posadzkami i dostatkiem wnętrz. Bogatsze domy w Holandii sprawiały wrażenie pałaców nie tylko na Polakach, ale i na Francuzach. „Sala jest pańska prawie, z obiciem pięknym i obrazami" notował Gawarecki o gospodzie Pod Dwoma Złotymi Kluczami we Vlissingen. Ogier nie wahał się przyznać, że posadzki w Holandii są czystsze niż stoły we Francji, okna kryształowo przejrzyste, a komnaty ozdobione oszałamiającą ilością kobierców, map i obrazów. „W obrazach się też barzo kochają — czytamy u Gawareckiego — kędyby prawie jednego domku nie nalazł ubogiego, gdzieby nie miała być izba przyozdobiona jakimikolwiek obrazami". Tak więc mariny, pejzaże wiejskie i weduty miast, sceny z festynów i życia w zaciszu domowym, wreszcie zbliżenia martwych natur — kwiaty i owoce, śniadania i stoły kuchenne — wszystko co peregrynanci oglądali na żywo, widzieli również utrwalone na płótnach. Jeden tylko Wąsowski najwyraźniej nie zasmakował w holenderskim malarstwie, z krytycyzmem odnosząc się do obrazów ukazujących tylko okręty, chłopów, zwierzęta, ptaki i stwory morskie, a nie „rzeczy boskie".

Jakub Sobieski pomieścił w swej relacji obszerną pochwałę narodu zasiedlającego Niderlandy, pisząc, że jest „bardzo dowcipny, nie tylko do wyzwolonych nauk, ale sztuk mechanicznych, do wszelkich rzemiosł, jako do malarstwa, do tkactwa, do robienia płócien i do wyszywania przedziwnie subtelnego, do rżnięcia w marmurach, w kamieniach, na-

---

[17] K. Fremantle, *The Baroque Town Hall of Amsterdam*, Utrecht 1959; K. Targosz, *Hieronim Pinocci, studium z dziejów kultury naukowej w Polsce w XVII w.*, Wrocław 1957, s. 98, Monografie z Dziejów Nauki i Techniki, t. XLI.

wet i w stolarniach, snycerskich robotach, nuż do rozmaitych kupiectw, do żeglarstwa i do wielu rzeczy inszych". Od Gawareckiego wiemy, że Sobiescy zwiedzali w Delft tkalnię gobelinów.

Wszyscy niemal turyści przybywający do Hagi oglądali w jej pobliżu osobliwy wóz z żaglem, poruszający się dzięki sile wiatru wzdłuż brzegu morskiego. Sam książę Maurycy Orański pokazywał go niegdyś Jakubowi. Jeden z wierszy poświęcił mu Joachim Pastorius w swym zbiorze *Musa peregrinans* (Gedani 1653). Ten wytwór „inwencyi bardzo wielce uciesznej", według określenia Jakuba, oglądali również Grudzieńscy z Wąsowskim i Moskorzowski. Rycinę przedstawiającą wóz posiadał Jan III, zdobiła ona bowiem m.in. wspomniane dzieło Jana Blaeua *Theatrum urbium Belgicae*. Z zamieszczonego tamże opisu można się było dowiedzieć, że autor wynalazku to Szymon Stevin, „mathematicus celeberrimus" (zmarły w 1620 r.). Skonstruowanie owego wozu, rozwijającego bardzo dużą szybkość, było ukoronowaniem jego poszukiwań z dziedziny mechaniki. Liczni książęta, wodzowie i dyplomaci zażywali przejażdżki tym niezwykłym wehikułem. Blaeu zamieścił w swym dziele długi pochwalny wiersz pióra Hugona Grotiusa i ponad dwadzieścia epigramatów różnych poetów.

Gawarecki zanotował natomiast wiadomość o innej technicznej rewelacji — pojeździe na pięć osób, którym wynalazca, pewien młynarz w Lejdzie, „sam jeździ bez żadnej pracy, tylko co jako kołowrót kręci śrubą". I ten wynalazek spotkał się z zachwytem Moskorzowskiego i Wąsowskiego. Wąsowski ponadto dołączył do swego dzieła rysunek przedstawiający mechanizm zębatych kół z podpisem „Wóz bez koni i wszytko sam chodzi"[18].

Oprócz zachwytów nad wynalazczością Holendrów powtarzają się w wielu relacjach wyrazy uznania dla innych ich cech, zwłaszcza waleczności, umiłowania wolności. Jakub wychwalał ich umiejętności dyplomatyczne, a także gotowość ponoszenia podatków, porządek, karność w wojsku, do czego jeszcze powrócimy. Z ust Kartezjusza znamy stwierdzenie, że nie ma poza Holandią kraju, w którym można by cieszyć się równą swobodą i spać równie spokojnie, nie tylko bowiem wojsko jest zawsze w pogotowiu, ale też otrucia czy zabójstwa zdarzają się rzadziej niż gdzie indziej.

Nie same jednak pochwały zyskiwali mieszkańcy Republiki wśród cudzoziemców. Oto prawie wszystkich raziły prostactwo i grubiańskość spotykane na każdym kroku, ukazywane nieraz w bardzo czarnych barwach przez autorów relacji i przeciwstawiane wizualnym urokom świata holenderskiego jako zaskakujący kontrast. Bardzo ostro wypowiedzianą taką opinię spotykamy np. u Des Noyersa, którego zdaniem, najpiękniejszy na świecie kraj zamieszkują najbardziej aroganccy ludzie. Le

---

[18] B. N. Wąsowski, *op. cit.*, s. 532.

Laboureur wyrażał żal, że ten właśnie brak osobistej kultury odstrasza podróżników od zwiedzania ziemi Holendrów. Podobnie Ogier, z daleka zachwycając się wyglądem ludzi (chłopki holenderskie robiły na nim wrażenie żon francuskich urzędników, a mieszczanki — arystokratek), musiał stwierdzić przy okazji zwiedzania Rotterdamu, że oprócz posągu wielkiego Erazma nic tu „nie trąciło humanizmem i ogładzonymi obyczajami", wszystko było „chłopskie i po marynarsku nieokrzesane". Duma i zarozumiałość plebejuszy raziła cudzoziemską szlachtę: „vanissimo spiritu nadęci — pisał kanclerz Jerzy Ossoliński — rozumieją, że wszytek świat ich adorare ma, jako jakie fortunae et naturae miraculum"[19]. Moskorzowski nie raz stwierdzał ze zdumieniem bezceremonialność prostego ludu wobec osobistości z wyższych sfer i to tak rodzimych, jak i obcych. Widział np., jak tłum bez zdejmowania czapek wtargnął do gospody posła hiszpańskiego, przeszkadzając jemu i jego żonie w czasie posiłku lub jak wtykano głowy do karety żony stadhoudera.

Te tak rozpowszechnione, ujemne opinie o szokującym zachowaniu nowego, holenderskiego społeczeństwa, w ograniczonym tylko stopniu znalazły wyraz w dzienniku Gawareckiego. Ale i on stwierdził we Vlissingen, gdzie rozpoczynali Sobiescy swój drugi, dłuższy pobyt w Holandii, że „lud jest nie barzo polityczny" i on też przeciwstawiał ten fakt urokom samego miasteczka. Sobiescy mieli się jednak obracać w czasie swego pobytu głównie w dworskich kręgach Hagi, w której „ludzi wiele jest politycznych", jak zapewne właśnie dla podkreślenia kontrastu stwierdzał Gawarecki.

Walnym zarzutem stawianym ponadto Holendrom były panujące tu drożyzna i zdzierstwo, na które uskarżali się wszyscy turyści, a zwłaszcza znaczniejsi. Holenderscy oberżyści niemiłosiernie łupili skórę z przybyszów, każąc im płacić tym więcej, im wyżej był urodzony dany gość. Za te same potrawy, ostrzegał Ogier, kapitan musiał płacić pięć razy więcej od żołnierza lub żeglarza, pułkownik dziesięć razy, a książę czy poseł stokrotnie. Zdaniem Le Laboureura był to wyraz odwetu mieszczan i ludzi niskiego stanu w stosunku do szlachty i nie byli od tego wolni mieszkańcy samej Republiki ze swym namiestnikiem na czele. Ogier opowiada, jak to pewnego razu Fryderyk Henryk drogo zapłacił za powrót do pewnej gospody, choć chciał tylko pod jej dachem przeczekać ulewę. Le Laboureur wspominał, że owych rygorów doświadczyli na sobie członkowie orszaku Ludwiki Marii i on też utrwalił fortel Krzysztofa Opalińskiego, któremu drożyzna tak dała się we znaki w drodze do Francji, że za powrotem przebrał się za skomnego członka poselstwa.

---

[19] J. Ossoliński, *Pamiętnik*, oprac. W. Czapliński, Wrocław 1976, s. 110; M. Bogucka, *Rzeczpospolita szlachecka a Niderlandy XVI — I poł. XVII w.*, w: *Rubens, Niderlandy i Polska...*, s. 21.

Mimo peruki Le Laboureur poznał go w księgarni Blaeua. Holendrzy na szczęście go nie rozpoznali, choć stał tu właśnie wystawiony rytowany portret polskiego posła. Tak oto dumny magnat, który tyle zabiegał o rozgłos wokół swej osoby, kompletnie spłukany z pieniędzy, wolał teraz szukać ucieczki w incognito. Nic dziwnego też, że i grupka naszych paniczów utyskiwała na trochę „przydroższe", choć doskonałe gospody.

2. W PROGACH UNIWERSYTETÓW

Zapiski Gawareckiego na temat ludzi odnoszą się głównie do środowisk uniwersyteckich, miejscowych uczonych oraz studiujących Polaków. Przytoczmy jednak najpierw wzmiankę, jaką poświęcił wielkiemu humaniście z poprzedniego stulecia, Erazmowi z Rotterdamu. „Przeciwko naszej gospody — zanotował w rodzinnym mieście uczonego — na moście szerokim jest jedna statua z marmuru czarnawego, wielkiego i sławnego doktora i kanonika, którego imię było Roterdamus, z księgą, w habicie doktorskim". Jest to zachowany do dziś pierwszy pomnik miejski uczonego, dłuta Henryka de Kaysera z lat 1612—1618. Wspominają o nim wszyscy inni autorzy przytaczanych tu relacji. Zabarwiona humorem uwaga Wąsowskiego, że wielki Erazm stoi ze swą księgą ponad przekupkami sprzedającymi owoce i orzechy, oddaje dobrze nowość usytuowania posągu. Des Noyers i Moskorzowski oglądali ponadto dom, w którym Erazm niegdyś mieszkał, zaskoczeni jego skromnym wyglądem. Zajmował go wówczas jakiś ubogi rzemieślnik.

Marek i Jan obejrzeli w Republice aż trzy tutejsze młode uniwersytety. Na samym początku (2 maja 1646 r.) zwiedzali Groningen, siedzibę uniwersytetu założonego w 1614 r. Gawarecki wspomniał „exercitia [...] różne, a zwłaszcza szermierskie szkoły", dodając, że tu „też i co do polityki, tańców i innych różnych rzeczy należy, uczą". Zwrócili więc główną uwagę na instytucje „przyuniwersyteckie"[20]. O Polakach spotkanych w Groningen była już poprzednio mowa. Dziewięć lat wcześniej, pod koniec 1637 r., zatrzymał się w Groningen Bogusław Radziwiłł, „gdziem znów studia traktował — jak pisze w swej autobiografii — sub Altingo professore"[21].

Z kolei zwiedzali Sobiescy Utrecht, siedzibę uniwersytetu najmłodszego, bo powstałego w 1636 r. Świadkiem jego proklamacji był Pasto-

---

[20] W. Frijhoff, *L'Université et l'enseignement extra-universitaire dans un état naissant, position des problèmes dans la République des Provinces Unies (XVII—XVIIIe siècle)*, „Zeszyty Naukowe UJ", Prace Historyczne, z. 73, Kraków 1983, s. 47—68.
[21] B. Radziwiłł, *op. cit.*, s. 122—123, 158 (wzmianki na temat jego studiów w Niderlandach). Bernhard Alting był profesorem prawa.

rius, na co wskazuje jeden z jego wierszy. W 1638 r. przeniósł się tu Radziwiłł i przez kilka miesięcy „zabawiał” zajęciami rycerskimi i matematyką. Gawarecki nie wspomniał wprawdzie o miejscowej uczelni, Sobiescy spotkali się tu jednak znów ze studentami z Polski (10 maja 1646 r.) — ze wspomnianymi już Janem Zamoyskim i Stanisławem Koniecpolskim. Od września do końca 1647 r. przebywał w Utrechcie Moskorzowski, który studiował tu matematykę pod kierunkiem Jakuba Ravensberga i uczył się języka francuskiego[22]. W swym diariuszu Moskorzowski wyliczył aż dziesięciu utrechckich profesorów. Rektorem uniwersytetu był teolog Henryk de Maetes. Wielką rolę odgrywał inny profesor teologii, Gisbertus Voetius, którego nasz arianin nazwał „najsurowszym kalwinem” („calvinus rigidissimus”). Jak wiemy skądinąd, w poprzednich latach, 1641—1643, inspirował on i kierował atakiem wymierzonym przez rektora uniwersytetu w Groningen, Marcina Schooka przeciwko Kartezjuszowi (sam Kartezjusz mieszkał w Utrechcie nieco wcześniej). Szermierzem kartezjanizmu w środowisku utrechckim był natomiast w tym czasie profesor medycyny Henryk Regius (de Roy), wspomniany również przez Moskorzowskiego. Właśnie od Regiusa dowiedział się Moskorzowski o świeżym wydarzeniu, jakim był pobyt w Utrechcie polskiej królowej, Ludwiki Marii i jej wizyta złożona miejscowej uczonej białogłowie, Annie Marii Schurmann. Wizyta ta, utrwalona w licznych przekazach dotyczących królowej[23], w relacji Regiusa-Moskorzowskiego nabiera nowych barw. Okazuje się, że Anna Maria odmówiła najpierw złożenia wizyty księciu orańskiemu i nowej królowej. Księcia odmowa ta dotknęła do żywego, polska królowa natomiast udała się wówczas sama do mieszkania sławnej „dziesiątej muzy”. W ten sposób uczona okazała dumną wyniosłość wobec wielkości tego świata, królowa dała zaś dowód swej skromności i uznania dla wielkości wiedzy. Moskorzowski, kładąc nazwisko Anny Marii na końcu listy uczonych z Utrechtu zaznaczał, że jest to „dziewica przewyższająca wielu doktorów, ozdoba całej Belgii” („ocellus totius Belgii”). Z innej jeszcze wzmianki Moskorzowskiego dowiadujemy się o profesorze historii i polityki, Antonim Aemiliusie, który w czasie wykładów odczytał raz list pisany do Gerarda Vossiusa przez Krzysztofa Arciszewskiego, polskiego arianina w służbie Prowincji. List ten dotyczył zwyczajów, uczt rytualnych brazylijskich plemion.

W latach pięćdziesiątych przybędą do Utrechtu Grudzieńscy. Ich opiekun, Wąsowski, zaznaczał przy okazji, że Utrecht to drugie co do wielkości miasto w Republice po Amsterdamie, a w odróżnieniu od niego zamieszkałe przez wiele rodzin szlacheckich. Grudzieńscy przebywali tu od maja do września 1653 r. Wąsowski podaje program odbywanych

[22] H. G. Moskorzowski, *op. cit.*, s. 123—125, 132—134.
[23] K. Targosz, *Uczony dwór...*, s. 380.

przez nich studiów — godziny poranne poświęcali filozofii i prawu, popołudniowe językom, nauce architektury wojskowej i grze na lutni.

Pod sam koniec swej drugiej bytności w Niderlandach Marek i Jan zwiedzili najstarszy z powstałych tu, choć założony zaledwie w 1575 r., uniwersytet, najprężniejszy bezsprzecznie ośrodek intelektualny na terytoriach protestanckiej Europy — Lejdę. Zwana dumnie przez współczesnych Holendrów Batawskimi Atenami (Athenae Batavae), uczelnia lejdejska przedstawiała nowy model uniwersytetu o charakterze państwowym i narodowym, a przyciągała tłumy młodzieży również i z innych krajów[24].

W drugiej ćwierci XVII w. w murach tego uniwersytetu kształciło się aż trzystu pięćdziesięciu przybyszów z Rzeczypospolitej, głównie synów rodzin protestanckich[25]. Gawarecki wyliczył siedem nazwisk zastanych studentów. Na pierwszym miejscu umieścił dwóch wojewodziców — parnawskiego, Gerarda Denhoffa (syna Ernesta Magnusa) oraz kijowskiego, Prusinowskiego (co jest chyba pomyłką, gdyż wojewodą kijowskim był w tych latach Janusz Tyszkiewicz). Dalej wymienił Gawarecki nazwiska Moskorzowskiego, Lanckrońskiego, Goreckiego, Rużyńskiego i Sławińskiego. Moskorzowski to oczywiście znany nam Hieronim, który z Utrechtu przeniósł się do Lejdy na początku stycznia 1648 r. (do Album studiosorum wpisał się 20 lutego). Przebywał tu, nie licząc krótkich wypadów, aż dziewiętnaście miesięcy, do początków sierpnia 1649 r.[26] Lanckroński to wspominany często w diariuszu Moskorzowskiego jego serdeczny przyjaciel, Kazimierz, syn kasztelana wiślickiego (Samuela), immatrykulowany w Lejdzie w 1647 r. Moskorzowski żegnał go z wielkim żalem powracającego do ojczyzny we wrześniu 1648 r. Wojciech Gorecki i Paweł Rożyński wpisali się w Album w 1648 r. Sławiński, jak dodaje Gawarecki, miał być sługą starosty kałuskiego, a więc Jana Zamoyskiego (który, jak wiemy, w 1646 r. opuścił Niderlandy wracając do Polski). Pod koniec pobytu Moskorzowskiego przybył do Lejdy Stanisław Lubieniecki młodszy, z którym Moskorzowski dzielił odtąd jeden pokój — z widokiem na główny kościół (św. Piotra), otaczający go cmentarz i piękne lipy.

Tu w Lejdzie, 30 października 1648 r., w auli teologicznej przybranej żałobnym kirem wygłosi Moskorzowski panegiryk na cześć zmarłego przedwcześnie polskiego monarchy, Władysława IV (ta jego mowa *Oratio funebris in excessum Serenissimi ac Augustissimi Principis Vladislai IV*

[24] *Athenae Batavae, de Leidse Universiteit 1575—1975*, Leiden 1979.

[25] *Album studiosorum Academiae Lugduno-Batavae 1575—1875*, Hagae Comitis 1875; T. Grabowski, *Polacy na Uniwersytecie Lejdejskim*, Sprawozdania z Posiedzeń PAU XV, 1910, nr 3, s. 2—4; H. Barycz, *Barok*, w: *Historia nauki polskiej*, Wrocław 1970, t. II, s. 28—30; J. Tazbir, *Niderlandy i sztuka niderlandzka...*, s. 28 (w latach 1601—1625 studiowało 77 studentów z Polski, 1625——1650 — 354, 1651—1675 — 68).

[26] H. G. Moskorzowski, *op. cit.*, s. 136—151.

wyszła drukiem w Gdańsku). Wielu profesorów lejdejskich zdołał wzruszyć do łez, niebacznie obraził jednak i sprowokował studenta-Szweda, Elausa Therserusa. Konflikt, do jakiego na tym tle doszło, musiały łagodzić władze uniwersyteckie, m.in. profesor Marek Zuerius Boxhorn.

Do polskich nazwisk dołączył jeszcze Gawarecki Szachmana, ministra z Gdańska. Synów mieszczańskich z miast pruskich musiało tu być znacznie więcej, całe ich fale napływały bowiem rokrocznie do Lejdy. Warto przypomnieć, że z bliskich później Sobieskiemu uczonych „lejdejczykami" z wykształcenia byli sławny astronom Jan Heweliusz[27] oraz historiograf królów polskich, wspomniany już Pastorius.

Rzesze studentów i sylwety powag uniwersyteckich nadawały do tego stopnia specyficzne piętno Lejdzie, że całe miasto, jak pisze Ogier, nabierało szlachetności. Tutaj to zrodziły się studia portretowe starców--mędrców Rembrandta, pogrążonych w medytacjach nad stosami ksiąg, w zaciszu swych izb. Tu powstawały portrety profesorów, młodych uczonych i studentów pędzla rodowitego lejdejczyka, który nigdy nie opuszczał swego miasta, Gerrita Dou[28].

Uniwersytet Lejdejski z jego niezwykle bogatym i nowoczesnym wyposażeniem znany jest z wielu ówczesnych opisów oraz przekazów ikonograficznych. Prawie wszystkie godne widzenia urządzenia znalazły też swe upamiętnienie na kartach diariusza Gawareckiego. Czytamy w nim bowiem: „Akademią barzo sławną ma to miasto, w którejśmy byli; tam zaraz przy akademijej jest ogród doktorski, kędy różnych drzew i ziół jest wiele, pokazują też tam w tym ogrodzie wiele pięknych raritates, w swym porządku każda rzecz, tak bestyj morskich, ptaków i indyjskich rzeczy. Potym drukarnia przy tejże Akademijej sławna. Na przeciwko akademijej anatomia, w której anatomizują, tam też rzecz jest piękna do widzenia, bo jest barzo wiele pięknych raritates różnych, tak też ludzi i rozmaitych bydląt, źwierząt, bestyj anatomizowanych [...]".

Na wstępie wymieniał więc Gawarecki wspaniały ogród botaniczny założony w 1587 r. przez Karola de Lecluse (Clusiusa). Pastorius poświęcił mu krótki dwuwiersz, ale niewątpliwie długo studiował wspominane w nim „tysiące leczniczych kwiatów". Des Noyers, który zwiedzał Lejdę w grudniu, oglądał większość roślin zgromadzonych w wielkiej ogrzewanej galerii i rozkwitających jakby to była wiosna. Było tu mnóstwo egzotycznych okazów, sprowadzonych dzięki eksploracjom zaoceanicznym Holendrów.

Przylegająca do ogrodu specjalna galeria mieściła szereg eksponatów fauny z dalekich krain i, jak można się spodziewać w związku z zoologicznymi upodobaniami kasztelaniców, przykuły one szczególnie ich uwagę. Gawarecki wyszczególnił szkielet wieloryba wydobytego z łona

---

[27] K. Targosz, *Jan Heweliusz, uczony-artysta*, Gdańsk 1979, s. 17—18.
[28] *Ibid.*, s. 122—124.

matki, który mierzył sobie osiem łokci. Ogromne zainteresowanie, pomieszane z dreszczem trwogi, jak wspomina znów Pastorius w osobnym wierszu, wzbudzał amfiteatr anatomiczny. Dla Des Noyersa był on jednym z najciekawszych obiektów, jakie zobaczył w Holandii, tak ze względu na swą strukturę architektoniczną, jak i niebywałą różnorodność eksponowanych w nim szkieletów ludzi i zwierząt. Lejda była wówczas bardzo ważnym ośrodkiem medycyny i nauk przyrodniczych. W amfiteatrze były ponadto wystawione mumie w sarkofagach oraz zbiory etnograficzne (ubiory, przedmioty codziennego użytku z dalekich kręgów kulturowych), o których wspomina Wąsowski.

Nie wiadomo, czy Sobiescy wspięli się również na wieżę obserwacyjną, wspominaną przez Des Noyersa i Moskorzowskiego, który wymienił nazwisko astronoma-obserwatora — Samuela Kocheliusa. Instrumentarium lejdejskie było świeżej daty, zaczęło się bowiem formować na początku lat trzydziestych, właśnie w czasach, gdy studiował tu (ale głównie prawo) przyszły „królewski astrolog" Jana III — Heweliusz. W jego oczach obserwatorium nie znalazło jednak zbytniego uznania, łącznie z osobą głównego matematyka, profesora Jakuba Goliusa[29]. Innym jeszcze profesorem matematyki w Lejdzie był Franciszek van Schooten starszy. Całe to środowisko dobrze znał Kartezjusz, który sam wpisał się na Uniwersytet 27 czerwca 1630 r., w późniejszych zaś latach mieszkał w Lejdzie od 1636 do 1637 r. i od 1640 do 1641 r. Pokładał on wielkie nadzieje w Franciszku Schootenie młodszym i interweniował nawet na dworze w Hadze, aby po śmierci ojca w 1646 r. objął katedrę po nim. Schooten wykonał ryciny do wczesnych dzieł Kartezjusza i przetłumaczył na łacinę jego *Geometrię*. Z końcem lat trzydziestych działał ponadto w Lejdzie Jan Gillot, francuski hugonot, „pierwszy i niemal jedyny uczeń jakiego miałem — jak pisał o nim Kartezjusz 9 marca 1639 r. — najlepszy umysł matematyczny" („le premier et presque le seul disciple que j'ai jamais eu et le meilleur esprit pour mathématique"). Van Schooten i Gillot znali najlepiej kartezjańską geometrię. Wykładali również w istniejącej przy uniwersytecie szkole inżynierskiej, przeznaczonej dla wojskowych („gens de guerre"), Gillot w latach czterdziestych opuścił jednak Lejdę, przenosząc się do Portugalii, gdzie został matematykiem królewskim. Moskorzowski wymieniał więc już tylko van Schootena i wspominał jego wykłady z zakresu architektury praktycznej. Prowadzone były one w języku holenderskim (i wskutek tego dla cudzoziemców niedostępne). Sam Moskorzowski pewnie z tego właśnie względu pobierał prywatne lekcje matematyki i geodezji praktycznej u wspomnianego Kocheliusa.

Z nawiązanych przez Sobieskich osobistych kontaktów w sferach naukowych w Lejdzie dwa przynajmniej znalazły upamiętnienie w diariu-

---

[29] *Ibid.* s. 20.

szu Gawareckiego. Zetknęli się tu oni przede wszystkim z wielką sławą filologii, Klaudiuszem de Saumaise. „Potym widzieliśmy człowieka zacnego — pisze Gawarecki — jakoby primasa Akademijej, Francuz rodem, którego zowią Salmasius, człowiek w leciech, barzo uczony, tego zażywają sztadowie wiele ad consilia". Saumaise od 1631 r. zajmował katedrę języków i literatury starożytnej. Mimo że Richelieu, Mazarini i książę de Condé starali się nie raz pozyskać go z powrotem dla Francji, z wyznania kalwin, pozostawał wierny Lejdzie. Dopiero w 1651 r. da się skusić Krystynie szwedzkiej i przyjmując jej zaproszenie, przeniesie się do Stockholmu. Pobyt na północy zrujnuje mu zdrowie, podobnie jak Kartezjuszowi i choć zdoła jeszcze wrócić do Holandii, to i tak wkrótce, w 1653 r., zakończy życie[30]. Diariusz Moskorzowskiego, który wraz z Sobieskimi składał wizytę Salmasiusowi, podaje jako jej datę 18 kwietnia 1648 r.[31], co różni się od danych Gawareckiego, według którego przypadła ona na 21 maja.

Być może miały miejsce dwie wizyty. W każdym razie Moskorzowski zapewnia, że polska grupa została bardzo uprzejmie przyjęta przez sławnego filologa — „najjaśniejszą gwiazdę", nie mającą sobie równej w całej Europie.

Lejda od czasów Justusa i Józefa Scaligera był uznanym centrum filologii klasycznej i tradycje te podtrzymywał aktualnie Saumaise. Dodajmy, że był on uczniem Izaaka Casaubona, paryskiego mistrza Jakuba Sobieskiego. W bibliotece króla Jana znajdzie się później dzieło *Historiae augustae scriptores* wydane w Lejdzie w 1671 r. z komentarzami Casaubona i Saumaise'a[32]. Jakub Sobieski przybył niegdyś na krótko do Lejdy tuż po śmierci Scaligera: „jeszczem po nim — pisał — zastał był świeży żal w akademii i po wszystkiem mieście". I wówczas jednak nie zabrakło „ludzi godnych". Bezpośrednim następcą Scaligera był jego uczeń, Daniel Heinsius, „człowiek biegły w naukach, którego miałem u stołu swego i było z kim się zabawić i dyszkurować" — wspomina Jakub. Działalność naukowa Heinsiusa rozwinęła się z czasem w kierunku historii i polityki[33]. Ze zbiorów Jakuba mogło jeszcze pochodzić jego dziełko przedstawiające jeden z ważnych epizodów z walk o niepodległość Prowincji — *Rerum ad Sylvam Ducis in Belgio gestarum* (Lejda 1631)[34]. Sędziwy Heinsius był nadal profesorem w czasie przejazdu przez Lejdę młodych Sobieskich. Jeżeli nie doszło do spotkania z nim, to na przeszkodzie stanąć mogła jego animozja do wizytowanego przez Sobieskich Saumaise'a. Obydwaj ci uczeni toczyli bowiem niezwykle ostre spory. Nie uniknął niebacznego zaangażowania się w nie nawet tak pozostający

[30] G. Cohen, *op. cit.*, s. 311—333.
[31] H. G. Moskorzowski, *op. cit.*, s. 150.
[32] *Katalog książek... Jana III*, s. 36.
[33] G. Cohen, *op. cit.*, s. 275—292.
[34] *Katalog książek... Jana III*, s. 24.

na uboczu Kartezjusz, ściągając na siebie kalumnie zacietrzewionego rodaka — Saumaise'a. W 1644 r. władze uniwersyteckie zobowiązały obydwóch filologów do podpisania oficjalnego „zawieszenia broni". Zapiekłe urazy nigdy jednak między nimi nie wygasły.

Drugim obok Saumaise'a profesorem w Lejdzie, z którym zetknęli się Sobiescy był również Francuz, „Rochel, zowią go Jarici", jak niezbyt precyzyjnie zapisał Gawarecki. Łatwo go jednak zidentyfikować, gdyż autor naszej relacji zaznaczył, że był to jezuita, którego względy ambicjonalne świeżo przywiodły do apostazy. Chodzi o Piotra Jarrige'a, ex-jezuitę z konwentu w La Rochelle, który między 1647 a 1650 r. przebywał w Lejdzie, by następnie powrócić znów do zakonu i osiąść w Antwerpii. Sobiescy nie wiedzieli zapewne, że został on w okresie apostazy zaocznie skazany we Francji na powieszenie i spalenie. W roku następnym miał ogłosić w Lejdzie ostry antyjezuityk. Jego powrót do katolicyzmu wywoła znów później falę pamfletów kalwińskich[35]. Pod jego to kierunkiem jako „najwymowniejszego męża" ćwiczył się w Lejdzie w elokwencji Moskorzowski wraz z grupą kolegów — elblążan, torunian i szlachty z Holandii i Szkocji.

Zwiedzając Akademię, Sobiescy oglądać musieli i jej ogromną bibliotekę, o której Gawarecki osobno jednak nie wspomina. Natomiast Jakub Sobieski na tej książnicy skoncentrował niegdyś wyłącznie swoją uwagę, pisząc, że „jest napełniona księgami w rozmaitych gałęziach nauk i językach, księgami hebrajskimi, chaldejskimi, syriackimi, perskimi, arabskimi i naszemi słowańskimi". Moskorzowski zaznacza, że podwalinę stanowiły zbiory Scaligera. Dzięki kontaktom handlowym Prowincji ze Wschodem Lejda mogła się stale rozwijać jako centrum filologii orientalnej. Sobiescy mieliby tu okazję błysnąć swoją znajomością języka tureckiego, zdobywaną już w Krakowie od Francuzika Rocha, urodzonego w Konstantynopolu. W Hadze poznali kasztelanice niejakiego pana Hage, który kilka lat wcześniej, wracając „z Turek przez Polskę", podejmowany był z honorami przez Jakuba Sobieskiego w Żółkwi. Do tej postaci jeszcze powrócimy.

Lejda stanowiła ponadto najważniejsze wówczas centrum teologii kalwińskiej. W czasie między pierwszym a drugim przejazdem i pobytem Sobieskich w Holandii, na wiosnę 1647 r., zaatakowano stąd ponownie Kartezjusza, mimo że w tym mieście miał szczególnie wielu przyjaciół i znajomych. Rozgoryczony tym filozof przypominał wówczas, że bardzo wielu Francuzów przelało krew w walce o wyzwolenie Niderlandów spod władzy hiszpańskiej Inkwizycji i że on również „nosił broń" dla tej sprawy. Nie mógł się pogodzić z tym, że jego dzieła nie mające nic wspólnego z teologią były przedmiotem osądu i potępienia ze strony

---

[35] C. Sommervogel, *Bibliothèque de la Compagnie de Jésus*, Bruxelles 1893, t. IV, szp. 752—757.

teologów kalwińskich. „Całkowita wolność” i „doskonały spokój ducha”, które, jak mu się zdawało, znaleźć mógł tylko w tym kraju, zaczęły okazywać się iluzoryczne. Wyjeżdżając w czerwcu 1647 r. do Francji, nosił się nawet z myślą opuszczenia Prowincji, rychło jednak zatęsknił znów za swą „holenderską pustelnią”.

W relacji Gawareckiego mamy jeszcze wzmiankę o zwiedzaniu sławnej lejdejskiej oficyny Elzewirów. „Typographia toto orbe praestantissima” według słów Ogiera, mieszcząca się na terenie Uniwersytetu, dopełniła obrazu „Batawskich Aten” w oczach Sobieskich.

Oprócz trzech ośrodków uniwersyteckich — Groningi, Utrechtu i Lejdy (przez Franeker i Harderwyk Sobiescy nie przejeżdżali), mogli się peregrynanci zetknąć z innymi, półwyższymi szkołami w Niderlandach Północnych. Niewykluczone, że np. w Bredzie przyciągnęła ich uwagę świeżo w 1646 r. założona szkoła — Illustris Schola Auriaca, gimnazjum fundowane przez książąt orańskich. Na wieść o jej założeniu Kartezjusz ucieszył się, że oto będą „rozkwitać nauki w mieście, w którym niegdyś był żołnierzem”. Od początku liczyła ona w swych szeregach uczniowskich również i przybyszów z Polski[36]. Dziennik Gawareckiego nic nam na ten temat nie mówi, gdyż urywa się na samym przybyciu do Bredy. Sobiescy bawili tu zapewne zresztą krótko, gdyż spieszno im było już z powrotem do Polski.

Żadnego z uniwersytetów holenderskich, choć tak wówczas prężnych i przyciągających również młodzież z Polski, Jakub Sobieski nie wybrał jednak dla swych synów. Dłuższy ich pobyt i studia zlokalizował on w dworskim ośrodku — Hadze.

3. W KRĘGACH DWÓCH HASKICH DWORÓW

W porównaniu z innymi miastami Republiki, imponującymi cudzoziemcom tętnem rzemieślniczego i handlowego życia, Haga odznaczała się zupełnie specyficznym, odmiennym charakterem i klimatem. Siedzibę książąt orańskich, Stanów Generalnych i ambasad obcych państw tworzyły wtopione w zieleń, tchnące spokojem rezydencje. Ogier szeroko rozwodzi się nad urokiem Hagi: „I doprawdy ducha tego miejsca żadnym stosownym nazwaniem określić nie można — pisał — albowiem jakże zwać wsią to, co przewyższa rozległość i świetność wielu miast, jakże nazwać miastem to, czego nie otaczają żadne mury, żadne wały, gdzie w jakąkolwiek stronę byś stąpił, trawnik, gdziekolwiek byś

---

[36] S. K o t, *Polen in Breda in de 17e eeuw*, „Jaarboek en Registers van de Geschieden Oudheidkundige Kring van Stad en Land van Breda”, Breda 1954, s. 91—114.

spojrzał — wszędzie otwarty powietrzny widok, a w nim drzewa, w nim strugi wodne, w nim rzeczy oczom lube a niczego natomiast, co by trąciło wrzawą i niespokojnością miejską". Podobnie pisał o niej Jakub Sobieski: „Hagę samą zowią tam wsią lubo za barzo ozdobne miasto stoi, dlatego że nie ma murów, nie ma bram, wjedzie i wyjedzie kto chce, skąd też chce, ale w niej budowania piękne, pałace ozdobne". Po podróży Jakuba pałaców tych przybyło niemało i Haga nie tracąc swego charakteru, zyskała na przemyślanej i kosztownej rozbudowie[37].

Wprawdzie tuż po swym przybyciu Sobiescy nie mogli ocenić w pełni uroków Hagi, gdyż znaleźli się tu późną jesienią, 27 listopada 1647 r. „Stanęliśmy gospodą, którą już był najął pan Lisowski, au Franchise regter" — a więc Pod Wolnym Jeźdźcem — czytamy u Gawareckiego. W dwa dni potem zachorował starszy z braci: „Alteracyja przypadła JMci P. Markowi, którego aż przez niedziel cztery trzymała". Z kolei wydarzyło się prawdziwe nieszczęście — ostatniego lutego 1648 r. zmarł pan Orchowski: „którego potym pogrzeb 3 Martii w kościele kalwińskim publice odprawiony był wedle zwyczaju tej nacyjej". O pogrzebach kalwińskich, bez śpiewów i przemów („nihil canunt neque dicunt") wspominają w swych relacjach Ogier i Wąsowski. Pogrzeb Orchowskiego zgromadził wszystkich Polaków, także z pobliskiej Lejdy — przybył nań również Moskorzowski ze swymi przyjaciółmi.

Był to więc w sumie okres niewesoły i dlatego też zapewne u Gawareckiego nie znajdujemy żadnego śladu współudziału Sobieskich w zimowych uciechach, gdy zamarznięte kanały stawały się miejscem przejażdżek saniami i zbiorowych ślizgawek na łyżwach. Może i naszym peregrynantom nie służył wilgotny miejscowy klimat, na który bardzo uskarżali się mieszkający tu Francuzi. Saumaise za jedyną niedogodność Holandii uważał to, że zima panuje tu cztery miesiące, a zimno osiem. Kartezjusz mimo to przenosił jednak Holandię nad Włochy, twierdząc, że upału nie złagodzi skutecznie żaden cień ni fontanna, podczas gdy przed mrozem może ochronić ciepło ognia. Młodzi Sobiescy zimową porę strawili przede wszystkim na intensywnych studiach, o których będzie poniżej mowa, tak że na poznanie Hagi i jej okolic przypadł czas dopiero na wiosnę.

Wtedy to zaprezentowała się im ona w pełni swej krasy. Oprócz „staroświeckiego" pałacu książęcego stanowiącego też siedzibę Stanów Generalnych, a położonego nad wielkim stawem w samym sercu Hagi, było tu na każdym kroku „wiele zacnych pałaców, kamienic i ogrodów". Gawarecki, jak i inni, nie mógł się dość nachwalić „przechadzek pomiędzy drzewami proporcjonalnie sadzonymi, uciesznych zwłaszcza w lecie, prawie jakoby w lesie mieszkał". Dodawał też, że „kanały są zacnie

---

[37] P. Z u m t h o r, *Życie codzienne w Holandii w czasach Rembrandta*, Warszawa 1965, s. 29.

obmurowane. Porządek we wszystkim wielki zachowują i zawsze spokojnie". Najwięcej miejsca, i słusznie, poświęcił pałacowi księcia Jana Maurycego, gubernatora Brazylii (Mauritshuis), położonemu przy świeżo wytyczonej Esplanadzie (Plein). Pałac ten wraz z usytuowanym opodal pałacem Huygensa (ten ostatni do dziś nie zachowany) ukończone zostały ok. 1640 r. Inicjowały nowy styl w architekturze holenderskiej, styl zdecydowanie klasycyzującego baroku, wykrystalizowany wcześniej od podobnego stylu Ludwika XIV we Francji. Zaprojektował je młody architekt, Jakub van Campen, o którym była już mowa w związku z teatrem i ratuszem w Amsterdamie. Uderzały one prostotą brył, monumentalnością podziałów, dyskrecją zewnętrznej ornamentyki, wewnętrzną funkcjonalnością, świetlistością i przepychem. Gawarecki zauważył, że pałac księcia jest „nową proporcyją murowany". O wnętrzach zanotował: „Pokoje każdy ma swe osobne obicie [...] w jednym pokoju stół, ława, krzesło niemałe, moździerz z tłukiem i szkatuła, wszystko z kości słoniowych".

Zwiedzali też położone dalej rezydencje książęce — „pałac nowo zmurowany piękny", zapewne Huis ten Bosch, Rijswick (dziś już nie istniejący) i Honselaardijk, otoczone wielkimi założeniami ogrodowymi. O pierwszym Gawarecki zapisał, że jest to „barzo rzecz godna widzenia, w jakiej jest proporcyjej, kosztem wielkim [...] z pokojami kosztownemi". Drugi pałac wzbudził jego uznanie zwłaszcza przez swoje otoczenie. „Ogród jest barzo zacny — czytamy w diariuszu — i z grotami, przechodzki kosztowne i źwierzyniec".

W Hadze na ulicach i placach rozbrzmiewał wszędzie język francuski. Ogier słyszał śpiewane po francusku piosenki i stwierdzał, że nawet „trabanci i słudzy naokoło mówią po francusku". Jakub Sobieski, wspominając wizytę u księcia Maurycego, zaznaczał, że mówił on tym językiem jak rodowity Francuz. Dlatego też w instrukcji paryskiej zalecał synom pilną naukę francuskiego: „Niderland wszytek, i hiszpański i olenderski mówi tymże językiem, dwory brukselski i w Hadze tymże językiem mówią". Z tego też powodu dłuższy pobyt w Holandii zaplanował na później, po okresie studiów we Francji (w wielu innych wypadkach, np. Moskorzowskiego, droga peregrynacji miała odwrotny kierunek). Dzięki posiadanej już znajomości francuskiego młodzi Sobiescy od razu mieli otwartą drogę do nawiązania tu rozlicznych kontaktów.

Od samego początku swego pobytu w Hadze składali więc oni szereg wizyt. Przypomnijmy zalecenie Jakuba z instrukcji paryskiej, aby synowie pilnie obserwowali i utrwalali sobie „ingenia, qualitates principum et procerum aulae, także status kożdego dworu", na jakim mieli się znaleźć. Tuż po ozdrowieniu Marka, na samym początku nowego roku, 2 stycznia 1648 r., zjawili się młodzi Sobiescy na dworze Wilhelma II de Nassau, księcia d'Orange. Był on czwartym z kolei od czasów powstania Republiki stadhouderem, zajmującym całkiem osobliwą w niej pozycję jako formalny głównodowodzący, a faktycznie prawie jej nie-koronowany władca[38].

Tuż przed przyjazdem do Hagi Sobiescy oglądali w Nowym Kościele (Nieuwe Kerk) w Delft wspaniały monument z czarno-białych marmu-rów i brązu, wzniesiony dla dziada Wilhelma II — Wilhelma I Milczą-cego (1533—1584), „ojca Ojczyzny", „założyciela Republiki", niezłomnego przywódcy walk niepodległościowych. Walkę tę Wilhelm przypłacił ży-ciem i zwiedzając Delft Sobiescy byli również w domu, w którym padł ofiarą zamachu hiszpańskiego szpiega, „czego po dziś dzień — notował Gawarecki — są znaki, kędy kule na wylot poprzechodziły i kędy ude-rzyły". Moskorzowski oglądał ponadto w Ratuszu malowidło przedsta-wiające scenę zabójstwa. Pomnik nagrobny, dzieło Henryka de Keysera, wzniesiono mu w latach 1614—1621 i tu chowano też jego następców[39]. Pierwszy stadhouder został wyobrażony na swym nagrobku podwójnie — w leżącej postaci zmarłego oraz siedzącej, pełnej powagi żywego wodza. Ta ostatnia poza, różna od większości posągów nagrobnych z kra-jów katolickich oraz samo usytuowanie monumentu w miejscu dawnego głównego ołtarza uderzyły peregrynantów. Wąsowski dokładnie opisał wszystkie szczegóły pomnika, wyrysował jego plan i przytoczył napis epitafijny.

Z synem Wilhelma I, księciem Maurycym (1567—1625), zetknął się dwukrotnie Jakub Sobieski. Poznał go w Bredzie, dokąd Maurycy „przy-jechał był lekko, tak jednak przecie pięknie i ozdobnie", z wizytą do swego brata (Wilhelma Filipa), pozostającego w służbie hiszpańskiej do-wódcy twierdzy, u którego właśnie bawił Jakub. Z kolei będąc w Hadze podążył prosto na dwór Maurycego; „gdym go nawiedził — wspomina — przyjął mnie bardzo ludzko". Dwór książąt orańskich początkowo przed-stawiał się skromnie i surowo. Jeszcze w latach dwudziestych arianin Krzysztof Arciszewski twierdził, że „zwierzchnimi obyczajami podobni są do arianów rakowskich"[40]. Powoli jednak ośrodek haski nabierać za-czął coraz więcej splendoru i już Jakub widział, że Maurycy „assysten-cyją miał prawie królewską przy sobie i z żołnierzów i z kawalerów różnych narodów". Wspominając dalej o radzie wojennej złożonej z ple-bejuszów, przydanej namiestnikowi, Jakub wplótł w tok swej redago-wanej w 1642 r. relacji refleksję polityczną ogólniejszej natury. „Prze-cie i za mnie — pisał cofając się myślą do 1609 r. — poczęła się jeszcze zmagać potęga domu nassauskiego, jako to Maurycego i brata jego Hen-ryka, który teraz na miejscu jego jest. I tak mądrzy politycy o Holen-drach zawsze konjektorowali [dziś powiedzielibyśmy: prognozowali —

---

[38] M. E. Grew, *The House of Orange*, London 1947.
[39] *Ibid.*
[40] A. Kraushar, *Dzieje Krzysztofa z Arciszewa Arciszewskiego*, Peters-burg 1892, s. 166.

K.T.], że będzie tam niezadługo z demokracji monarchia, chociaż się jej strzegli po te wszystkie czasy, a bodaj jeszcze i nie przyjść im na tyraństwo, bo się tak zawdy od dawnych wieków obracał tok rzeczy publicznych".

Te przewidywania Sobieskiego nie były rzeczywiście dalekie od spełnienia w czasach stadhouderatu młodszego brata Maurycego, Fryderyka Henryka (1625—1647), który żył jeszcze w czasie przejazdu Marka i Jana przez Holandię w drodze z Polski do Francji. W 1631 r. zdołał on przeforsować dziedziczność godności namiestniczej i podnieść znaczenie swej rodziny przez związek małżeński swego syna Wilhelma z córką króla angielskiego Karola I Stuarta, Marią. Po śmierci ojca w 1647 r., Wilhelm II objął więc momentalnie funkcję shadhoudera i temu to młodemu i energicznemu księciu, o dwa lata zaledwie starszemu od Marka, podążyli pokłonić się bracia Sobiescy.

Nad głową ambitnego młodego namiestnika gromadzić się jednak zaczynały chmury. Rewolucja w Anglii pozbawiła tronu jego teścia. Sobiescy byli świadkami przybycia do Hagi księcia Yorku, który „uciekł do Holandyjej z więzienia" w maju 1648 r. i złożyli mu wizytę wspólnie z ambasadorem francuskim. Sam Wilhelm II popadł w ostre spory ze Stanami Generalnymi na tle rèdukcji liczby wojska po zawarciu pokoju westfalskiego. Przerwie je nagła, przedwczesna jego śmierć w 1650 r. Po niej urząd stadhoudera ulegnie zniesieniu na dwadzieścia dwa lata. Gdy odżyje, przyjdzie nawet czas, że Wilhelm III osiągnie koronę angielską, a będzie się to działo jeszcze za życia Jana III.

Gawarecki nie jest niestety równie wymowny, jak Jakub Sobieski i w przeciwieństwie do niego nie zanotował nic z rozmów młodych Polaków z księciem i jego otoczeniem. Ze wspomnień Jakuba wiemy zaś, że Maurycy „wypytywał się ciekawie o królu jmci, naonczas Zygmuncie trzecim" i zmarłym niedawno Zamoyskim. Rozmawiał też o „stanie rzeczpospolitej naszej, smakując i pochwalając nam wolność naszą". Podobnie mogła się kształtować rozmowa Marka i Jana Sobieskich z Wilhelmem II, dotyczyć Władysława IV i mężów stanu jego doby, choć młodemu namiestnikowi mogło brakować takiego rozeznania, jakie posiadał jego stryj. Sobiescy byli natomiast w tym mniej więcej wieku, co ich ojciec w czasie swojej wizyty w Hadze (jeden był o rok starszy, drugi o rok młodszy) i musieli już posiadać jak on gotowość udzielania informacji o swej ojczyźnie w duchu ówczesnych klasyfikacji ustrojowych.

Oprócz Wilhelma II Sobiescy „witali [...] inszych zacnych paniąt mieszkających u dworu". Przedstawili się więc „księciu portugalskiemu", może synowi Jana IV, spokrewnionego z Orańczykami, panującego od 1640 r. w uniezależnionej świeżo od Hiszpanii Portugalii. Poznali również jeszcze jednego członka rodziny książęcej, wspominanego już gubernatora Brazylii, Jana Maurycego. W dalszej kolejności poznali „sztadów niektórych", czyli członków Stanów Generalnych. Spośród nich Gawarecki wymienił „M. Hage", dodając, że gdy powracał on z Turcji, zatrzymał się u Jakuba Sobieskiego w Żółkwi. Mógł to być więc Cornelis Haga, pełniący w latach 1611—1639 funkcję ambasadora Republiki w stolicy Porty. W 1645 r. został przewodniczącym Wysokiej Rady (Hoge Raad) Holandii i Zelandii, był zatem jednym z najwyższych urzędników w Prowincjach[41].

Kasztelanice złożyli ponadto wizytę admirałowi Marcinowi Trompowi, sławnemu zwycięzcy floty hiszpańskiej. Jego śmierć w 1653 r. wyznaczy kres holenderskiej hegemonii na morzach (świadkami pogrzebu Trompa będą Grudzieńscy z Wąsowskim).

Można przypuszczać, że w ciągu półrocznego pobytu w Hadze Sobiescy znaleźli sposobność do zetknięcia z innymi jeszcze postaciami, znaczącymi tak pod względem rangi dworskiej i państwowej, jak i intelektualnej, zgodnie z zaleceniem ojca, aby wszędzie starali się „konwersować i poznawać z wielkimi ludźmi". Taką pierwszoplanową dla całej kultury holenderskiej postacią był Konstantyn Huygens (1596——1687), pan na Zulichem, sekretarz książęcy. Jego ojciec pełnił tę funkcję u boku Wilhelma I Milczącego i Maurycego, on sam w czasach Fryderyka Wilhelma i Wilhelma II, a jeden z jego synów później za Wilhelma III. Wykształcony w Lejdzie i bywały w świecie — w Anglii, Francji i Włoszech, w ciągu swego długiego, dziewięćdziesięcioletniego żywota działał nie tylko jako czołowy dyplomata i wojownik w służbie orańskiego domu. Był płodnym poetą, piszącym po łacinie i po flamandzku. Zwłaszcza jego utwory w języku narodowym, pełne barokowych konceptów, żywych kolorów lokalnych i satyry, odzwierciedlają świetnie obyczajowość dworskiego środowiska haskiego. Amator malarstwa i protektor artystów, przez wielu z nich był portretowany. Rembrandt uwiecznił go ze zwojem nut w ręku. Komponował bowiem i sam biegle grał na organach i lutni. Jego zainteresowania rzymską teorią architektury i współczesnymi północnowłoskimi willami, ukierunkowały ku tymże źródłom budownictwo holenderskie. Uwidoczniony najwcześniej w jego haskiej rezydencji powstawał nowy styl klasycyzujący, o którym już wspominaliśmy. Dociekania w zakresie matematyki, optyki, mechaniki i chemii, jakie znamionowały również Huygensa stawały się źródłem podniet dla wielu ówczesnych uczonych z Kartezjuszem na czele. Huygens był dlań najwierniejszym i najlepszym przyjacielem na terenie Holandii. Po pierwszym zetknięciu z filozofem, które nastąpiło

---

[41] Za zidentyfikowanie tej postaci wdzięczna jestem p. W. Frijhoffowi, który znalazł dane o niej w *Repertorium der Nederlandse vertegen woordigers residerende in het buitenland 1584—1810*, samengesteld door O. Schutte, La Haye 1976, s. 302—304.

w Lejdzie w 1632 r. za pośrednictwem Goliusa, Huygens pisał, że „prześladuje go postać niezwykłego Francuza, przyjaciela" („secuta me imago est mirabilis Galli, amici"). Wkrótce stał się jego korespondentem, jednym z pierwszych czytelników dzieł w rękopisach i protektorem na dworze haskim[42]. Kształcenie dwóch starszych synów Huygensa — Konstantyna i Chrystiana — stanowić może, jak zobaczymy, cenne tło porównawcze oraz źródło uzupełnień w rekonstrukcji studiów Sobieskich, zważywszy, że byli oni równolatkami Marka i Jana. Chrystian urodzony tak jak Jan w 1629 r. (zakończy życie rok wcześniej), stanie się w przyszłości „wielkim Huygensem", „drugim Kartezjuszem", sławnym uczonym, przede wszystkim fizykiem[43].

Dodajmy, że na dworze haskim doradcą książęcym był szwagier Huygensa, Dawid Le Leu de Wilhelm, również znajomy i korespondent Kartezjusza. Wedle słów filozofa (w liście z 12 grudnia 1633 r.) wszyscy członkowie tej rodziny odznaczali się „rzadkimi i nadzwyczajnymi zaletami". W czasie pobytu Sobieskich w Hadze inny jeszcze przyjaciel Kartezjusza zajmował na dworze ważną pozycję. Był nim marszałek dworu księżny-wdowy, Amalii de Solms, Alfons Pollotti (Pollot), włoski emigrant religijny. I on był częstym gościem u filozofa, czytelnikiem rękopisów, później zaś inicjatorem wydań pośmiertnych. Z ramienia dworu przedstawił Kartezjuszowi do rozwiązania problemy z dziedziny inżynierii wodnej i prawa w 1642 i 1644 r. „Walczy za mnie bardziej niż by to czynił brat", pisał o nim filozof 15 listopada 1642 r. w okresie swych zatargów z teologami uniwersyteckimi.

Co prawda, na dworze haskim nie wszyscy byli entuzjastami Kartezjusza. Nie był nim ówczesny sławny kaznodzieja, francuski kalwin, Andrzej Rivet, poprzednio profesor teologii w Lejdzie. Jego *Opera theologica* wydane w Rotterdamie w latach 1651—1660 znajdą się w bibliotece Jana III[44]. W latach 1639—1646 był Rivet guwernerem młodego Wilhelma II, zaś od 1646 r. jednym z trzech kuratorów Scholae Illustris w Bredzie. Temu swemu rodakowi Kartezjusz nie ufał, wiedząc dobrze, że „żaden z ministrów tego kraju nie jest jego przyjacielem" (list z 1 marca 1638 r.). Rivet nie okazał się jednak dla niego groźny — stały korespondent oddanego filozofowi ojca Mersenne'a z Paryża poprzestał na podjudzaniu przeciw niemu Gassendiego. Zwolennicy i pro-

---

[42] W. Ploeg, *Constantijn Huygens en de naturweteschappen*, Rotterdam 1934; E. K. Sass, *Comments on Rembrandt's Passion Paintings and Constantin Huygens's Iconography*, Kobehavn 1971, s. 39—74. Korespondencję z Kartezjuszem wydał wraz z cennym komentarzem L. Roth, *Correspondence of Descartes and Constantyn Huygens 1635—1647*, Oxford 1926. Weszła ona z kolei do wydania korespondencji Kartezjusza Ch. Adama i G. Milhauda (*op. cit.*).

[43] H. J. M. Bos, *Christian Huygens — a biographical sketch*, w: *Studies on Christian Huygens, Invited papers from the Symposium on the Life and Works of Christian Huygens, Amsterdam 22—25 August 1979*, Lisse 1980, s. 7—16.

[44] *Katalog książek... Jana III*, s. 79.

tektorzy Kartezjusza zdecydowanie więc przeważali w Hadze. Za ich też sprawą interwencja Fryderyka Henryka „uciszyła burze" rozpętane przeciw niemu w Utrechcie i Lejdzie.

Sam Kartezjusz określał dwór orański jako „jeden z najbardziej ogładzonych w Europie" („,une des plus polies de l'Europe")[45]. Ogier zapewniał, że można tu znaleźć wszystko, co dotyczy „wykształcenia i uprzejmości" („humanitatis urbanitatisque") i co przyczynia życiu powabu i wygody. „Doprawdy, komu miłe obywatelskie i dworskie obyczaje — pisał — ten się przed dłuższym tu pobytem wzdragać nie będzie". Około 1640 r. Haga stała się rzeczywiście jednym z najgłośniejszych ośrodków dworskich Europy, szkołą młodych książąt i dworzan. W 1648 r. bracia Sobiescy znaleźli się tu w okresie najwspanialszego, choć krótkotrwałego rozkwitu tego centrum.

Z dziennika Gawareckiego wiemy, że w Hadze Sobiescy zetknęli się nie tylko z dworem orańskim, ale jeszcze jednym, osobliwym dworem. Choć brakowało mu bogatej oprawy, był to dwór wyższy nawet rangą, bo królewski i z tego zapewne względu Sobiescy skierowali nań swe kroki najpierw, jeszcze przed wizytą u Wilhelma II. Był to dwór królowej czeskiej, Elżbiety (1596—1662). Córka króla angielskiego Jakuba I Stuarta, siostra Karola I, była żoną Fryderyka V Wittelsbacha, najpierw elektora Palatynatu, a z kolei również „zimowego króla Czech", niefortunnej postaci wojny trzydziestoletniej. Elżbieta przyczyniła się niegdyś wielce do nakłonienia męża, by sięgnął po koronę i objął przywództwo sił protestanckich w Europie. Koronowana wraz z nim w Pradze w 1619 r., po klęsce na Białej Górze musiała odtąd dzielić jego tułaczy los. Fryderyk wyzuty nawet z dziedzicznego Palatynatu, błąkał się po Śląsku i Brandenburgii, aż znalazł wreszcie azyl u rodziny swej matki, książąt orańskich w Hadze. Dalsze wędrówki polityczne i wojenne przerwała mu śmierć w 1632 r. W Hadze pozostała wdowa po nim, obarczona trzynaściorgiem dzieci. Choć zależna zawsze od bogatych krewnych, zmuszona prowadzić życie nieraz bardzo skromne, niemal w wymiarach holenderskiej mieszczki, Elżbieta nie traciła nadziei na lepszą przyszłość. Od 1635 r. tytuł książęcy zastąpiła na nowo tytułem królewskiego majestatu. Pokój westfalski miał wkrótce przywrócić jej synowi, Karolowi Ludwikowi, Dolny Palatynat z godnością elektora. Zanim to jednak miało nastąpić, los nie szczędził w latach czterdziestych Elżbiecie i jej dzieciom szeregu niepowodzeń i ciosów.

Elżbieta i jej rodzina dobrze była ze słyszenia znana młodym Polakom. Sobiescy wiedzieli na pewno o wizycie złożonej niegdyś przez ich ojca Jakuba królewnie angielskiej w Londynie w 1609 r., szeroko

---

[45] R. Descartes, *Correspondance...*, t. I, s. 244. O roli haskiego dworu w tym czasie zob. P. J. Block, *Geschichte der Niederlande*, Gotha 1910, t. IV, s. 393.

i zabawnie przez niego opisanej[46]. Ojciec jej żywił wówczas nadzieje na wydanie córki za królewicza polskiego Władysława (królewna liczyła lat trzynaście, królewicz czternaście). Skoro więc zjawili się goście z Polski — marszałek wielki koronny Zygmunt Myszkowski, w którego otoczeniu znajdował się również i Jakub Sobieski, przyjęto ich bardzo uprzejmie. Ochmistrz Elżbiety zapytał marszałka, jakim językiem chce rozmawiać z królewną, włoskim, francuskim czy łacińskim, gdyż w każdym z nich potrafi mu ona odpowiedzieć. Italofil Myszkowski wybrał język włoski, a królewna mu odpowiedziała „dosyć głośno i z prezencyją pańską i z animuszem pańskim". Rozmowa zeszła oczywiście na temat królewicza polskiego i prowadzona była w swobodnym, żartobliwym nawet tonie. Ochmistrzyni Elżbiety, „nie młoda jakaś białogłowa, ale dosyć bezpieczna", poczęła pytać: „Wielki królewic jmć wasz polski? Widzicie waszmość, jak królewna nasza jejmość i pięknego wzrostu, a pewnie niezmyślonego". Na dowód „podniosła szaty królewnej aż do pół kolana, ukazując, że nie ma wysokich trzewików". Myszkowski, Sobieski i inni Polacy zobaczyli „pończoszkę błękitną, złotem tkaną, podwiązki błękitne złotem tkane, trzewiczek biały niziusieńki". Po tej demonstracji podjęto ich bankietem.

Projekt małżeński pojawił się rzeczywiście w latach trzydziestych, ale w odmiennej konfiguracji. Władysław IV, tuż po wstąpieniu na tron, chcąc zdobyć sympatię protestantów, zwłaszcza Szwedów, upatrzył sobie na żonę najstarszą córkę i imienniczkę królowej czeskiej — Elżbietę (1618—1680). Gdy sejm polski i Rzym sprzeciwiły się zdecydowanie związkowi z kalwinką, Władysław wysuwał propozycje przejścia Elżbiety na katolicyzm. Dwukrotnie wyprawiał się do Holandii, Anglii i Francji wspomniany poseł polski, Jan Zawadzki. Gdy w lipcu 1636 r. Ogier bawił w Hadze, słyszał właśnie od Riveta słowa pełne oburzenia z powodu tych propozycji. Była to już wówczas zresztą tylko gra polityczna. Władysław szachował przez pewien czas dom habsburski, z którego ostatecznie wziął swoją pierwszą żonę. Księżniczka Elżbieta straciła szanse zostania polską królową, a Polska posiadania na swym tronie jednej z najwybitniejszych postaci kobiecych XVII w.

Ogier szczerze podziwiał obydwie Elżbiety — matkę i córkę. Królowa była „urodziwa, z francuska się nosząca, o bardzo miłym obejściu", córka jej „bardzo piękna, choć śniada, wspaniałej postawy, nader pociągającego, jak wieść niesie, usposobienia, wiele znająca języków, każdego króla w końcu całkowicie godna". Elżbieta młodsza jednakże małżonka w ogóle w życiu nie znalazła. Ostatecznie zostanie opatką luterańskiego klasztoru w Herford w Westfalii. Przejdzie natomiast do historii przede wszystkim jako „intelektualna miłość Kartezjusza", jako ta, która pierw-

---

[46] Jakub Sobieski, *Dwie podróże...*, s. 18—20.

sza zrozumiała jego myśl filozoficzną[47]. Oficjalnym, współczesnym tego wyrazem była dedykacja *Principia philosophiae* w 1644 r. Dwudziestowieczne edycje odsłoniły ujmującą, prywatną korespondencję księżniczki z filozofem i dzieje ich pełnej dystansu, ale i ciepłych rysów przyjaźni.

Gdy na początku 1648 r. Sobiescy „witali Ich Mć królową czeską i z córkami", jak zapisał Gawarecki, nie było już niestety w ich gronie Elżbiety. Niejasna intryga, w której głównymi winowajcami byli jej siostra Ludwika Hollandyna i brat Filip, skłoniła ją w sierpniu 1646 r. do opuszczenia Hagi i przeniesienia się na dwór ciotki elektorowej brandenburskiej, do Berlina. Wraz z Elżbietą wyjechała również i druga jej siostra, Henryka Maria, wkrótce żona Zygmunta Rakoczego (zainteresowana później m.in. reformami Komeńskiego w Sarospatak). Przy matce pozostała wspomniana Ludwika oraz Zofia, przyszła księżna Brunszwiku, w owym zaś czasie pośredniczka w wymianie korespondencji między Elżbietą i Kartezjuszem (później sama korespondentka Leibniza). Synowie królowej Elżbiety zdążyli też już rozjechać się po świecie. Jeden z nich, Edward, przysporzył niemałego zmartwienia rodzinie. Przeszedł bowiem we Francji na katolicyzm i poślubił wiosną 1645 r. Annę Gonzagę, młodszą siostrę Marii, która wkrótce potem została polską królową. Gdy ta, jadąc przez Holandię pragnęła poznać, słynącą już szeroko z niepospolitej umysłowości siostrę swego szwagra, Elżbietę, niedoszłą kandydatkę do polskiej korony, księżniczka, szczerze rozżalona odstępstwem brata (czemu dawała wyraz w listach do powiernika-Kartezjusza), uchyliła się jednak od spotkania ze szczęśliwszą od siebie wybranką króla polskiego.

Dwór królowej czeskiej, który „tak pachnie Francją jak sam Paryż", wedle słów Ogiera, skromny, ale szczególnie wykwintny i owiany wysublimowaną atmosferą intelektualną, przyciągnął silnie młodych Sobieskich. Gawarecki podkreśla bowiem, że właśnie na tym dworze „częstokroć potym przebywali".

Wśród osób, które Sobiescy poznali w Hadze, znajdowali się ponadto „ambasadorowie różnych państw". Weszli w kontakt oczywiście „z rezydentem króla naszego Jego Mości, z Prus", którym od lat co najmniej dziesięciu był Mikołaj de Bye[48]. Na placówce tej pozostanie on aż po lata sześćdziesiąte, nieraz narażony wraz z rodziną na nędzną wegetację wobec niewypłacalności skarbu polskiego w wojennych czasach. Z obcych ambasad Sobiescy złączyli się bliżej z ambasadą francuską i skupionym wokół niej środowiskiem (tylko w prywatnych domach ambasadora

---

[47] L. Petit, *Descartes et la princesse Elizabeth, roman d'amour vécu*, Paris 1969.

[48] W. Czapliński, *De Bye Mikołaj*, „Polski Słownik Biograficzny" t. III, Kraków 1937, s. 160.

francuskiego i weneckiego, jak wspominał Jakub, dozwolone było odprawianie nabożeństw katolickich). Ambasadorem francuskim był, wymieniony nazwiskiem przez Gawareckiego, Gaspard Coignet de la Thuillerie, pełniący tę funkcję w latach 1640—1644 i 1646—1648. Urząd sekretarza ambasady i rezydenta francuskiego w Hadze pełnił niejaki Brasset. Dom jego odznaczał się szczególną gościnnością i bawił w nim nieraz Kartezjusz. Do Brasseta też uciekał się w pierwszym rzędzie w kłopotach, jakie go spotykały. Niewykluczone, że dom ten otwarty był również dla szerszych kręgów frankofilów, a tym samym dla przybyłych z Francji polskich peregrynantów. Jest to tym bardziej prawdopodobne, że na okres pobytu Sobieskich w Hadze przypadł przejazd posła francuskiego (w kwietniu 1648 r.), Ludwika hrabiego d'Arpajon, wiozącego Order Św. Ducha Władysławowi IV (orderu tego nie zdążył już jednak otrzymać król polski przed swą śmiercią, która nastąpiła w maju). Do Polski wybrał się wraz z posłem syn ambasadora de la Thuillerie. O wszystkim tym donosił Brasset w listach pisanych do ambasadora francuskiego w Polsce, hrabiego de Brégy[49].

4. W ZASIĘGU MYŚLI „UKRYTEGO FILOZOFA"

Sam dłuższy pobyt Sobieskich na ziemi holenderskiej, współczesny z pobytem Kartezjusza, o którym tylokrotnie przyszło nam już wspominać, wśród fermentu, jaki jego myśl szerzyła tu najwcześniej i najsilniej, zda się przemawiać dostatecznie za tym, że postać filozofa nie mogła pozostać nieznana młodym kasztelanicom. Słyszeć o nim mogli w zwiedzanych ośrodkach uniwersyteckich, a na pewno w środowisku haskim, gdzie tak wielu było ludzi, którzy przyjaźnili się, podziwiali i osłaniali francuskiego myśliciela. Choć główny nauczyciel Sobieskich w Hadze, jak zobaczymy, zapisał się dla potomnych mało chwalebną polemiką toczoną z Kartezjuszem, to i tą drogą, poprzez echa przebrzmiałych już zresztą sporów, dotrzeć mogło do młodych Sobieskich jego nazwisko.

Kartezjusz przyjął co prawda dewizę: „Dobrze żył ten, kto dobrze się ukrył" („Bene vixit qui bene latuit"). Z tą też myślą osiedlił się w Holandii, wyszukując sobie różnego rodzaju samotnie. Mógł nią być zresztą sam rojny Amsterdam, już to peryferie miast uniwersyteckich, już to całkiem ustronne rezydencje. Filozof szukał spokoju, mimo swego „ukrywania się" utrzymywał jednak zawsze kontakty z gronem wybranych przyjaciół, które z czasem ciągle się poszerzało. Wielu ludzi zdołało się też przewinąć przez zmienne miejsca pobytu Kartezjusza, a nie-

---

[49] Rkps 17900 Fonds Français Bibl. Nat. w Paryżu, k. 143, 147, 162 ,213.

którzy uciekali się nawet do forsowania drzwi. Było wśród tych nieproszonych, ale w końcu nieraz miło przyjętych gości, sporo ludzi młodych. Kartezjusz okazywał poza tym zawsze życzliwe zainteresowanie tokiem studiów i postępami synów przyjaciół (np. Huygensów), a nawet mało znanych, przypadkiem poleconych studentów.

Nie mamy wprawdzie żadnego dowodu wskazującego na spotkanie Sobieskich z Kartezjuszem. Nie byłoby ono łatwe, ale też i nie całkiem niemożliwe[50]. Wśród ludzi, którym udało się do niego dotrzeć, wyśledzić można i Polaków, także ludzi młodych. Przypomnijmy, że sam Kartezjusz podczas swej młodzieńczej wyprawy w 1619 r. planował przejazd przez Polskę i przynajmniej na Pomorze chyba rzeczywiście dotarł. W krótką podróż z Holandii do Belgii, najpewniej w 1637 r., wyruszył w towarzystwie jakiegoś „szlachcica polskiego" („accompagné d'un gentilhomme Polonais"), biorącego żywy udział w dyskusjach toczonych wówczas w Brukseli. W 1642 r. złożył wizytę Kartezjuszowi w Endeegest pod Lejdą czeski uczony działający wówczas w Polsce — Jan Amos Komensky. Nie doszła do skutku niestety zapowiedziana w tymże roku wizyta lekarza Władysława IV, Andrzeja Knöffela, który chciał poznać wszystkich czołowych uczonych w Republice. Z niewiadomych przyczyn Knöffel opuścił Prowincje i wcześniej powrócił do Polski. Cztery lata później przemierzał on znów Niderlandy dwukrotnie w orszaku posła Opalińskiego. Pamięć o holenderskich kontaktach ojca przechować mógł jego syn, Andrzej Knöffel młodszy, późniejszy lekarz Jana III.

Może zetknął się z filozofem Jan Ludwik Wolzogen, baron austriacki, ariański emigrant osiadły w Polsce i korzystający tu z opieki Krzysztofa Opalińskiego. Towarzyszył swemu protektorowi w poselstwie po Ludwikę Marię, a w drodze powrotnej jako żywy zastaw za długi Opalińskiego pozostał na kilka miesięcy w Amsterdamie. Z tego czasu datuje się jego list o tematyce matematycznej, publikowany w roku następnym przez Jana Pella (*Controversiae*, Amsterdam 1647) w zbiorze listów matematyków z różnych krajów, wśród nich także i Kartezjusza.

W dziesięć lat później Wolzogen zabierze zresztą głos krytyczny pod adresem Kartezjusza, publikując swoje *Breves in Meditationes methaphisicas Renati Cartesii annotationes* (Amsterdam 1657).

Wiemy też o młodych ludziach, zainteresowanych już w tym czasie myślą Kartezjusza. W 1644 r. francuski uczony, Samuel Sorbière, spotkał w Amsterdamie polskiego szlachcica tuż po studiach teologicznych odbywanych we Francji, obeznanego z filozofią i pasjonującego się „rozważaniem spraw natury według metody pana Descartes". W 1649 r. dotrze do Kartezjusza i będzie rozmawiał z nim o ruchu ziemi młody

---

[50] Zagadnieniu temu poświęciłam osobne studium — K. T a r g o s z, *Wokół „ukrytego filozofa"*...

arianin, Stanisław Lubieniecki młodszy, wspomniany już przez nas kilkakrotnie krewny Sobieskich.

Nie zbywa więc na dowodach krążenia wokół filozofa, a nawet spotkań z nim szeregu osób z Polski. U schyłku lat czterdziestych, w czasie gdy Marek i Jan znajdowali się w Holandii, dwudziestoletni pobyt Kartezjusza tutaj dobiegał prawie końca. Tuż przed przyjazdem Sobieskich i on wracał z podróży do Paryża (lato—jesień 1647 r.), by osiąść w ostatniej z rzędu holenderskiej samotni, w na pół zrujnowanym zamku Egmond-Binnen. W dniu 14 stycznia 1648 r. był np. przejazdem w Hadze, odprowadzał bowiem wracającego do Francji swego przyjaciela, księdza Klaudiusza Picota. „Przyjechał nie dając się widzieć” — pisał dzień później Brasset do Riveta. Nie odwiedził nawet bliskiego mu Pollotiego, tak mu bowiem było spieszno do „kontynuowania swych marzeń”, jak tłumaczył się przed nim 7 lutego tegoż roku.

Jesienno-zimowa pora była bowiem zawsze ulubionym i najowocniejszym okresem dociekań filozofa, przetrawiającego wówczas nagromadzony w ciągu roku materiał obserwacji i doświadczeń. Chętnie przy tym wygrzewał się długo w łóżku bądź przy kominku. Szczególnie sobie chwalił w młodości niemieckie izby, ogrzewane z zewnątrz. W jednej z nich dokonał swych pierwszych matematyczno-filozoficznych odkryć („Renfermé seul dans un poêle”).

Zima przełomu 1647 i 1648 r., jak pisał ostatniego stycznia do Elżbiety młodszej i do Mersenne'a, była najspokojniejszą w jego życiu i najłagodniejszą zimą spędzoną w Holandii. W tym właśnie czasie śledził z zainteresowaniem odwróconą rurkę w naczyniu z rtęcią, nowy instrument, pierwszy barometr, jaki pojawił się w rękach fizyków najpierw we Włoszech, potem we Francji, a równocześnie i najpewniej niezależnie, także i w Polsce. Rozchodzące się z Warszawy w lecie 1647 r. pierwsze publikacje na ten temat kapucyna Waleriana Magniego wznieciły jesienią tegoż roku na terenie Francji burzę polemik, której echa odbiły się być może i o uszy naszych peregrynantów. Chodziło o tytuł pierwszeństwa w dokonaniu eksperymentu próżniowego i o jego interpretację. Kartezjusz dowiedział się o wszystkim z opóźnieniem, w czasie pobytu we Francji i choć rozgoryczony na swego przyjaciela Mersenne'a za brak informacji z tego zakresu, włączył się natychmiast w tok eksperymentowania i dyskusji. Od niego też Mersenne oczekiwał w tym czasie rozwiązania „węzła” niełatwego zagadnienia. Kartezjusz sobie też będzie rewindykował priorytet pomysłu „górskiego eksperymentu” Pascala, który dostarczy wreszcie pożądanego i nieodpartego dowodu dla zwolenników istnienia próżni w przyrodzie[51]. W ciągu 1648 r. Kartezjusz przeprowadzał ponadto najintensywniejsze w swym życiu badania nad ana-

---

[51] K. T a r g o s z, *Uczony dwór...*, s. 310; R. D e s c a r t e s, *Correspondance...* t. VIII, passim.

tomią roślin i zwierząt, zwłaszcza nad formowaniem się płodu, przerabiając dawne swe opracowania na ten temat i szkicując nowe.

Równocześnie jednak był to okres ostatecznego rozczarowania do Holandii, wywołanego przebytymi trzema zatargami z teologami uniwersyteckimi w latach 1641—1647 oraz odejściem na odrębne pozycje oddanego dotąd zwolennika, wspominanego Henryka Regiusa, profesora w Utrechcie. Przed Kartezjuszem zdawały się natomiast otwierać gdzie indziej nowe i nęcące perspektywy. Przyznano mu właśnie we Francji królewską pensję, a ze Szwecji zaczynały dochodzić wieści, że zdobył tu sobie entuzjastkę w osobie królowej Krystyny. Kilkanaście dni przed Sobieskimi, 8 maja 1648 r., Kartezjusz wyjedzie z Hagi do Paryża. Tu jednak los zgotuje mu smutne niespodzianki, jakich „cała mądrość ludzka nie byłaby w stanie przewidzieć", jak skarżył się przed księżniczką Elżbietą. Wobec wybuchu Frondy „piękny pergamin dobrze opieczętowany" z podpisem Ludwika XIV stanie się bezużyteczny. Filozof powróci raz jeszcze do Holandii. Wyprawa podjęta do Szwecji jesienią 1649 r. zakończy w zbyt ostrej dla jego zdrowia zimie życie Kartezjusza.

Mimo braku śladów osobistego spotkania przyszłego polskiego króla z „ukrytym" filozofem posiadamy jednak przesłanki przemawiające za zapoznaniem się młodego Jana z jego myślą i to głębsze, niż nieuniknione wprost osłuchanie się z wypowiedziami na ten temat na dworze Wilhelma II i Elżbiety Czeskiej. Pięć podstawowych dzieł Kartezjusza odnajdujemy bowiem w bibliotece królewskiej. Trzy z nich nie przekraczają datami wydań zagranicznych studiów Sobieskiego i mogły być zakupione właśnie wówczas za granicą. Kompletowanie dzieł o późniejszych datach świadczyłoby o ciągłości raz rozbudzonych zainteresowań. Nawet zaś w wypadku, gdyby miał on okazję nabyć dzieła filozofa dopiero w latach późniejszych, to i tak zainteresowanie nimi musiało brać swój początek w czasach haskich. Wcześniejsza czy też późniejsza ich lektura poszerzała w każdym razie i pogłębiała to, z czym niechybnie stykał się w sferach intelektualnych Hagi, gdzie przeważało zafascynowanie świeżością i odkrywczością myśli kartezjańskiej. Był to niespodziewany plon, jaki dały Sobieskim studia i pobyt w Hadze, nie przewidziany przez ich uczonego ojca Jakuba, który nie wyobrażał sobie jeszcze kształtowania wiedzy o świecie swych synów w inny sposób niż wypływało to z tradycyjnie panującego arystotelizmu.

W katalogu biblioteki Sobieskiego napotykamy przede wszystkim *Rozprawę o metodzie (Discours de la méthode pour bien coduire sa raison et chercher la verité dans les sciences)*, w pierwszej anonimowej edycji (Lejda 1637)[52]. Wedle pierwotnego zamysłu autora dzieło to miało posiadać długi, tłumaczący jego zawartość tytuł: *Projekt nauki uniwersalnej, która jest w stanie podnieść naszą naturę do rzędu najwyższej*

---

[52] *Katalog książek... Jana III*, s. 20.

doskonałości, wraz z Dioptryką, Meteorami i Geometrią, czyli najcie-
kawszymi zagadnieniami, jakie mógł wybrać autor, aby dać próbkę nau-
ki uniwersalnej przez siebie proponowanej, wyłożonymi w taki sposób,
aby nawet ci, którzy nie są uczeni, mogli je zrozumieć (Projet d'une
science universelle qui puisse élever nostre nature à son plus haut degré
de perfection, plus la Dioptrique, les Méthéores et la Géometrie ou les
plus curieuses matières que l'auteur ait pu choisir, pour rendre preuve
de la science universelle qu'il propose, sont expliquées en telle sorte que
ceux mesmes qui n'ont point estudié les peuvent entendre).

Kartezjusz pisał swe pierwsze publikowane dziełko z myślą o szerokim odbiorze. Dlatego też użył języka francuskiego, a nie uczonej łaciny. Chciał być zrozumiałym nawet dla kobiet, na których sądzie, jako
„naturalnym", nieobciążonym balastem starej wiedzy, szczególnie mu
zależało. Tak np. prosił Konstantyna Huygensa, aby rękopis *Dioptryki*
i Meteorów przeczytał nie tylko on, ale i jego żona, Zuzanna van Baerle.
Księżniczka Elżbieta wyznawała raz Kartezjuszowi z emfazą, że z lektury jego dzieł skorzystała w godzinę więcej niż z innych przez całe życie.
Wtedy to prosiła w imieniu Augusta, księcia Brunszwiku-Lüneburga,
o nadesłanie dzieł filozofa „dla ozdobienia jego biblioteki" (owej biblioteki w Wolfenbüttel, podziwianej przez Sobieskich w drodze przez Niemcy). Elżbieta wątpiła jednak, by dzieła te mogły ozdobić „zakatarzoną
mózgownicę" starego księcia, „bez reszty opanowaną pedantyzmem". Na
opiniach „pedantów", uczonych-scholastyków, Kartezjuszowi nie zależało
zupełnie przy wysyłaniu w świat pierwszego płodu swych myśli. Pragnął
zrozumienia ze strony ludzi „godnych", posługujących się „całkiem czy-
stym przyrodzonym rozumieniem" („de leur raison naturelle toute pu-
re"). Myślał o ludziach młodych i chciał, aby jego *Dioptryka* i *Meteory*
weszły do szkół jezuickich. Choć nie wszystkie poruszane przez niego
problemy były przystępne dla młodych czytelników, lektura *Rozprawy*
i towarzyszących jej esejów była dla nich bardzo atrakcyjna. *Rozprawa*
widnieje też np. w spisie podręczników zestawionych w 1641 r. dla młodych Huygensów[53].

Rozprawa rozpoczynała się wszak od ciekawej autobiografii naukowej czterdziestoletniego filozofa, krytyki panującego systemu nauczania
oraz uprzytomnienia dobrych i złych stron różnych gałęzi ludzkiej twór-
czości intelektualnej. Autor od dzieciństwa karmiony literaturą piękną,
rozmiłowany w poezji i ceniący elokwencję, spostrzegł po zakończeniu
nauki szkolnej, że pierwsza jest wynikiem talentu, a nie studiów, druga
zbyt często służy tylko pokrywaniu płytkości i braku myśli. Nie odma-
wiał wartości poznawaniu starożytnych języków i historii oraz płyną-
cych z nich podniet dla umysłu i ukierunkowania go ku wzniosłym ce-

---

[53] Ch. H u y g e n s, *Oeuvres compètes*, t. I: *Correspondance 1638—1656*, La
Haye 1888, s. 6.

164

lom. Jednocześnie jednak przestrzegał, że ciągłe obcowanie z przeszłością kryje w sobie niebezpieczeństwa takie same, jak zbyt długie podróże po obcych krajach, które w końcu mogą spowodować, że człowiek stanie się cudzoziemcem we własnym kraju. Tutaj też Kartezjusz bilansował owoc swoich podróży, korzyści wyniesionych z poznania „wielkiej księgi świata", ale i bezradności wobec zaobserwowanej zmienności i rozbieżności ludzkich poglądów i obyczajów. Zwracał się więc ku własnemu ja, by dojść do słynnego „myślę, więc jestem" („je pense, donc je suis") i do znajdowania jedynie pewnych i jasnych podstaw rozumowania w matematyce. Od sceptycyzmu więc, ale jak podkreślał, nie tylko negatywnego i burzącego, przechodził do pozytywnej części swych rozmyślań, przyrównując się do architekta, wznoszącego w miejsce chaotycznej, wielowiekowej zabudowy nowe miasto czy też nową budowlę o jasnym i jednolitym planie i wyglądzie. Wszystko to odczytywane być mogło indywidualnie także przez młodych Sobieskich, stojących już prawie u kresu swych lat nauk, studiów oraz podróży. Ojciec ochraniał ich na szczęście od początku przed przerostami formalnej i jałowej wiedzy (logiki, teologii), przed którymi intuicyjnie broniło swe latorośle wielu światlejszych ludzi. Nakreślił im wprawdzie program silnie nasycony historią i filologią. Nacisk kładł jednak, jak widzieliśmy, nie tylko na klasyczną łacinę, lecz także na języki nowożytne. Zdobywały zaś one coraz silniejszą pozycję i to nie tylko w kulturze dworskiej, ale i w rozwijających się szybko naukach ścisłych, stanowiąc klucz do nowych i odkrywczych opracowań.

Dołączone do *Rozprawy* eseje, ilustrujące metodę autora i jego koncepcję tworzenia z gruntu odmienej nauki, opartej na racjonalnie-matematycznych przesłankach, stanowić mogły interesującą lekturę nawet dla młodych studentów. Wciągały czytelnika w krąg rozważań, szczególnie pasjonujących świat uczonych, napisane zaś były przystępnie, zupełnie nowym językiem, pozbawionym balastu starej terminologii scholastycznej. Wywód Kartezjusza, potoczysty i obrazowy zawierał porównania nasuwające nieodparcie skojarzenia z ówczesnym malarstwem holenderskim. Kosz pełen jabłek, naczynie z winogronami, perły rozsypujące się z przerwanej nici po tacy — oto jego „martwe natury", po które sięgał dla zinterpretowania różnych zjawisk fizycznych. Skojarzenia marynistyczne — okręt na morzu i fluktuacje wody będą zaś powracać niemal obsesyjnie pod pióro Kartezjusza i cała jego wizja kosmosu ukształtuje się w kategoriach płynności, wirów i unoszenia „na fali". W *Dioptryce* połączył autor w jedną całość rozważania nad światłem, prawem odbicia, okiem naturalnym i okiem sztucznym, czyli soczewką, integrując w ten sposób odrębne zagadnienia z zakresu geometrii, fizyki i medycyny, stapiając obserwacje i doświadczenia z matematycznym rozumowaniem.

W eseju na temat meteorologii (*Meteory*), traktował z kolei o codziennych zjawiskach — chmurach, wiatrach, deszczu, śniegu i bardziej niezwykłych — gradzie, piorunach, błyskawicach, aż po tęczę i inne niepospolite efekty luministyczne. Odzierał te ostatnie z ich aury cudowności, wskazując, jakie są realne przyczyny tego, co najbardziej nawet zadziwiające. Tworzył w ten sposób „wiedzę o cudach" („science des miracles"). Choć jednocześnie podsuwał np. pomysły skonstruowania fontann, dających fantastyczne efekty tęczowe, które miały zaskakiwać nie pojmujących arkanów tej sztuki widzów.

Jedynie trzeci esej, *Geometria,* nie był przystępny, jak sam autor zaznaczał na wstępie, dla nieprzygotowanego czytelnika. Zawierał bowiem nawet celowe przeskoki i niejasności. Kartezjusz po cichu cieszył się, że takie powagi matematyczne Francji, jak Piotr Fermat, Stefan Pascal i Idzi Roberval, nie będą w stanie „nic z tego ugryźć". Rozumieli go nieliczni holenderscy przyjaciele, jak np. wspomniany już Schooten i Gillot.

Drugie chronologicznie dzieło Kartezjusza, które znalazło się w bibliotece Sobieskiego, to *Les méditations metaphisiques touchant la première philosophie,* wydane w Paryżu w lutym 1647 r.[54] Tym razem oryginał, przedłożony fakultetowi teologicznemu Sorbony, powstać musiał w języku łacińskim. *Meditationes de prima philosophia* ukazały się po raz pierwszy w Paryżu w 1641 r. i następnie w Amsterdamie w 1642 r. Egzemplarz w posiadaniu Sobieskiego należał do pierwszej edycji tłumaczenia francuskiego, która opuściła prasy drukarskie w czasie, gdy Marek i Jan przebywali jeszcze w stolicy Francji. Tam też już mogli słyszeć o tym dziele.

W szczupłych rozmiarami *Medytacjach* Kartezjusz dokonywał przeskoku od sceptycyzmu wobec istnienia świata materialnego poprzez powtórzone „Cogito ergo sum", a więc od myślącego podmiotu — ku istocie boskiej, by powrócić z kolei do realności świata materialnego. Cały wywód metafizyczny służyć więc miał dojściu do właściwej, interesującej Kartezjusza problematyki, przyszłej jego fizyki. *Rozmyślania* obrosły w pokaźny wolumin poprzez dołączenie do nich *Obiekcji* kilku teologów i filozofów katolickich (Jana Caterusa, Piotra Gassendiego, Antoniego Arnaulda), których wypowiedzi sprowokował sam autor, od razu na nie odpowiadając. Język autora, mimo że w oryginale tym razem łaciński, różny był zdecydowanie od języka i terminologii scholastycznej. Niemniej jednak była to lektura trudna ze względu na skrótowość rozumowania i wywodów przez wielu zupełnie mylnie odbieranych. Być może Sobieski zetknął się w latach późniejszych ze skierowaną przeciw *Medytacjom* rozprawą Wolzogéna, już wspominaną. Sprzeciwiając się racjonalizmowi francuskiego myśliciela w imię sensualizmu, powtarzał on wiele argumentów wypowiedzianych już w *Obiekcjach.* Wśród pierw-

---

[54] *Katalog książek... Jana III,* s. 62—63.

szych zwolenników i entuzjastów Kartezjusza *Rozmyślania* zostały uznane za paradoksalne, a jednocześnie rewelacyjne w wyborze drogi, w swej prostocie, świeżości i nowości treści. W tym duchu pisał na gorąco Konstantyn Huygens, rozczarowany chłodnym przyjęciem dzieła przez swego szwagra, Kacpra Barlaeusa. Cały zaangażowany w krąg nowej myśli, pragnął jej akceptacji jak najszerszej, i to nie tylko ze względu na siebie i swoje pokolenie, ale przede wszystkim z troski o następne jako ojciec czterech synów wchodzących w okres studiów ("quatuor studiosorum pater").

Trzecie z kolei fundamentalne dzieło Kartezjusza, *Principia philosophiae* (Amsterdam 1644), posiadał Sobieski również w tłumaczeniu francuskim, *Principes de la philosophie*, które ukazało się w kilka miesięcy po *Meditations*, w lipcu 1647 r. w Paryżu[55]. Tłumaczenie dokonane przez wspomnianego księdza Picota, było autoryzowane, a nawet nieco rozszerzone w stosunku do wersji łacińskiej. W przeciwieństwie do *Rozmyślań*, poddanych celowo pod dyskusję, Kartezjusz wystąpił z *Zasadami*, jako wypracowanym traktatem. Część pierwsza spina jednak jak klamra oba te dzieła, stanowi bowiem powtórzenie poprzednich zasadniczych ustaleń. Rozważania metafizyczne, niemożliwe do pominięcia stały się jednak ewidentnie punktem wyjścia, a nie dojścia, wbrew zatem wielowiekowej tradycji filozoficznej, uświęconej samą nazwą metafizyki. Przeszedłszy w skrócie przez tę problematykę, Kartezjusz znalazł się na gruncie materii. Część druga *Zasad* poświęcona została "Zasadom rzeczy materialnych". Kartezjusz uznał za nie rozciągłość i ruch, przy czym ruch określił nową definicją, podkreślając jego względność i ujął w trzy prawa i siedem reguł. Nowe pojęcie ruchu stanowiło podstawę dla części trzeciej: "O świecie widzialnym". Mógł w niej Kartezjusz dowodzić, że Ziemia jest nieruchoma i ruchoma zarazem — nieruchoma względem otoczki z płynnej materii, w której tkwi, ruchoma zaś wraz z tą otoczką, czyli "wirem" ("le tourbillon"). W układzie słonecznym rozróżniał Kartezjusz czternaście takich wirów. Część czwarta traktowała wreszcie "O Ziemi". Z dawniejszych teorii o czterech żywiołach (ziemia, woda, powietrze, ogień) i trzech pierwiastkach (rtęć, sól, siarka) autor komponował nowe układy, własną syntezę wiedzy matematyczno-fizycznej.

Po latach znajdą się także w zbiorach Sobieskiego pośmiertnie wydane, ale wcześniejsze dzieła Kartezjusza — *Le monde* i *Le traité de l'homme*, opublikowane w Paryżu w 1664 r.[56] *Le monde ou traité de la lumière* — pierwsze dzieło — napisane w latach 1630—1633, przed którego publikacją cofnął się filozof wobec potępienia Galileusza, zawierało powiązaną z teorią światła "opowieść" o przypuszczalnym procesie powstawania świata, kształtowania się kosmosu. Szkicowo przedstawiał Kar-

---

[55] *Ibid.*, s. 70.
[56] *Ibid.*, s. 57, 60.

tezjusz te same swoje poglądy w *Rozprawie,* a w rozwiniętej, ale prze-
tworzonej formie w *Zasadach. Traktat o człowieku,* przeredagowany
w 1648 r., stanowił kontynuację traktatu o świetle, pomyślany był jako
część składowa pierwotnego *Świata* i dalsza część *Zasad.* Fascynujące od
dawna Kartezjusza odkrycie krążenia krwi przez Williama Harveya, opisywane także w *Rozprawie,* rozbudowywał autor o analizę systemu tra-
wienia i oddychania. Posługując się porównaniami z automatami hydrau-
licznymi z ogrodów królewskich w Saint-Germain-en-Laye (oglądanych
przez Sobieskich), z zegarami i młynami, opisywał i analizował ludzki
organizm jako skomplikowaną, wielofunkcyjną maszynę.

Gmach „uniwersalnej nauki", jaki Kartezjusz sam zamierzał skon-
struować, zbyt był rozległy, by jeden człowiek zdołał to zadanie o własnych siłach wykonać. Wykształcony od lat najmłodszych na dziełach
Kartezjusza Chrystian Huygens, uznany przez filozofa za „pokrewnego
duchem", autor młodzieńczego panegiryku na cześć Kartezjusza, pod koniec własnego życia poświęconego astronomii i fizyce, stwierdzi, że do-
robek Kartezjusza zachował u schyłku XVII w. znaczenie tylko na gruncie matematyki. Gmach nowej nauki wznosiło już wówczas skuteczniej
wielu specjalistów z różnych dziedzin. Zasługą Kartezjusza okazało się
to przede wszystkim, że odważył się obalić gmach starej wiedzy, jak
podkreślał Huygens i oczyścić tym samym teren dla nowego.

Na początku XVII w. Galileusz powiedział, że księga natury napisana
jest znakami matematycznymi i Kartezjusz powtórzył to określenie, przyrównując zjawiska otaczającego świata do szyfru, do którego klucz daje
matematyka. To stwierdzenie docierało niewątpliwie do czytelników
jego dzieł w osobach Sobieskich, tym pewniej, że w przepisanych im
przez ojca na okres haski studiach matematyka również stanowić miała
klucz podstawowy.

5. W SZKOLE BATAWSKIEGO MARSA

Program nauk przewidzianych przez Jakuba na okres holenderski nie jest nam niestety znany w obszerniejszej formie. Wiemy o
nim tylko tyle, ile powiedział mimochodem w instrukcji paryskiej przy za-
leceniu synom pilnej nauki francuskiego. Pisał tu mianowicie, że język
ten będzie nieodzowny w dalszym etapie ich studiów: „trudno i w Inder-
landzie uczyć się macie architecturam militarem, tak rzeczy wam po-
trzebnej, kiedy nie będziecie umieć po francusku dobrze mówić, bo oni
tam te rzeczy traktują językiem francuskim wszystko, nie łacińskim".
Dlatego też wyznaczył studia w Zjednoczonych Prowincjach po studiach
paryskich. „Architektura wojskowa" miała być jeśli nie jedyną, to na
pewno naczelną dyscypliną półrocznej nauki w Hadze. Decyzja Ja-

kuba, choć przekazana nam w tak lakonicznej formie, wprowadza w całą sferę bardzo ważnych zagadnień, tak ze względów ogólnych, jak i indywidualnych, gdy się weźmie pod uwagę wojenną przyszłość Jana Sobieskiego.

W myśl konstytucji z 1633 r., o której już była mowa, Władysław IV zobowiązywał się doprowadzić do skutku dzieło zamierzone przez Zygmunta III, stworzenia w Polsce Akademii Rycerskiej, „aby ludzie młodzi nie szukając tego po cudzych ziemiach" kształcili się w swoim własnym kraju[57]. Podobnie Maciej Głoskowski w *Geometria peregrinans* dowodził, że należałoby położyć kres studiom „u obcych, nie bez nakładu kosztów i czasu" („apud exteros non sine sumptuum et temporis dispendio")[58]. Wobec tego jednak, że szkoła krajowa nie stała się rzeczywistością, zdobywano wiedzę fachową prywatnie od cudzoziemców zaangażowanych w służbę polską, przede wszystkim zaś w zagranicznych ośrodkach.

Włączanie nowej wiedzy wojskowej, opartej na matematyce i elementach nauk ścisłych, do programu zagranicznych wyjazdów naukowych, nasila się coraz bardziej w toku XVII w. i uwidacznia na przykładach szeregu synów z czołowych polskich rodzin magnackich. Należy przy tym pamiętać, że każdemu z nich towarzyszyło w odbywaniu studiów kilku synów mniej zamożnej szlachty, co powiększa znacznie liczbę adeptów nowej wiedzy wojskowej. Ponadto królowie i znaczniejsi magnaci zaczęli wysyłać uzdolnione w tym zakresie jednostki na specjalne studia, na swój koszt. Kierunki tych wyjazdów ulegają zaś charakterystycznym zmianom, świadczącym o poszukiwaniu i wyborze najlepszych ognisk wiedzy wojskowej. Podczas gdy edukację dawnego, fizyczno--sprawnościowego typu można było z powodzeniem przechodzić w różnych krajach, wykształcenie teoretyczno-inżynierskie wynoszono najpierw głównie z Włoch i Niderlandów, po czym kraje niderlandzkie zaczęły zdecydowanie dystansować Italię, by dopiero później, w II połowie XVII w., dać się wyprzedzić Francji.

Osiemdziesięcioletni stan wojny między Zjednoczonymi Prowincjami a Niderlandami Południowymi, pozostającymi pod rządami hiszpańskich Habsburgów, uczynił z obu tych krain teatr wojny, przyciągający przybyszów z całej Europy, którzy z jednej lub drugiej strony podpatrywali je i czynnie sami w nich uczestniczyli. W dziejach tych zmagań nie zabrakło również i reprezentantów Rzeczypospolitej jako ciekawych świadków, wojowników, uczniów, a nawet teoretyków doskonalonej w ustawicznej praktyce sztuki wojowania środkami technicznymi. Studia Sobieskich w Holandii byłyby więc zjawiskiem nie w pełni zrozumiałym, gdybyśmy nie prześledzili ich na tle całego ciągu studiów młodzieży szlachecko-magnackiej w dziesięcioleciach poprzednich i współcześnie

---

[57] *Volumina legum...*, t. III, s. 374.
[58] M. Głoskowski, *Geometria peregrinans*, s.l.d., s. 10.

z nimi, dotychczas z tego punktu widzenia gruntowniej nie analizowanych.

Świetny szereg hetmanów działających z końcem XVI i na pocz. XVII w. tworzyli ludzie, którzy przeszli tok studiów o charakterze przede wszystkim humanistycznym — Jan Zamoyski, Stanisław Żółkiewski, Jan Karol Chodkiewicz. Z nowymi, technicznymi środkami obrony i ataku zaznajamiali się dzięki własnym zainteresowaniom i kontaktom z zagranicznymi specjalistami. Tak Zamoyski miał u swego boku Bernarda Morando, twórcę Zamościa — nowoczesnej twierdzy w wieńcu fortyfikacji bastionowych, wznoszonych do 1619 r. O Chodkiewiczu nie kto inny, a Jakub Sobieski pisał, że „posiadł biegle architekturę wojenną i nie obcą mu była matematycznych rozmiarów umiejętność". Sobieski też wychwala podkomendnych Chodkiewicza (Jana Wejhera, Szemberga), którzy w oszańcowanym przez nieco obozie pod Chocimiem razili skutecznie Turków ogniem z rusznic, ukryci w ziemnych fosach[59].

Przedstawiciele młodszej generacji, jak wspomniany protektor dell' Aquy, Krzysztof Zbaraski, przyjaciel Jakuba Sobieskiego, zaznajamiał się z nowościami wojskowymi u ich włoskich źródeł, w Padwie. Był tu dwukrotnie, w latach 1592—1594 i 1600—1605 (za drugim pobytem doszło do zabawnego spotkania w teatrze z Jakubem Sobieskim, którego Krzysztof nie rozpoznał, a nawet wziął go za Włocha). Zbaraski był prywatnym uczniem samego Galileusza, który m.in. uczył posługiwania się cyrklem wojskowym własnego wynalazku. W Wenecji toczył dyskusje ze znanym włoskim teoretykiem architektury, Vincenzo Scamozzim, który opracował dlań projekt zamku w Zbarażu (nie zrealizowany)[60]. Z kolei w Niderlandach przebywał Zbaraski w katolickim Lowanium, jednym z głównych europejskich ośrodków uniwersyteckich w XVII w.

Lowanium, położone na terytorium Niderlandów Hiszpańskich, choć było przede wszystkim centrum studiów humanistycznych, filologii klasycznej i wiedzy politycznej, zaznajamiało jednak również swych wychowanków z wiedzą wojskową. Bardzo często przechodzili oni także praktyczną służbę wojskową, w niektórych wypadkach przypłacaną nawet życiem[61]. W obozie pod Issel zmarł Gabriel Tęczyński, a jak już wiemy poległ tu również kuzyn Sobieskich, Krzysztof Rozrażewski, w czasie walk pod Arras.

W tych samych latach co Zbaraski, u podwójnych źródeł, włoskich i niderlandzkich czerpał wiedzę wojskową Rafał Leszczyński, późniejszy wojewoda bełski. Mimo że zdobył sobie sławę głównie z racji świetnego wykształcenia humanistycznego, przez całe życie interesował się

---

[59] J. S o b i e s k i. Pamiętnik wojny chocimskiej..., s. 56.

[60] A. W o ł y ń s k i, Relazioni di Galileo Galilei colla Polonia, Archivio Storico Italiano, ser. 3, 1873, t. 16, s. 76—82; W. D o b r o w o l s k a, Młodość Jerzego i Krzysztofa Zbaraskich, Przemyśl 1926, s. 90—132.

[61] S. K o t, Polacy na studiach w Lowanium..., s. 20, 27.

170

sztuką wojenną i kartografią. Po studiach w Szwajcarii za drugim wyjazdem za granicę był, jak Zbaraski, uczniem Galileusza w Padwie, w Niderlandach natomiast jako kalwin (przyszły przywódca polskich różnowierców) bawił przez kilka miesięcy w Prowincjach. Był w obozie Maurycego Orańskiego i nawiązał z nim nici przyjaźni[62]. Podobnie w obozie Maurycego kończył wojaże i studia Krzysztof Radziwiłł (ok. 1603 r.), syn Krzysztofa Pioruna, hetmana polnego litewskiego i sam przyszły hetman[63].

Maurycy zyskał sobie wówczas sławę jednego z najznakomitszych wodzów. Otaczał się inżynierami i matematykami, sam pilnie się u nich uczył i potrafił świetnie wcielać w życie ich teoretyczne pomysły. „Graf Maurycy — pisał o nim w Polsce dell'Aqua — każdego dnia uczył się i choć w największych zabawach był, przeć się nie zapomniał cyrkla myślą i miał u siebie indzienierów, którzy go uczyli rysować, a przeto przyszedł do takiej perfekcyjej, że został nieśmiertelnym"[64]. Wśród otaczających Maurycego inżynierów naczelne miejsce zajmował Szymon Stevin[65], „drogi księciu Maurycemu przez swą wynalazczość i wiedzę matematyczną", jak można przeczytać w cytowanym już opisie wozu z żaglem. Należał do nich również francuski inżynier Jakub Alleaume (który po powrocie do Francji uczył m.in. młodych książąt Gonzagów, braci późniejszej królowej polskiej)[66]. Obóz i dwór Maurycego zaczął przyciągać jak magnes wojowniczą młodzież z całej Europy, stając się dla niej teoretyczną i praktyczną szkołą nowej sztuki wojowania. W armii Prowincji walczyły np. dwa regimenty francuskie i do jednego z nich zaciągnął się w latach 1618—1619 młody Kartezjusz. Przebywał on tu w czasie trwania rozejmu, stacjonując w Bredzie mógł więc m.in. studiować architekturę wojskową. Później na wiadomość, że jego uczeń, Jan Gillot, uczestnik oblężenia Bredy i Schenckenschanz został matematykiem króla Portugalii, pisał do Huygensa, że przy pewnych zdolnościach szybko może posiąść wiedzę inżynieryjną.

Jak wspominaliśmy, w 1609 r. dotarł do Maurycego Jakub Sobieski i toczył z nim rozmowy także na tematy wojskowe. „Łacno było z twarzy sądzić — zapisał o Maurycym — że był marsyjalista" (człowiek Marsa, urodzony wojownik). Ów „hetman holenderski" wypytywał go wówczas o Zygmunta III, „o oblężeniu Smoleńska rozmawiał siła ze mną i o nieboszczyku panie Janie Zamoyskim, kanclerzu koronnym i hetmanie wielkim, chwaląc i wysławiając go bardzo".

[62] A. Wołyński, loc. cit., s. 75—76; J. Moreau-Reibel, loc. cit., s. 9; M. Sipayłło, Leszczyński Rafał, „Polski Słownik Biograficzny", t. XVII, Kraków 1972, s. 135.

[63] J. Moreau-Reibel, loc. cit., s. 10.

[64] A. dell'Aqua, op. cit., s. 470.

[65] E. J. Dijksterhuis, Simon Stevin, science in the Netherlands around 1600, The Hague 1970.

[66] K. Targosz, Uczony dwór..., s. 15.

Syn tegoż hetmana, młodszy nieco od Jakuba i zaprzyjaźniony z nim, Tomasz Zamoyski, trafił wkrótce potem również do obozu Maurycego. Studia zagraniczne odbywał w latach 1615—1617 i matematyczno-techniczną wiedzę wyniósł znów z Włoch i Niderlandów. „Był w wojsku niderlandzkim — pisze jego biograf — i u wodza jego natenczas sławnego Maurycego, ducem Nassovium, dla przyjrzenia trybu i porządku wojska ich. Także potem i w wojsku hiszpańskim u wodza jego Ambrożego Spinoli. Od obydwu honorificentissime przyjęty". Po zaznajomieniu się z obydwoma stronami walczącymi w Niderlandach podążył do Rzymu, gdzie „mięsopusty i wielki post przemieszkał, czas ten trawiąc na naukach z przednim matematykiem, słuchając pod nim lekcyj de fortificationibus et propugnaculis". Nazwisko tego rzymskiego nauczyciela nie jest nam niestety znane. A choć Tomasz nie został jak ojciec hetmanem, to jednak posiadał świetną orientację w dziedzinie wojskowości, tak że „wszyscy, którzy in re bellica versati byli z wielką pochwałą onemu to przyznawali"[67]. Taki był oto jeden z protektorów dell'Aquy i twórca szkółki puszkarskiej w Zamościu.

Lata dwudzieste i trzydzieste XVII w. wzmogły pęd młodzieży polskiej ku niderlandzkiej szkole wojskowej. Coraz większą jej przewagę wyczuwamy pośrednio w dialogu dell'Aquy z Krzysztofem Zbarskim. Choć dell'Aqua sławił księcia Maurycego, to jednak jego krytyka działa typu holenderskiego była raczej wyrazem urażonej dumy szkoły włoskiej, której zmierzch ujawniał się wówczas w sposób nieodwracalny[68].

W Niderlandach utrzymywała się jeszcze wprawdzie bariera wyznaniowa w wyborze między północą i południem na dłuższy pobyt studyjny. Zapewne w Niderlandach Hiszpańskich kształcił się Mikołaj Sieniawski, syn Adama Hieronima (pierwszego w Polsce protektora dell' Aquy, któremu tenże szkolił puszkarzy w Brzeżanach)[69]. Ale już protegowany Mikołaja, Paweł Grodzicki, studiował, jeśli nie wyłącznie, to także w Niderlandach Północnych[70].

Sam przyszły Władysław IV jeszcze jako królewicz, ale cieszący się sławą wojenną zdobytą w wojnach z Moskwą i Turcją, gdy odbywał incognito roczną podróż po Europie, zwiedzał hiszpański obóz pod Bredą we wrześniu 1624 r., a więc na początku głośnego, dziesięciomiesięcznego oblężenia tej ważnej twierdzy. Markiz Spinola przyjął królewicza z wielkimi honorami, oddając mu „regiment" — dowództwo nad obozem. Pierwszego dnia Władysław w dużej asyście zdołał objechać zaledwie połowę obozu („połowicę onych trancier"). Drugiego dnia „chcąc [...] każdą rzecz w onych municyjach exquistius widzieć", sam ze Spinolą

---

[67] S. Żurkowski, op. cit., s. 30—31.

[68] A. dell'Aqua, op. cit., s. 46.

[69] K. Niesiecki, op. cit., t. VIII, s. 346—347; T. Nowak, Polska technika..., s. 122.

[70] K. Niesiecki, op. cit., t. IV, s. 285, t. VIII, s. 348.

i kilku wojskowymi lustrował resztę obozu. Na cześć polskiego gościa wysunięte szańce nazwano „fortami królewicza polskiego". Postać jego wprowadzi nawet rok później Calderon do swego dramatu *Oblężenie Bredy*. W czasie wizyty królewicza Maurycy był „z pół mili tylko od obozu" i w grę wchodziła możliwość starcia. Skończyło się jednak na tym, że Holendrzy zagarnęli wozy z furażami i postrzelili konie. Jeden woźnica stracił nogę, jednego żołnierza porwano, „tak to chłopstwo olenderskie odważne" — pisał towarzyszący królewiczowi Stefan Pac[71].

Z przeciwnej strony, strony holenderskiej, słyszał salwy powitalne na cześć królewicza Władysława oddawane w wojsku Spinoli polski arianin, Krzysztof Arciszewski. Po popełnionym zabójstwie zmuszony wraz z bratem Eliaszem do opuszczenia Rzeczypospolitej przybył w 1623 r. do Prowincji. Służba w gwardii Maurycego wydała mu się „niepożyteczna" ze względu na mały żołd i „stół najpodlejszy". W przeciwieństwie do brata, który nie pogardził tymi warunkami, zabrał się Krzysztof do studiów „indzienierstwa" w Hadze. O ich przebiegu i związanych z nimi kłopotach materialnych wiemy wiele dzięki listom skierowanym do hetmana Krzysztofa Radziwiłła, u którego Arciszewski zabiegał o wsparcie finansowe. Rodzice jego, jak starsza generacja ariańska nastawieni antywojennie, nie aprobowali drogi życiowej syna. „Absurdum to u nich" — pisał Krzysztof i narzekał, że na „pożytku rzeczy tych się nie znają". Nie wątpił natomiast w zrozumienie hetmana Radziwiłła, wodza idącego z postępem czasu. Prosząc go o pomoc przedkładał, że tam jemu, jak i w przyszłości jego synowi dobrze będzie służył i zdobyta przez niego umiejętność „potrzebna i ozdobna będzie"[72].

Oprócz nauki teoretycznej pod okiem prywatnych mistrzów w Hadze Arciszewski jako ochotnik otarł się również czynnie o działania wojenne. Brał udział w odsieczy Bredy i widział, jak „sam staruszek Mauric cały dzień z konika swego mało co zsiadając", doglądał porządku w czasie marszu armii. Był to już sam schyłek życia stadhoudera. Utrata Bredy, którą musiał oddać Spinoli, załamała go i przyspieszyła zgon. Arciszewski po zakończeniu studiów wszedł, jak wiadomo, w służbę holenderską, dwukrotnie wyprawiał się do Brazylii i osiągnął stopień generała artylerii oraz admirała sił morskich. Zrezygnował z tej służby w 1640 r. wskutek konfliktu z gubernatorem Janem Maurycym de Nassau, przyjął ofertę Władysława IV, od dawna już wysuwaną, powrócił do Polski i do 1650 r. pełnił funkcję „starszego nad armatą".

W latach trzydziestych hetman Radziwiłł, protektor Arciszewskiego, skierował za granicę swego syna Janusza, przyszłego hetmana, a wkrót-

---

[71] *Podróż królewicza Władysława Wazy do krajów Europy zachodniej w latach 1624—1625 w świetle ówczesnych relacji*, oprac. A. P r z y b o ś, Kraków 1977, s. 182—190; E. W a s s e n b e r g, *Gestorum... Vladislai Poloniae et Sueciae Regis pars prima*, Gedani 1641, s. 173.

[72] A. K r a u s h a r, *op. cit.*, t. I, s. 120—126, 146—148, 163—181.

ce potem swego bratanka Bogusława. Janusz bawił najpierw w Lipsku z ochmistrzem Andrzejem Przypkowskim. Samowolne przeniesienie się do Altdorfu dla studiów teologicznych, sprowadziło na Przypkowskiego ostre reprymendy hetmana za to, że przekroczył „jasne i wyraźne rozkazanie". Pisał, że syn jego „katechistą żadnym nie będzie", a ma się kształcić w tym, „co jego stanowi należy"[73]. Kalwin Radziwiłł, podobnie jak katolik Jakub Sobieski, pragnął przygotować syna do służby państwowo-wojskowej. Janusz przybył w 1631 r. do Lejdy i tu znalazł wytrawnego mistrza w osobie torunianina, Adama Freytaga[74]. Studia teoretyczne Janusz dopełnił czteromiesięcznym pobytem w armii księcia orańskiego[75].

Nauczyciel Janusza, Freytag, sam najpierw kształcił się w Lejdzie, w dziedzinie medycyny, następnie zaś w matematyce i wiedzy wojskowej i ta dyscyplina przede wszystkim go pociągnęła. W roku przybycia młodego Radziwiłła opublikował wspomniany już traktat *Architectura militaris* (Lejda 1631). Traktat, opracowany w języku niemieckim, dzielił się na trzy księgi, z których pierwszą dedykował autor królewiczowi Władysławowi, „szczególnemu miłośnikowi tej sztuki" („ein besonderer Liebhaber dieser Kunst"), drugą radzie rodzinnego miasta Torunia, trzecią zaś — radzie miejskiej Gdańska. Skończyło się na tym, że Freytag powrócił do Rzeczypospolitej wraz ze swym uczniem, wszedł w służbę u Radziwiłłów i jak wspominaliśmy, zaczął wykładać w Kiejdanach.

Młodszy kuzyn Janusza, Bogusław, ruszył w 1637 r. prosto do Holandii, do Groningen i Utrechtu, w tym ostatnim „zabawiwszy się exercitio corporis et mathesi kilka miesięcy". Następne lata upłynęły mu między Francją a Niderlandami na czynnej służbie wojskowej, pełnej jednak awanturniczych przygód osobistych.

W latach trzydziestych pękła ostatecznie bariera wyznaniowa przy wyborze miejsca dłuższych studiów, najważniejszym zaś ośrodkiem stała się Lejda. W 1630 r. przybył do niej Paweł Grodzicki, jeden z przyszłych „starszych nad armatą" z czasów władysławowskich, twórca arsenałów w Warszawie i Lwowie[76]. W 1633 r. odbywali tu studia Aleksander Michał i Jerzy Lubomirscy, synowie Stanisława, ówczesnego wojewody ruskiego (wychowani w ojcowskim zamku w Wiśniczu, który w tych czasach został przekształcony w bastionową twierdzę przez Włocha Trapolę). Stanisław Lubomirski, który z końcem poprzedniego stulecia, jak wspominaliśmy, uczęszczał w Monachium do „szermierskiej szkoły" i momo słabego zdrowia ćwiczył się w jeździe konnej, teraz swym synom,

---

[73] E. Kotłubaj, *op. cit.*, s. 23—24, 232—234.

[74] A. Gruszecki, *op. cit.*, s. 23.

[75] J. Freylichówna, *op. cit.*, s. 97.

[76] A. Przyboś, *Grodzicki Paweł*, „Polski Słownik Biograficzny", t. VIII, Wrocław 1959—1960, s. 617—618; *Album studiosorum Academiae Lugduno-Batavae...* — wpisy Grodzickiego i innych wymienionych poniżej studentów według dat.

szczególnie starszemu, dojrzalszemu wiekiem zalecał, aby „wszelkich ćwiczeń przystojnych, zwłaszcza kawalkaty uczyli się z zawodu". Główny nacisk jednak położył na naukę architektury militarnej i „puszkarskiej nauki". Zalecenia swe kierował zaś nie do Kolonii czy Lowanium, gdzie jego synowie najpierw przebywali, a właśnie do Lejdy[77]. Młodzi Lubomirscy udali się następnie w tradycyjną peregrynację do Włoch, gdzie najpewniej również uzupełniali swą wiedzę wojskową. Aleksander przebywał w Rzymie i Padwie. W przyszłości miał przebudować jeden z bastionów w Wiśniczu, niestety nie bardzo fortunnie[78]. Młodszy Jerzy, późniejszy dzielny hetman z czasów potopu, a potem rokoszanin, nieco odmiennymi szlakami niż Aleksander peregrynujący, we Włoszech także zdobywał „podstawy wojskowe" („militiae rudimenta"), jak podaje jego panegirysta, Bernard Chronicz[79].

W 1640 r. przybył do Lejdy Aleksander Koniecpolski, syn Stanisława, hetmana wielkiego koronnego, na pewno nie w innym celu, a dla zgłębienia wiedzy wojskowej. Nie wiadomo, gdzie sam hetman wykształcił się w dziedzinie wojskowej, w każdym razie był jednym z pierwszych w Polsce wodzów stosujących na szerszą skalę techniczne środki walki[80]. Po pobycie w Lejdzie Aleksander Koniecpolski udał się do Włoch, by w 1643 r. znów znaleźć się na północy, w Lowanium, gdzie m.in. uczył się geometrii i uprawiał ćwiczenia wojskowe. Następnie brał udział w akcjach wojennych i to u boku księcia orańskiego, który syna polskiego hetmana i księcia cesarstwa niemieckiego przyjmował ze szczególnymi honorami, co podnosi panegirysta Stanisław Zyznowski[81]. Aleksander to, jak wiemy, przyszła „dziecina" spod Piławiec, ale i dzielny obrońca Zbaraża, towarzysz Marka Sobieskiego pod Batohem, bohater bitwy beresteckiej. On to wzmocnić miał później obronność Brodów założonych przez ojca i odrestaurować Podhorce.

W czasie przejazdu Sobieskich przez Prowincje w drodze do Francji nastąpiło, jak wspominaliśmy, spotkanie z Janem Zamoyskim i jego towarzyszami w Utrechcie. I ten wnuk sławnego hetmana, o którego rozpytywał niegdyś Maurycy Jakuba Sobieskiego, a syn Tomasza, interesował się tu niewątpliwie i sztuką wojenną. Przyszły obrońca rodzinnego

---

[77] Z Kolonią wiązał te ich studia W. Czermak (*Młodość Jerzego Lubomirskiego*, w: tegoż, *Studia historyczne*, Kraków 1901, s. 182 i nast.) z Lowanium — S. Kot (*Polacy na studiach w Lowanium...*, s. 21) i Ł. Kurdybacha (*Wychowanie Aleksandra i Jerzego Lubomirskich*, „Minerwa Polska" II, 1929, s. 151—152), z Lejdą — J. Baranowski, *loc. cit.*, s. 139, co wydaje się najbardziej prawdopodobne.

[78] A. Gruszecki, *op. cit.*, s. 97.

[79] B. Chronicz, *Panegyricus Georgio Lubomirski*, Cracoviae 1661, cyt. wg W. Czermaka, *op. cit.*, s. 193.

[80] B. Baranowski, *op. cit.*, s. 29—31.

[81] S. Zyznowski, *Cursus gloriae*, Cracoviae 1659; A. Przyboś, *Koniecpolski Aleksander*, „Polski Słownik Biograficzny", t. XIII, Wrocław 1967, s. 513.

Zamościa w czasie najazdu Szwedów, będzie posiadać w swej bibliotece szczególnie dużo traktatów z zakresu najnowszej wiedzy fortyfikacyjnej[82].

Tak więc studiowali w Niderlandach Północnych zarówno protestanci, których przyciągały w tym czasie już nie tylko względy wyznaniowe, lecz również i zainteresowania wojskowe, jak i katolicy, dla których w wyborze miejsca studiów były to względy podstawowe. Przy wpisach w *Albumie* lejdejskim, przy ośmiu nazwiskach polskich z jednego tylko roku, 1641, widzimy dopiski, że byli to studenci polityki i matematyki, tej ostatniej będącej nieodzowną podstawą wiedzy wojskowej. Podobne dopiski figurują przy trzech nazwiskach z 1646 r. A choć np. Moskorzowski zaznaczył przy swoim wpisie tylko politykę, to jak wynika z jego diariusza i on studiował matematykę i geometrię zarówno w Lejdzie, jak i Utrechcie.

Studia i pobyt w Holandii obu Radziwiłłów, braci Lubomirskich, Koniecpolskiego i Zamoyskiego przypadły na czasy standhouderatu młodszego brata Maurycego, Fryderyka Henryka, „ojca żołnierzy", który nie ustępował bratu w teoretycznych zainteresowaniach wiedzą wojskowo-inżynieryjną i w sławie wojennej. W 1637 r. odbił Bredę, a w latach czterdziestych, w przymierzu z Francją zaczął odnosić szereg sukcesów, przechylając ostatecznie szalę zwycięstwa na swą stronę. W 1644 r. zdobył fort Sas de Gend, w 1645 r. Hulst. W tym samym roku Francuzi odnieśli zwycięstwo pod Gravelines na lądzie, a Holendrzy pod dowództwem admirała Trompa triumfowali na morzu. Pobyt Sobieskich przypadł, jak wiemy, na czasy standhouderatu młodego Wilhelma II, który w roli dowódcy popisał się pierwszy raz bardzo wcześnie, w 1643 r., w wieku lat siedemnastu, zadając porażkę wojskom hiszpańskim w pobliżu Antwerpii.

Przed Sobieskimi (przed listopadem 1646 r.) i po nich (po styczniu 1649 r.) przebywał w Prowincjach, studiując i pisząc swe dzieło *Artis magnae artilleriae pars prima*, wydane w Amsterdamie w 1650 r., „eques Lithuanus" — Kazimierz Siemienowicz. W latach 1646—1648 pełnił funkcje inżyniera, a następnie oberstlejtnanta artylerii koronnej. Pracom jego w dziedzinie teorii towarzyszyło zainteresowanie i poparcie kanclerza Jerzego Ossolińskiego i króla Władysława IV, a ich efekty zapewnić mu miały trwałe miejsce w europejskiej literaturze wojskowej[83].

W 1646 r. Sobiescy w przejeździe przez Prowincje natknęli się, jak już wspominaliśmy, na „Polaka jednego z Warszawy, który już kilka lat służy w tym wojsku olenderskim za chorążego, którego nasz król

---

[82] J. K o w a l c z y k, *loc. cit.*, s. 122.
[83] K. S i e m i e n o w i c z, *Wielkiej sztuki artylerii część pierwsza.* Wstęp T. N o w a k, Warszawa 1963.

polski swym kosztem w Olandyjej chowa" — jak zapisał Gawarecki[84]. Władysław IV miał w swej służbie oprócz inżynierów Włochów, Francuzów i Niemców także i Niderlandczyków, takich jak np. Jan Pleitner, który, choć młody wiekiem, wsławił się znacznie przy oblężeniu Smoleńska[85]. O innym inżynierze i kartografie, Sebastianie Adersie, powiadano, że jest to „natione Mazur, wychowaniem, wiarą i ożenieniem isty Holender"[86]. U schyłku czasów władysławowskich cała młoda kadra polska skupiona w formacji artylerii posiadała wykształcenie wyniesione ze szkół niderlandzkich.

Miał więc rację Maciej Głoskowski (który sam zapewne na koszt Leszczyńskich odbył studia w Niderlandach[87]), gdy w swym pisemku *Geometria peregrinans* podkreślał zapał polskiej młodzieży do studiów wojskowych w Holandii[88]. Ciekawe to pismo ujęte jest w formie dialogu dwóch postaci alegorycznych — Geometrii i Arytmetyki, które jakoby spotkały się wkraczając w zachodnie granice Rzeczypospolitej i nawiązały rozmowę o swych losach i wędrówkach. Arytmetyka wyznaje, że do opuszczenia Niemiec zmusiły ją zniszczenia wojenne i ogólny upadek. Natomiast Geometria zwierza się, że wywędrowała na niedługi czas od „niezwyciężonych Batawów", wśród których święciła dotąd swoje triumfy i przybyła do Polski na swego rodzaju inspekcję. Pragnie bowiem zobaczyć, jak wygląda sprawa realizacji szkoły wojskowej na wschodnich kresach królestwa Sarmatów. Z jej to ust słyszymy następujące stwierdzenie: „Niektórzy ze szlachty polskiej, nawiedzając nasze licea, ogromnie mi sprzyjają i prawie wszyscy oddają się z zapałem studiowaniu architektury militarnej i fortyfikacji" („aliquos ex nobilitate Polona, nostra visens lycea mihi impensius faventes et plerosque fere omnes architectonicae militari et fortificandi studio mire addictos"). Jednocześnie dodawała, jak bardzo zapalony jest do studiów w tej dziedzinie młody książę orański, Wilhelm[89]. Poznany przez Sobieskich Wilhelm II

---

[84] Z tej racji na *Diariusz* Gawareckiego powołuje się wielu autorów piszących o powiązaniach polsko-niderlandzkich (np. W. Tomkiewicz, *Z dziejów polskiego mecenatu artystycznego w wieku XVII*, Wrocław 1952, s. 33). Rzecz dziwna, że nie przytacza się natomiast prawie w ogóle, poza biografiami Jana III, tego źródła jako przekazu mówiącego o odbywaniu studiów przez samego przyszłego króla. Także w jego biografistyce fakt ten nie doczekał się zresztą należytego oświetlenia i oceny, do czego jeszcze powrócimy.

[85] E. Wassenberg, op. cit., pars secunda, s. 56, 67, 177.

[86] M. Kukiel, *Aders Sebastian*, „Polski Słownik Biograficzny", t. I, Kraków 1935, s. 29.

[87] A. Birkenmajer, *Głoskowski Maciej*, „Polski Słownik Biograficzny", t. VIII, Wrocław 1959—1960, s. 115.

[88] M. Głoskowski, op. cit., s. 7—8. Obszerne fragmenty z tego dziełka przytoczył w tłumaczeniu polskim T. Nowak, *Polska technika...*, s. 136—138.

[89] Na tej podstawie wysunięto nawet całkiem nieuzasadniony wniosek, że to sam Głoskowski był nauczycielem młodego księcia.

uczył się rzeczywiście zgodnie z tradycją rodzinną od najmłodszych lat matematyki i inżynierii.

Studia odbywane tak w ośrodkach uniwersyteckich — Lejdzie, Utrechcie, Groningen — podobnie jak w nieuniwersyteckich (Haga), polegały przede wszystkim na nauce prywatnej, płatnych lekcjach pobieranych u odpowiedniego preceptora. „Co się nauk tyczy — pisał np. Krzysztof Arciszewski o Lejdzie jako przyszłym miejscu studiów Janusza Radziwiłła — jest się każdemu czego uczyć, ale tu nie pilnują, nie przymuszają nikogo do nich i na samej pilności tylko praeceptora prywatnego te należeć będą. Inszej faryny ludzi [tj. z różnej mąki, różnego pokroju], którzy się przy akademiach wielkich bawić zwykli, moc i tu także jest. Jedni fultrowania i chybkości na koniu, drudzy szermowania, tańców, lutni, trzeci fortyfikacyji uczą"[90]. W Lejdzie istniała, jak wspominaliśmy, szkoła inżynierska założona przez Stevina, w której uczył van Schooten mł. i Gillot. Ze względu na język większość cudzoziemców pobierała jednak lekcje indywidualne.

Studia w tak drogim, jak Holandia kraju były bardzo kosztowne. Arciszewski zwracał uwagę, pisząc do Krzysztofa Radziwiłła, że taniej wypadłyby studia we Francji, „z przydatkiem języka i widzenia większej policyjej [tzn. większej ogłady, lepszych manier — K.T.]", gdzie sam, jak widać, bardzo pragnął się udać[91]. W następnych latach znaczenie Holandii stale jednak urastało i tym mocniej przyciągało peregrynantów. Arciszewski, dopraszając się wsparcia od hetmana, pisał, że „skrzypiące dla niedostatku ćwiczenia [...] odprawowoł". Toteż starał się jak mógł, aby żadna chwila „za tak drogie pieniądze kupiona nie upływała darmo". Radził też ograniczyć do minimum przyszły orszak towarzyszący Januszowi. Hetman gromił więc później Przypkowskiego za zbytnie rozszerzenie orszaku syna i biadał, że już za dwa lata spędzone przez Janusza w Niemczech wydał sto tysięcy złotych, że mógłby za to kupić jakąś majętność „albo ciasno sobie nie czyniąc, wygodniej żyć". Z irytacją zapytywał Przypkowskiego, czy sądzi, że mu „pieniądze z nieba śniegiem spadają". A pisał to wszystko najbogatszy magnat litewski. „Wielką spezę" (włoskie słowo „spesa" oznacza „wydatki") podkreślał największy z magnatów małopolskich — Stanisław Lubomirski[92]. „Kłopoty, niedostatki, długi" były udziałem nie tylko Janusza Radziwiłła, ale i innych młodych magnatów za granicą. Czasem były wynikiem opóźnień w dokonywaniu operacji finansowych, czasem niedbałości opiekunów i utracjuszostwa samych paniczów.

W relacji Gawareckiego nie spotykamy żadnych pogłosów kłopotów

---

[90] A. Kraushar, op. cit., t. I, s. 135—136.

[91] Ibid., s. 136. Co do Francji dodawał tylko zastrzeżenie natury wyznaniowej, „jeśli religia opatrzona być może".

[92] W. Czermak, op. cit., s. 187.

finansowych — zapobiegła im zapewne oszczędna i rozważna ręka Jakuba, a następnie wdowy po nim, rzetelność Orchowskiego i Lisowskiego i odpowiedzialność młodych.

Gdyby w czasach studiów Marka i Jana w Holandii żył jeszcze Jakub, najpewniej zachęcałby synów do zgłębiania arkanów nowej wiedzy wojskowej podobnymi słowami, jak czynił to Jerzy Lubomirski w listach do swych synów. „Tobie Aleksandrze — pisał — rozkazuję, abyś mi się pilno uczył geometrii i delineatii fortificationum", tak aby w przyszłości umiał to wszystko „w praktykę przywodzić". Innym razem podkreślał: „Mathematyki i geometrii nie opuszczaj, fortifikatii i delineatii ich konieczne uczyć się bardzo potrzeba [...] bo na tym siela należy, chceszli być wziętym i przygodnym w ojczyźnie człowiekiem[93].

Na temat studiów Sobieskich zapisał Gawarecki wprawdzie tylko jedno jedyne zdanie, mimo to dające możliwości do dalszych wnioskowań: „Die 2 Januarii. Zaczęli Ich Mść słuchać fortyfikacyjej od mistrza, matematyka księcia orańskiego, którego przezwisko Stampian". Przez następnych pięć miesięcy zapiski diariuszowe są znikome (podobnie jak w okresie studiów paryskich), autor dziennika podróży i programu turystycznego w tym wypadku bowiem milknie. Nie jego zadaniem było zdawać sprawę z przebiegu nauk. Musimy go wydedukować sami.

Znamy przede wszystkim i co najważniejsze nazwisko nauczyciela[94]. Stampian to skrót zlatynizowanej formy Stampianus, jakiej używał Jan Stampioen, syn również Jana, autora dwóch prac astronomicznych (z 1618 i 1619 r.). Urodzony w Rotterdamie w 1610 r., został w 1638 r. profesorem matematyki w miejscowej Schola Illustris. Już w 1639 r. przeniósł się jednak do Hagi, gdzie założył drukarnię (z emblematem „Sphaera mundi"), publikując w niej w tymże roku swe dzieło *Algebra ofte Nieuwe Stel-Regel*, dedykowane księciu Fryderykowi Henrykowi. Wokół tego dzieła stoczona została prawdziwa batalia matematyczna, przy czym antagonistą Stampioena był Kartezjusz[95].

Już w 1633 r. Stampioen przesłał Kartezjuszowi do rozwiązania pewien problem, jak to nieraz bywało ówcześnie między matematykami. Kartezjusz odesłał rozwiązanie, stawiając ze swej strony inne zadanie, któremu prawdopodobnie Stampianus nie podołał. Pięć lat później pod pseudonimem Jana Baptysty z Antwerpii wystąpił on natomiast z inną kwestią (dotyczącą równań trzeciego stopnia), zwróconą do wszystkich „inżynierów batawskich". Zapowiadał jednocześnie i reklamował jako zu-

---

[93] *Ibid.*, s. 189, 197.

[94] Nazwisko jego przytoczyli za Gawareckim T. K o r z o n, *op. cit.*, s. 14; O. L a s k o w s k i, *Młodość wojskowa Jana Sobieskiego*, Warszawa 1933, s. 21 i inni autorzy. Nikt jednak nie zajął się bliższym zidentyfikowaniem tej postaci ani szerszym tłem haskich studiów Jana.

[95] M. S. M a h o n a y, *Stampioen Jan Jansz de Jonge*, „Dictionary of Scientific Biography", t. XII, New York 1975, s. 610—611.

pełną nowość publikację swej *Algebry*. Kartezjusz zaniepokojony o sławę własnej *Geometrii*, wydanej rok wcześniej wraz z *Rozprawą o metodzie*, postanowił podjąć rzuconą przez Stampianusa rękawicę, nie osobiście jednak, a za pośrednictwem swego przyjaciela, młodego matematyka z Utrechtu, Jakuba Waessenaera. Doszło do zawarcia zakładu o pewną sumę pieniężną. Na jego arbitrów wyznaczeni zostali profesorowie
z Lejdy, Golius i van Schooten st. oraz dwaj inni matematycy z Rotterdamu i Utrechtu. Mimo przedłużania się całej sprawy zdecydowane zwycięstwo odnieśli ostatecznie Waessenaer i Kartezjusz, a Stampianus stracił zaproponowaną przez siebie sumę sześciuset guldenów, które przeznaczone zostały na cele dobroczynne.

W trakcie trwającej długo polemiki, w korespondencji Kartezjusza
z przyjaciółmi padło wiele słów bardzo ostrych pod adresem Stampianusa oraz jego *Algebry*. Kartezjusz, który z kurtuazją potraktował go
w 1633 r., zirytowany dochodzącymi go niepochlebnymi uwagami Stampianusa, wylał całą swoją żółć w obszernym liście do Huygensa z 3 stycz-
cznia 1640 r.[96] Pisał tu, że nie rzuciłby okiem na *Algebrę*, gdyby mu jej
nie przysłano. Zorientował się zaś z niej, że autor to oszust („un fourbe”),
który nic nie umiejąc potrafi zawikłanym i pomieszanym z fałszem sposobem wykładu o rzeczach, w których mało osób się orientuje, zmylić
nawet ludzi mądrych. Jedno tylko hamowało nieco furię Kartezjusza.
Słyszał bowiem, że Stampianus został czy też ma zostać nauczycielem
matematyki młodego księcia Wilhelma. Nic chciał narażać się książętom
orańskim i wywołać sytuację, w której by „krople naszego atramentu —
jak pisał — spadły na twarz Stampioena i musiał się on tak umazany
prezentować młodemu księciu”. Ostrzegał jednak, że taki właśnie nauczyciel jest niezwykle niebezpieczny dla młodzieńczego umysłu ucznia,
z którego trudno przyszłoby potem wykorzeniać odciśnięte na nim fał-
szywe wyobrażenia. W jednym z następnych listów, z 12 marca 1640 r.,
Kartezjusz grzmiał nadal na Stampianusa jako samochwała i kłamcę.

Huygens, który odgrywał w tej sprawie czynną rolę mediatora, równie ostro, ale tylko od strony moralnej, a nie naukowej, osądzał Stampianusa, nazywając go „bezczelnym i niesprawiedliwym szydercą”. W
następnych latach namiętności obu stron musiały jednakże ulec uśmierzeniu. Stampianus wszedł na dwór haski nie tylko jako nauczyciel.
W 1645 r. otrzymał tytuł książęcego matematyka. Sam zaś Huygens powierzył mu w 1644 r. edukację matematyczną swych dwóch synów, z których Chrystian, jak wiemy, od zarania przejawiał niezwykłe uzdolnienia
matematyczne i mechaniczne. Rok później młodzi Huygensowie podążyli
do Lejdy, aby studiować tam prawo i matematykę (od maja 1645 do
1647 r.), tym razem pod kierunkiem Schootena ml. W czasie pobytu So-

---

[96] O przebiegu całej tej polemiki zob. *Correspondance of Descartes and
Constantyn Huygens...*, s. 88—131 oraz dokumenty (s. 277—289).

bieskich w Holandii Chrystian będzie kończył swą edukację w nowo założonej szkole w Bredzie (od marca 1647 do końca 1649 r.). Napisana przez ojca Huygensa dla synów na wyjezdnym do Lejdy *Norma studiorum*, jest w niejednym zbieżna z instrukcją Jakuba Sobieskiego, choć jest od niej o wiele krótsza, pisana naprędce ("scribebam distractissimus")[97]. Uczony sekretarz księcia orańskiego mógł bowiem z pobliża kierować tokiem studiów synów, naszkicował więc tylko zasadnicze punkty. Pozostający w dalekiej Polsce wojewoda ruski opracował swoje wytyczne z niezwykłą starannością, choć wiele pozostawił jeszcze do przyszłej korespondencji, którą niestety przekreśliła jego śmierć.

W każdym razie w przebiegu swych studiów mieli Huygensowie i Sobiescy jednego wspólnego nauczyciela — Stampianusa. W katalogu biblioteki Jana III odnajdujemy też szereg tych samych podręczników, jakie uwzględnił Stampianus w zestawie książek przewidzianych w nauce Huygensów (uwzględnił on tu również *Rozprawę o metodzie* wraz z *Geometrią* Kartezjusza)[98]. Zarówno w bibliotece Sobieskiego, jak i na liście Stampianusa, znajdują się dwa podstawowe ówczesne podręczniki holenderskiego budownictwa fortyfikacyjnego.

Pierwszy z nich to *Fortification ou architecture militaire* Samuela Marolois, nieżyjącego już wówczas matematyka francuskiego, który większą część życia spędził w służbie holenderskiej. Pierwsze wydanie ukazało się w 1615 r. Jan III posiadał jedno z następnych wydań z Cahors z 1617 r. Było to dzieło pionierskie i z tej racji nie wolne od błędów, prostowanych w późniejszych wydaniach przez Andrzeja Girarda. Zarówno na liście Stampiana, jak i w bibliotece królewskiej, figurują ponadto i inne dzieła tegoż autora, takie jak *Opera geometrica et mathematica* (Amsterdam 1627) oraz *Perspective* (Amsterdam 1628). Dziełem daleko doskonalszym i szeroko cenionym był drugi traktat, wspomnianego już torunianina, Adama Freytaga. Sobiescy posiadali tłumaczenie francuskie, wydane w Lejdzie w 1635 r.[99]

Ponadto w bibliotece Sobieskiego znajdowało się dzieło najświeższej daty (dlatego nie uwzględniał go jeszcze Stampianus, gdy obejmował funkcję nauczyciela Huygensów), najpotężniejsze też objętościowo — *L'architecture militaire* Macieja Dögena, Niemca z Drawska Pomorskiego, wydane w Amsterdamie w 1645 r. i dedykowane Fryderykowi Wilhelmowi, elektorowi brandenburskiemu[100]. Wspomnijmy przy okazji, że przyszły „wielki elektor" spokrewniony był z rodziną elektora Palaty-

---

[97] Ch. Huygens, *op. cit.*, t. I, s. 4—5. Obszerniejszą natomiast instrukcję dla młodziutkiego księcia Wilhelma Henryka, przypominającą „krakowską" instrukcję Jakuba, opracował Huygens w 1659 r. (Ch. Huygens, *Mémoires*, publiées... par T. Jorisson, La Haye 1873, s. 163—175).
[98] Ch. Huygens, *Oeuvres...*, t. I, s. 5—10.
[99] *Katalog książek... Jana III*, s. 6, 53, 65, 89.
[100] *Ibid.*, s. 2.

natu i dziesięć lat przed Sobieskimi i on przebywał i kształcił się w Hadze, w 1646 r. zaś pojął za żonę córkę Fryderyka Henryka Orańskiego. Jego zainteresowania naukowe, a matematyczne w szczególności, podziwiać będzie w 1658 r. sekretarz Ludwiki Marii, Piotr Des Noyers, podczas wizyty w Berlinie[101]. Matematykiem elektora zostanie Jan Placentinus-Kołaczek z Leszna, profesor Uniwersytetu we Frankfurcie nad Odrą, pierwszy zapalony kartezjanin na terenie Niemiec, pracujący również w zakresie teorii architektury wojskowej[102]. Nie urzeczywistnione w Polsce owej doby plany stworzenia specjalnego szkolenia wojskowego „wielki elektor" zrealizuje, zakładając w 1653 r. Akademię Rycerską w Kołobrzegu z położeniem nacisku właśnie na szkolenie w technicznych środkach walki[103]. Tak to u północnych granic Rzeczypospolitej zaczęła się formować potęga militarna groźna dla jej przyszłości.

Posiadane przez Sobieskich podręczniki rozpoczynały się od definicji architektury wojskowej i historycznych uwag o wykorzystaniu przez człowieka naturalnych możliwości obronnych oraz stwarzaniu i rozwoju obrony sztucznej. Wśród bogatych plansz Freytag zamieszczał np. ilustrację średniowiecznego systemu fortyfikacji — pionowych murów z krenelażami oraz basztami różnych kształtów — graniastosłupowymi i walcowatymi. Następne ilustracje przedstawiały nowożytny system fortyfikacyjny — grube, pochyłe wały z ostrymi występami, czyli bastionami, rozmieszczonymi na zgięciach wałów — kurtyn. System bastionowy, tzw. starowłoski, powstał we Włoszech u schyłku XV w. Młodzi Sobiescy mogli znać jeszcze z rodzinnej biblioteki włoski traktat *Della architectura militare libri tre* (Brescia 1599) Franciszka de Marchi, który pierwszy sformułował zasady systemu nowowłoskiego[104]. Przemiana polegała na skróceniu odcinków wałów między bastionami przy jednoczesnym powiększeniu tych ostatnich, zapewniającym jeszcze lepszą obronę kurtyn. Obydwa systemy Sobiescy znali już dobrze z autopsji, tak z Polski (system starowłoski reprezentował np. Zbaraż, nowowłoski — Zamość, Podhorce oraz ufortyfikowany przez ich ojca rodzinny Złoczów)[105], jak i z tylu zwiedzonych przez nich krain.

Szkoła włoska operowała wałami ziemnymi, omurowanymi kamiennymi okładzinami. Taki system stosowany był początkowo i w Niderlandach, gdzie jednak z czasem wytworzył się odpowiadający miejscowym warunkom i tańszy system fortyfikacji ziemno-palisadowych, niższych,

[101] P. Des Noyers, *Lettres*, Berlin 1859, s. 418.

[102] L. Chmaj, *Jan Placentinus Kołaczek, nieznany kartezjanin XVII w.*, Archiwum Historii Filozofii i Myśli Społecznej I, 1957, s. 71—81.

[103] K. Mrozowska, *Szkoła Rycerska Stanisława Augusta Poniatowskiego*, Monografie Pedagogiczne, t. VIII, Wrocław 1961, s. 10.

[104] *Katalog książek... Jana III*, s. 2.

[105] A. Czołowski, *Zamki i twierdze...*, passim; A. Gruszecki, *op. cit.*, s. 258; S. Herbst, J. Zachwatowicz, *Twierdza Zamość*.

ale o bardziej zróżnicowanych profilach, połączonych w większym stopniu z wodnymi fosami. Były one dziełem już nie tyle architektury, co inżynierii. W Polsce od lat dwudziestych XVII w. zaczęły się pojawiać tego typu umocnienia, zarówno w trwałych obwarowaniach miast (Warszawy, Gdańska, Elbląga, Kudaku, Brodów) jak i w zastosowaniu do fortyfikacji polowych (pod Chocimiem w 1621 r., w czasie oblężenia Smoleńska w 1633 r.)[106].

Systemowi holenderskiemu, stworzonemu głównie przez Stevina, poświęcone były w zasadniczym swym zrębie traktaty Maroloisa, Freytaga i Dögena. Freytag dawał definicje około dziewięćdziesięciu terminów, powstałych dla określenia poszczególnych elementów systemu, w języku francuskim, niemieckim, flamandzkim i łacińskim. Terminy te, w różnych wersjach językowych nieraz już musiały docierać do uszu młodych Sobieskich w czasie zwiedzania tylu fortec i obwarowań miejskich. Cała ich dotychczasowa wiedza, gromadzona okazjonalnie, ulec musiała usystematyzowaniu i pogłębieniu. Pod kierunkiem nauczyciela przyswoili sobie przede wszystkim we francuskiej wersji językowej, jak to przewidywał ich ojciec, podstawowe nazwania części składowych fortyfikacji (takie, jak: rempart, bastion, boulevard, carematte, parapet, banquette, chemin de ronde, chemin couvert, tranchée, redoute, ravelin, ouvrage à corne, ouvrage à couronne). Nauczyciel musiał ich dalej wtajemniczyć w widoczne już tylko na planach pomocnicze linie służące skonstruowaniu zarysu fortyfikacji (np. ligne capitale, flanc prolongé, distance des polygones, angle du centre, angle filanqué). Podobnie poznać musieli elementy skomplikowanego profilu fortyfikacji w przekroju poprzecznym (base du rempart, hauteur du rempart, talud du rempart, base du parapet itp.).

Księga pierwsza Freytaga dotyczyła wymierzania planów fortec o kształcie wielokątów foremnych, księga druga poświęcona była fortecom o planach nieregularnych oraz budowaniu dodatkowych „dzieł zewnętrznych", czyli umocnień wysuniętych przed linię fortyfikacji. Księga trzecia traktowała o systemach polowych, stosowanych przy kampaniach prowadzonych w otwarym terenie i przy oblężeniach.

Młodzi panicze uczyli się sporządzać sami odpowiednie rysunki. Prace takie Tomasza Zamoyskiego utworzyły całą księgę, w której „bardziej niż w najdroższym kolejnocie kochał się — jak podaje jego panegirysla — W każdej drodze i ekspedycji wojennej miewał ją ze sobą"[107]. „Manuskrypty ręką JMci, fortyfikacyje różne" Aleksandra lub Jerzego Lubomirskich długo przechowywano w Wiśniczu[108]. Sobiescy również w czasie studiów w Hadze musieli sami wykonywać obliczenia i rysunki.

[106] A. G r u s z e c k i, op. cit., s. 259.
[107] S. Ż u r k o w s k i, op. cit., s. 30.
[108] A. G r u s z e c k i, op. cit., s. 102.

Dögen pomieścił w swym dziele obfity zestaw planów istniejących fortec, przede wszystkim z terenu Niderlandów. Jeszcze liczniejsze i większe plany i przekroje posiadali Sobiescy we wspomnianym już monumentalnym dziele Jana Blaeua (*Novum ac magnum theatrum urbium Belgiae* (Amsterdam 1648—1649), wydanym w dwóch częściach, jednej poświęconej Zjednoczonym Prowincjom, drugiej — Niderlandom Hiszpańskim.

Nie wiemy niestety nic konkretnego o przejściu Sobieskich od studiowania architektury militarnej do wiedzy artyleryjskiej, ale były to, jak pamiętamy ze sformułowania dell'Aquy, „nauki spólne", najściślej ze sobą powiązane. Wiedzę o artylerii przyswajano sobie w drugiej kolejności. Tak więc Arciszewski po trzech miesiącach pobytu w Hadze pisał: „Jakoż u fortyfikacyji już in portu navigo [tzn. dobijam do portu, kończę — K.T.] i za pomocą Bożą nie będę się wstydził za nię, nie tylko w Polszcze, ale i między tutecznymi mistrzami". Dopłynąwszy zaś szczęśliwie do owego portu, pragnął poświęcić się studiowaniu artylerii i na te studia przeznaczał całe najbliższe dwa lata. Podobnie ojciec Lubomirski kładł na pierwszym miejscu „matematykę i geometrię" jako podstawy „fortyfikacyji i delineacyji", następnie zaś artylerię, pisząc, jak ważną rzeczą jest poznanie rodzajów dział, odpowiednich do nich kul i innych sekretów tejże sztuki („genera tormentorum, kul do nich quantitates, inszych eius artis secretiora"). Zaklinał syna: „proszę cię, ad amussim [tzn. dokładnie — K.T.] ucz się, boć na tym siła zależy".

Sama Haga, jak wiemy z listów Arciszewskiego, była ośrodkiem produkcji doskonałych dział. Arciszewski pisał, że jest tu „bardzo dobra spiża, że w niej miedzi siła" i że dzięki temu działa są stosunkowo lekkie. „Mam ja dawno compositią [tzn. skład — K.T.] jej i wagę" — dodawał. Donosił hetmanowi Radziwiłłowi, że można na miejscu zaangażować „indzieniera i petardnika", ale przestrzegał, że wymagają oni bardzo wysokich pensji i że lepiej zamawiać działa w Hadze, tak jak to czyni król francuski i angielski. „Haska robota to ma na przywileju, że accuratior niż wszystkie insze holenderskie" — zapewniał[109]. Sobiescy nie zaniedbali chyba okazji zaznajomienia się z miejscową produkcją. Gawarecki wspomniał, jak to przejazdem w Dordrechcie zwiedzili "cekhaus porządny, w działach zwłaszcza", a ponadto obejrzeli „u jednego sztycharza sztukę bardzo foremnej roboty jego, to jest bandolet jeden, z którego za jednym nabiciem ośm razy kiedy zechce, strzelić może". Kosztował tysiąc złotych.

Jak wspominaliśmy, w Polsce istniały podręczniki artylerii — drukowane tłumaczenie *Archelli* Uffana i krążące w kopiach rękopiśmienne dzieło dell'Aquy. W rok po powrocie Sobieskich z zagranicy miała się ukazać w Amsterdamie *Artis magnae artilleriae pars I* Siemienowicza,

---

[109] A. K r a u s h a r, *op. cit.*, t. I, s. 180.

wspaniały i trwały dowód powiązań polsko-holenderskich w tej właśnie dziedzinie.

W bibliotece Sobieskiego odnajdujemy dzieło Jana Jakuba Walhausena, kapitana gwardii miasta Gdańska, *L'art militaire pour l'infanterie* (Leeuward 1630)[110]. Dzieło to, bogato ilustrowane, przedstawiało posługiwanie się przez piechotę muszkietem i piką, musztrę kompanii oraz bojowy ordynek kompanii i regimentu według metod opracowanych przez księcia Maurycego Orańskiego. Pierwsze wydanie tego dzieła, które ukazało się we Frankfurcie w 1616 r., dedykowane było samemu Maurycemu. Wydanie posiadane przez Sobieskich zwrócone było dedykacją do jego następcy, Fryderyka Henryka. Metody Maurycego dotyczące staczania bitew w otwartym polu, starano się współcześnie naśladować i w innych armiach, jednakże bez większych rezultatów[111] (w bibliotece Jana III nie figuruje natomiast, rzecz dziwna, drugie analogiczne dzieło Walhausena poświęcone szkoleniu i operacjom konnicy — *L'art militaire à cheval*, wydane pierwszy raz również we Frankfurcie w 1616 r.).

W czasie pobytu w Prowincjach wszystkim Polakom rzucała się w oczy niezwykła karność panująca w wojsku oraz sprawność organizacyjna. „Rzecz jest godna uważenia — pisał Jakub Sobieski — iż tam jest taki wojowania porządek i zatrzymania żołnierza w karności, choć ich też nie zawsze płaca dochodzi jako i u nas (ba, pewnie i częściej u nas), a przecie nie tylko się nie ubożą, ale i bogacą wojną tamte kraje, i nie znać ani słychać żadnego skwirku, jako to u nas bywa na żołnierza". Młodzi Sobiescy z uznaniem oglądali, jak mieszkańcy Prowincji manifestowali dumnie, że stoją stale na straży swej niezależności, z takim trudem zdobytej. Gawarecki barwnie przedstawił scenkę zmiany wart w Groningen, sprawowanych przez żołnierzy na zmianę z mieszczanami. W Hadze byli świadkami wspaniałej parady urządzonej z okazji jarmarku, w czasie której „sześć kompanii barzo strojno, świetno i dostatnio ubranych", złożonych z mieszczan w pełnym rynsztunku bojowym, maszerowało po ulicach, strzelając na wiwat od rana do wieczora. Przypomnijmy, że kilka lat wcześniej, w 1642 r., powstał obraz Rembrandta, niesłusznie nazwany później *Strażą nocną*, będący zaś naprawdę *Wymarszem strzelców*, w dzień świąteczny, zapewne na konkurs strzelecki, w asyście chłopców z dziecinną bronią i dziewczynek z ptakami, ujęty w ostrym luministycznym kontraście mroku sieni i słońca na ulicy.

W bibliotece Sobieskiego odnajdujemy też dzieła historiograficzne dotyczące wydarzeń wojen w Niderlandach, datami wydań nie przekraczające okresu studiów Marka i Jana. Było tu więc wspomniane już dzieło Heinsiusa, Famiana Strady *De bello Belgico decades duae* (Rzym

---

[110] *Katalog książek... Jana III*, s. 60.
[111] **T. M. N o w a k,** J. **W i m m e r,** *Historia oręża polskiego 963—1795*, Warszawa 1981, s. 334 i nast.

1640—1647) oraz Marka Boxhorna *Historia obsidionis Bredanae* (Lejda 1640) dotyczące drugiego oblężenia z 1637 r.[112] Sobiescy mogli zaprawiać się w lekturze historycznej połączonej z rozważaniami nad materiałami graficznymi i kartograficznymi. Wiemy, że lekturze takiej oddawał się Tomasz Zamoyski, który całe życie nie rozstawał się z „cyrklami proporcjonalnymi, liniami i innemi do tego potrzebami", właśnie „przy czytaniu różnych historyków i polityków". Na tym tle sam snuł plany prowadzenia fos, wznoszenia szańców, zakładania obozów. Arciszewski przesłał niegdyś Radziwiłłowi „mappę okolicy Bredawskiej", aby hetman mógł śledzić zachodzące w działaniach zmiany, o jakich dochodziły coraz to nowe wieści. Wąsowski wspomina, że Grudzieńscy w czasie swych studiów zagranicznych uczyli się rysować i kolorować mapy. Z późniejszych lat życia Jana Sobieskiego wiadomo, jak cenił sobie prace kartograficzne. Już w czasie wyprawy przeciw Rakoczemu w 1657 r. posługiwał się mapami i korygował ich dane[113]. Poznanie wartości dobrych informacji tego typu musiało wziąć swój początek w okresie studiów.

O tym, jak owocowały potem wyniesione z Holandii umiejętności, niech przykładowo świadczy fakt, że Jan III potrafił skorygować plany fortyfikacji dla Częstochowy, opracowane przez jego sekretarza i architekta Krzysztofa Mieroszewskiego[114], który w dobie panowania Sobieskiego oprócz czynnej działalności fortyfikacyjnej będzie zmierzał, przy poparciu króla, do zrealizowania Akademii Rycerskiej przy Akademii Krakowskiej dla synów szlacheckich, w ich rodzinnym kraju.

6. W NIDERLANDACH HISZPAŃSKICH

W drodze do Francji i po półrocznym pobycie w Hadze, dwukrotnie zwiedzali Sobiescy Niderlandy Południowe[115]. Pozostając pod panowaniem hiszpańskim, zwane były w odróżnieniu od Republiki Zjednoczonych Prowincji, czyli Belgii Skonfederowanej — Belgią Królewską, Katolicką lub Hiszpańską. Krainy te zwiedzał niegdyś ich ojciec Jakub, a ze współczesnych najobszerniej opisywał Wąsowski.

---

[112] *Katalog książek... Jana III*, s. 35, 36.

[113] B. O l s z e w i c z, *Król Jan Sobieski jako miłośnik geografii*, „Przegląd Geograficzny" I, 1918/1919, s. 115—121.

[114] A. W a c h u ł k a, *Krzysztof Mieroszewski, inżynier, architekt i geometra polski XVII w.*, Studia i Materiały z Dziejów Nauki Polskiej, ser. C, z. 1, Warszawa 1957, s. 13.

[115] S. G a w a r e c k i, *Diariusz...*, s. 53—57, 127—131. Poniżej wykorzystujemy analogiczne opisy Jakuba S o b i e s k i e g o, *Dwie podróże.*, s. 39—43 i B. N. W ą s o w s k i e g o, *op. cit.*, s. 296—314.

W 1646 r. przejazd zabrał młodym Sobieskim około trzech tygodni (od 18 maja do 6 czerwca). Zwiedzili wówczas Antwerpię i Brukselę. W 1648 r. opuścili Dordrecht 28 maja i nie bez przeszkód dotarli do stolicy. W ostatnim porcie holenderskim, Lillo, nie chciano wypuścić ich barki, peregrynanci zaniedbali bowiem wystarać się o specjalny paszport. Zdołali jednak w końcu, „wziąwszy małą bareczkę", przemknąć się do Antwerpii. Zaraz potem, 1 czerwca, przenieśli się do Brukseli. Stąd w dniach od 3 do 5 czerwca zrobili wypad do Lowanium, a 5 lipca do Malines. Poza tym, aż do 24 lipca, prawie dwa miesiące bawili w Brukseli.

Choć strona hiszpańska była stroną przegrywającą, niektóre urządzenia fortyfikacyjne zrobiły na peregrynantach, zwłaszcza za pierwszej bytności, wielkie wrażenie. Gawarecki opisał dokładnie sławny fort wzniesiony koło Antwerpii z końcem XVI w., któremu niegdyś wyjątkowo dużo uwagi poświęcił również Jakub. „Szliśmy do kasztellu — czytamy u Gawareckiego pod datą 18 maja 1646 r. — od miasta na kilka strzelanie z łuku, godnego podziwienia i widzenia, który, jak powiadają, albo jakośmy widzieli, rzecz niedobyta, o którą się po kilkakroć Holandowie kusili, ale nic nie wskórali". Miał ten kasztel pięć „bulwarków" (rozplanowany był na regularnym pięcioboku), mury podwójne z fosą między nimi, wały spiętrzone, reduty, przejścia podziemne. Dział naliczyli siedemdziesiąt i dowiedzieli się, że stacjonuje tu stale trzy tysiące żołnierzy z zapasami żywności na trzy lata. Plan tej fortecy miał król Jan w tomie *Theatrum urbium Belgicae Regalis* Jana Blaeu'a.

Jakub Sobieski zachwycał się niegdyś w Antwerpii „szerokością ulic, równością kamienic i proporcyją", tego „oczom ludzkim najmilszego miasta we wszystkim chrześcijaństwie". W czasach młodszych Sobieskich znaczenie Antwerpii jako potęgi rzemieślniczo-kupieckiej należało już do przeszłości, ustępując pierwszeństwa emporium północnemu — Amsterdamowi. Krzysztof Opaliński, który znał Belgię z czasów studiów w Lowanium na początku XVII w., gdy przybył do Antwerpii jesienią 1645 r., rozpaczał nad jej stanem, kojarzącym mu się ze starożytnym pożarem Troi[116]. W 1648 r. działania wojenne na froncie holenderskim już wygasły. Właśnie przygotowywano się do obchodów z racji zawartego pokoju, do czego jeszcze powrócimy.

W Brukseli oglądali peregrynanci zamek „proporcyjej bardzo pięknej i sumptu wielkiego", otoczony ogrodem z egzotycznymi drzewami, ptaszarnią i zwierzyńcem. Więcej miejsca niż budowlom świeckim poświęcił jednak Gawarecki kościołom „starożytnym bardzo i dostatnim" oraz uroczystościom kościelnym. Dwukrotnie bowiem przybywali do Belgii Katolickiej z ziem protestanckich i już za pierwszym razem Gawarecki podkreślił, jak wielkiej pociechy doznali po przyjeździe do Antwerpii —

---

[116] K. Opaliński, *op. cit.*, s. 300.

„gdyśmy obaczyli kościoły, klasztory catholickie, a w rynku w pośrodku figurę Męki Pańskiej, barzo kosztowną robotą z mosiądzu złocistą".

Najwspanialszym obiektem sakralnym był tu kościół jezuitów (wzniesiony w latach 1615—1621), liczący we wnętrzu „samych filarów białych marmurowych czterdzieści dwa", ze ścianami, gankami, kaplicami i ołtarzami „różnemi marmurami sadzonemi". Wąsowski naszkicował plan tej świątyni, zaznaczając, że jest on charakterystyczny również i dla innych nowych kościołów belgijskich. Pozostawił ponadto na kartach swego diariusza widok wnętrza — prezbiterium, prawej elewacji i „odchylonego" sklepienia. Przy tych szkicach zamieścił obszerny opis[117]. Podawał, jak Gawarecki, że kolumny są z najbielszego i najkosztowniejszego marmuru, sprowadzonego z Genui. Szkic pokazuje, że ustawiono je dwukondygnacjowo, oddzielając arkadami nawę główną od naw bocznych i galerii ponad nimi. Beczkowe sklepienie wykonane było z drzewa. Płaskie stropy nad nawami bocznymi pokrył malowidłami Piotr Paweł Rubens. Jego nazwisko wspomina nie tylko Wąsowski, ale i Gawarecki: „Obrazów też barzo kosztownych widzieliśmy nie mało sławnego onego malarza Rubensa". U Gawareckiego nazwisko to pojawiło się już po raz trzeci (poprzednio wspomniał je przy zwiedzaniu Anglii), a jest jedynym utrwalonym w całym diariuszu nazwiskiem artysty. Ale też w grę wchodził sztandarowy malarz epoki baroku, zmarły niedawno, w 1640 r., posiadający ugruntowaną renomę w całej niemal Europie, za życia zaszczycony szczególnymi względami wielu monarchów, używany przez nich nawet do spełniania misji dyplomatycznych. Jego pracownię w Antwerpii zwiedzał w 1624 r. królewicz Władysław, pozując mistrzowi, czego efektem zachowany piękny portret młodego Wazy. Importy malowideł oraz pośrednie wpływy poprzez grafikę włączyły już wcześniej także i Polskę w krąg oddziaływania niezwykle silnej indywidualności tego artysty[118].

Wąsowski wyjaśniał szerzej, na czym polegał „rzadki kunszt" („artificium rarissimum") malowideł rubensowskich w jezuickim kościele w Antwerpii. Patrzącemu z dołu wydawało się, że wyobrażone na stropach postaci stoją pionowo. Gdyby je jednak umieszczono na ścianach bocznych, okazałyby się monstrami (malarz zastosował bowiem celowe deformacje, wywołujące właściwy, prawidłowy wygląd jedynie z perspektywy dolnej). Wąsowski zaznaczył, że podobne malowidła znaleźć można tylko na angielskim i francuskim dworze królewskim. Antwerpskie strawił pożar w 1718 r.[119]

---

[117] B. N. W ą s o w s k i, op. cit., s. 519 (reprodukcję zamieścił J. B a r a n o w s k i, Bartłomiej Nataniel Wąsowski..., il. 44).

[118] Dotyczy tego zbiór rozpraw w cytowanej książce Rubens, Niderlandy i Polska...

[119] Malowidła te znane są jedynie częściowo z rysunków i rycin, z których niektóre zachowały się w Polsce (Z. M a ś l i ń s k a - N o w a k o w a, Les dessins

Przy kościele jezuitów zwiedzili Sobiescy „collegia wszytkie, biblioteki dostatnie, congregatie etc., godnych siła rzeczy do widzenia", opisywane dokładniej przez Wąsowskiego, przejawiającego zawsze duże zainteresowanie bibliotekami, a urządzeniami swego zakonu w szczególności.

W 1646 r. w Brukseli „odprawili" Sobiescy czerwcowe święta Trójcy Św. i Bożego Ciała, w 1648 r. w Antwerpii zatrzymali się na Zielone Świąta, a w Brukseli uczestniczyli w lokalnych obchodach na pamiątkę cudu z hostiami w kościele katedralnym św. Guduli. Te ostatnie obchody obejmowały całą oktawę, a przybył na nie z armii (toczyły się działania wojenne na froncie francuskim) sam arcyksiążę Leopold. Kroczył w procesji wraz z największymi grandami, jego kapela przygrywała ceremoniom. Również do Malines udali się Sobiescy na lokalne uroczystości religijne, z procesją relikwii, bramami tryumfalnymi, ruchomymi jednostkami dekoracyjnymi, takimi jak „okręt wojenny pod żaglami", toczony na pewno na kołach. Z tejże okazji odbywał się kiermasz. Tak jak w Prowincjach Północnych towarzyszyła mu parada wojskowa mieszczan — „dziesięć companii ludu barzo wybornego, strojno i dostatnio, chłopów hożych, tak jako do boju ze wszystkim orężem przybranych", strzelających na wiwat.

O nawiązaniu kontaktów osobistych i znajomości Gawarecki nic nie wspomina. Jakub Sobieski podkreślał kiedyś, że ówczesny namiestnik Belgii, arcyksiążę Albert, posiadał dwór liczniejszy niż monarszy i że „nie trudno tam było o konwersacyją swobodną, ale poczwią z tak zacnymi ludźmi, jako i z zacnemi matronami". Z przeżyć królewicza Władysława wiemy jednak, że nie odpowiadały mu zupełnie „terminy hiszpańskie" i „joki [tzn. gry — K.T.] publiczne", jak pisał Pac o wyszukanej tutejszej etykiecie: „Jednym krokiem mniej albo więcej co uczynić — periculum było stracić wszytkę reputacyją"[120]. Sobiescy z daleka tylko obserwowali próbki tej ceremonialności, oglądając np. w Brukseli „kurs" karet z damami i kawalerami wymieniającymi pozdrowienia.

Dość liczne były natomiast spotkania Sobieskich ze studiującą młodzieżą polską. O Polakach napotkanych w 1646 r. była już mowa. W Brukseli zetknęli się, tym razem na pewno osobiście, z Bogusławem Radziwiłłem, który, mimo że kalwin, bardzo często w tych latach bawił właśnie na brukselskim dworze. Sobiescy zastali również Firleja, wojewodzica lubelskiego (Piotr, wojewoda lubelski zmarł jeszcze w 1619 r., być może więc chodziło o syna aktualnego kasztelana lubelskiego, Stanisława Firleja). Był tu również wojewodzic Szczawiński, ale ponieważ aż trzech Szczawińskich piastowało w I poł. XVII w. godność

inconnus de *J. J. Preissler d'après les plafonds anversois de Rubens*, „La Revue Belge d'Archéologie et d'Histoire de l'Art" XXII, 1958, s. 109—116).

[120] *Podróż królewicza Władysława...*, s. 153—154.

wojewody brzesko-kujawskiego, trudno rozstrzygnąć kim był ów młodzieniec.

W dniu 3 czerwca 1648 r. udali się Sobiescy do Lowanium, przede wszystkim aby zobaczyć się z „Ich Mość Panami Ostrorogami". Byli to bez wątpienia synowie Mikołaja, podczaszego koronnego — Zygmunt Jan i Mikołaj, dawni koledzy Sobieskich ze szkolnej ławy z Kolegium Nowodworskiego w Krakowie[121]. Po kilku latach niewidzenia mieli o czym wspominać, mieli czym dzielić się ze swych świeżych przeżyć. Zygmunt Jan zostanie w przyszłości pułkownikiem i generałem artylerii koronnej, może więc już wówczas młodzi przyjaciele wiedli także i rozmowy na tematy dotyczące studiów i obserwacji wojskowych.

W Lowanium spotkali ponadto Sobiescy Stanisława Koniecpolskiego — nie wiemy jednak, czy był to ten sam Stanisław, który dwa lata wcześniej przybył do nich do Brukseli, ani też o którego przedstawiciela tego rodu może chodzić. Nie da się też nic bliższego powiedzieć o dwóch jeszcze Polakach przebywających podówczas w Lowanium — Stanisławskim i Zarębie, których obok wyżej wspomnianych wymienia Gawarecki.

Lowanium przez całą pierwszą połowę XVII w. było jednym z głównych ognisk uniwersyteckich na Zachodzie, do których ściągała młodzież szlachecka i magnacka. Nabierała tu wysokiego poloru humanistycznego, dobrze przygotowywała się do służby polityczno-obywatelskiej, a także wojskowej. Wśród wielu nazwisk znanych „lowańczyków" — Ossolińskiego, Opalińskich, Sapiehów, znajdują się także nazwiska krewnych Marka i Jana Sobieskich. Tu studiował pod kierunkiem profesora Filipa Castellana Jan Żółkiewski (ok. 1610 r.), ich wujeczny dziadek. Szymon Szymonowic polecał go specjalnymi listami innemu tutejszemu profesorowi — sławnemu Erykowi Puteanowi. W 1620 r. do Lowanium podążał młodszy, przyrodni brat Jakuba Sobieskiego, Jan, zaopatrzony na odjezdnym w braterską instrukcję, do której nie raz odwoływaliśmy się. W 1626 r. u Mikołaja Vernulaeusa studiował brat matki młodych Sobieskich, Stanisław Daniłowicz — szczególnie bliski Janowi wuj z Oleska. Mistrz Vernulaeus dedykował mu zbiór swych rozpraw[122].

Gdy Krzysztof Opaliński w roli posła Władysława IV jechał z Polski do Francji i po drodze spotkał się ze swymi lowańskimi profesorami, napisał ze wzruszeniem: „Dostałem się sam [tzn. tu — K.T.] jak do Polski"[123] — tyloma nićmi krąg lowański związany był z Polską. W 1646 r. zmarł wprawdzie Puteanus, a w 1649 r. miał zejść do grobu Vernulaeus. Jak wynika z podanej przez Gawareckiego liczby pięciu polskich nazwisk

[121] H. B a r y c z, *Lata szkolne...*, s. 77.
[122] S. K o t, *Polacy na studiach w Lowanium...*, s. 17, 20.
[123] K. O p a l i ń s k i, *op. cit.*, s. 200.

w 1648 r., schyłek lat czterdziestych nie był jeszcze okresem zaniku studiów Polaków w Lowanium.

W dniu 5 czerwca 1648 r. wraz z całą tą gromadką rodaków powrócili Sobiescy do Brukseli na uroczystości oficjalnego ogłoszenia pokoju zawartego między Hiszpanią i Republiką Zjednoczonych Prowincji. Gawarecki przepisał okolicznościowe inskrypcje zdobiące miasto i gloryfikujące pokój. Od 7 czerwca przez trzy następne noce cała Bruksela stała w ogniu, palono smolne beczki przed każdym najmniejszym nawet domem, na każdej wieży kościelnej, wypuszczano race i oddawano salwy z dział i strzelb. Bankietowano na ulicach przy dźwiękach muzyki.

W Niemczech zakończyła się w tymże roku wojna trzydziestoletnia, w Niderlandach wojna osiemdziesięcioletnia. I oto w dwa dni po uroczystościach brukselskich na naszych Polaków spadła smutna wiadomość z ich ojczyzny: „12 Junii — pisze Gawarecki — nieszczęsna nowina przyszła od księcia brandenburskiego do księcia J. M. Radziwiłła o ześciu z tego świata nieśmiertelnej pamięci króla Pana naszego Władysława Czwartego, w Mereczu 20 Mai". Następne wieści potwierdziły prawdziwość tego doniesienia, w osiem dni zaś później gruchnęła następna złowroga wiadomość: „20 Junii. Po tak smutnej nowinie nastąpiła żałośniejsza, iż wojsko nasze kwarciane z obiema hetmanami i z tak wielą dzielnych rycerzów i panów zniesione 27 Mai na Ukrainie od rebelizantów Kozaków". Była to już druga, po Żółtych Wodach, klęska poniesiona pod Korsuniem.

Po kilku dniach koniecznych przygotowań 21 czerwca Sobiescy „żałobę oblekli po Królu Jego Mści", drugą zatem żałobę w czasie peregrynacji, tym razem o charakterze ogólnonarodowym. W dniu 16 lipca nadeszły z Polski listy od matki, „Jej Mści paniej krakowskiej, w których wiele niepocieszonych nowin". Teofila Sobieska wzywała synów do natychmiastowego powrotu. W dniu 24 lipca, odprowadzani do barki przez Ostrorogów, Koniecpolskiego i Firleja, ruszyli oni do Antwerpii. Stąd wysłali bagaże do Rotterdamu i „samopiąt" (a więc bracia Sobiescy, Lisowski, Gawarecki i jeszcze jedna osoba z ich dawnego orszaku puścili się na Bredę. Wzmianką o przyjeździe do niej w dniu 26 lipca 1648 r. kończy się dziennik Gawareckiego.

ZAKOŃCZENIE

Tak więc wskutek nieprzewidzianych, nagłych wydarzeń — śmierci Władysława IV i wybuchu wojen kozackich — Sobiescy musieli przerwać studia i podróże zagraniczne. Nie dowiemy się już czy wedle pierwotnej koncepcji zwiedzanie Belgii kończyło w ogóle pobyt w Niderlandach, czy też była to może wakacyjno-letnia wyprawa, po której mieli jeszcze podjąć studia w Prowincjach Północnych. Konieczność powrotu stanęła w każdym razie na przeszkodzie projektowanej podróży do Włoch, choć kasztelanice mogli nosić się z zamiarem zrealizowania jej w czasie późniejszym. Jak to nieraz bywało, młodzi magnaci, po wzięciu udziału w nadarzającej się kampanii, kontynuowali przerwane wojaże zagraniczne. Przedłużający się i groźny stan wojen, wstrząsających odtąd Rzecząpospolitą, unicestwił jednak z czasem zupełnie takie ewentualne nadzieje Sobieskich.

Z końcem lipca 1648 r., znów przez terytorium Republiki Zjednoczonych Prowincji i przez Niemcy, najkrótszymi możliwymi szlakami podążyli do Polski. Gdzieś w drodze, 17 sierpnia, wypadły dziewiętnaste urodziny młodszego z braci — Jan rozpoczynał dwudziesty rok życia.

Do Zamościa, gdzie schroniła się ich matka, dotarli po 23 września — po haniebnej klęsce poniesionej przez pospolite ruszenie pod Piławcami. Jak opowiada Jan w swym wywodzie przodków, Teofila Sobieska „nie po jedenkroć mawiała, że gdyby tak który z synów moich miał ujść z potrzeby, nigdybym go nie miała za syna". Czyniąc aluzję do ich herbowego znaku, tarczy-Janiny, „przypominała ową spartańską niewiastę, która wyprawiając synów swoich na podobne ekspedycje, ukazowała im na ich tarczę, mówiąc: Vel cum hoc, vel super hoc".

Obydwaj bracia wyruszyli w boje i rozpoczęli twardą szkołę praktyki wojennej. Dla Marka zakończyła się ona bardzo szybko tragiczną śmiercią w 1652 r., gdy został ścięty jako jeniec po bitwie pod Batohem i do Żółkwi nie powrócił nawet na tarczy. Dla Jana szkoła ta miała trwać długie lata i uczyniła zeń jednego z najlepszych europejskich wodzów owych czasów. Tę praktyczną drogę i odniesione na niej sukcesy przedstawiają i analizują liczne i stale powstające opracowania. My zrekapitulujmy na zakończenie nieobojętną dla tej późniejszej kariery problematykę początkowego wykształcenia, różnie dotąd ocenianą.

Ze środowiska domowego wyniósł Jan nastawienie patriotyczne, karmione rodzinnymi tradycjami wojennymi, początki wiedzy oraz niewątpliwie wdrożenie pod okiem wymagających rodziców do rzetelności w wykonywaniu obowiązków.

W murach Kolegium Nowodworskiego i Akademii Krakowskiej nabrał poloru humanistycznego w duchu epoki wczesnego baroku, ale bez przerostów bezużytecznej wiedzy scholastycznej. Zaznajomił się z elementami nauk realnych i najpewniej miał już okazję zetknąć się z początkami nowej wiedzy wojskowej. Dobrze opanował język niemiecki.

Lata nauk krajowych przeważyły wprawdzie nad zagranicznymi, które też były znacznie krótsze niż w wypadku ich ojca Jakuba[1]. Przyczyniły się jednak do tego nieprzewidziane okoliczności i przerwanie studiów już w 1648 r. Nawet jednak przy tym ograniczeniu pobytu za granicą od lat dwóch, przewędrował Jan i poznał szmat Europy — przejazdem oglądał Niemcy, zetknął się z Anglią, dokładnie zwiedził obie części Niderlandów, najdłużej przebywał we Francji.

W środowisku paryskim doskonalił znajomość łaciny, poszerzał wiedzę z zakresu historii starożytnej, poznawał przeszłość Francji i nauczył się języka francuskiego. Przyszłe małżeństwo z Francuzką Marysieńką stało się ukoronowaniem, a nie początkiem czy podstawą francuskiej orientacji kulturalnej Jana III. Datowała się ona wszak w rodzinie Sobieskich od poprzedniego pokolenia, znajdując tylko później szczególnie podatny grunt do rozkwitu w czasach, gdy żoną dwóch ostatnich Wazów była francuska księżniczka. Z Francji też Sobieski wyniósł fachowe przeszkolenie „rycerskie" w jeździe konnej i szermierce. Powtarzana i utrwalona wiadomość o jego służbie w kompanii muszkieterów nie znajduje natomiast źródłowego umotywowania.

Dużego zasobu wiedzy realnej przydatnej w przyszłej działalności dostarczyły Sobieskiemu pięciomiesięczne studia architektury wojskowej i zapewne wiedzy artyleryjskiej, odbywane w Hadze w Holandii. Dały mu one teoretyczną znajomość najnowocześniejszych, technicznych środków walki, z których rozkwitem i zastosowaniem zetknął się osobiście i naocznie wędrując po krajach Europy zachodniej, zwłaszcza Niderlandach. Studia jego w tym zakresie oceniano jednak dotąd przygodnie, a w związku z tym rozbieżnie.

Pewną przesadą tchną oczywiście stwierdzenia, że „ten wielki kawalerzysta dzieckiem już studiował sztukę wojskową Zachodu, postępy artylerii, fortyfikacji, sztuki oblężniczej w Niderlandach"[2]. Zbyt jednak przesadne są też wątpliwości wysuwane w związku z rzekomo zbyt krótkim okresem studiów, ich ewentualnym przerwaniem i w ogóle powierzchownością[3]. Autorzy tak ostrożnych opinii w innych miejscach sami

[1] H. Barycz, *Nowe i stare elementy w wychowaniu rodziny Sobieskich*, „Studia Pedagogiczne" III, 1956, s. 75—76.

[2] M. Kukiel, *Sobieski-wódz*, „Przegląd Współczesny", 1933, nr 140, s. 309.

[3] T. Korzon, *op. cit.*, t. I, s. 14; O. Laskowski, *Młodość wojskowa...*, s. 21.

czasem stwierdzali, że Sobieski posiadał „doskonałe wykształcenie zawodowe", że miał za sobą gruntowne studia z tego zakresu[4]. Ostatnio padł jednak znów głos, że nie należy przeceniać studiów zagranicznych Sobieskiego[5]. W świetle tego, co przedstawiono na kartach tej książki wydaje się jednak, że zasługują na to, aby je właśnie bardziej docenić.

Niekiedy wiedzę teoretyczną Jana III przypisywano „późniejszej wytężonej pracy", szukając jej śladów w zbiorach bibliotecznych króla[6]. Jak wielokrotnie podnosiliśmy, zawierają one wiele pozycji nabytych zapewne w trakcie zagranicznych studiów jako nierozerwalny ich podkład. I jeżeli w programie kształcenia synów Jana III pojawi się później wiedza wojskowa, to nie będzie to żadne novum, lecz podjęcie tych samych elementów, które wystąpiły już w naukach pobieranych przez niego samego.

Zgodne wysokie oceny króla stwierdzają, że Sobieski, „urodzony wódz jazdy, zagończyk z krwi i kości", potrafił w swej działalności wojskowej wykorzystywać świetnie wszelkie rodzaje broni, stosować zależnie od okoliczności różne metody, stwarzać „syntezę sztuki wojennej Wschodu i Zachodu" — z czego wyrastały jego sukcesy i wielkość[7]. Nie może dziś ulegać wątpliwości, że do tej dziejowej roli dobre przygotowanie uzyskał już w wieku młodzieńczym, w latach nauk i peregrynacji.

---

[4] T. Korzon, *Dzieje wojen i wojskowści w Polsce*, Kraków 1923, t. III, s. 60; O. Laskowski, *Jan III Sobieski*, Londyn 1941, s. 9, 10.

[5] J. Wimmer, *Tradycje wojskowe...*, s. 156.

[6] O. Laskowski, *Młodość wojskowa...*, s. 18.

[7] *Ibid.*, s. 10; M. Kukiel, *loc. cit.*, s. 309.

THE EDUCATION AND PEREGRINATIONS OF JAN SOBIESKI

SUMMARY

The problem of the education of King Jan III Sobieski has never been comprehensively and profoundly analyzed, and the opinions voiced on the subject were either too panegyric and unfounded, or too cautious, reserved or distinctly diminishing its importance. Utilization of surviving sources, however, permits the full appreciation of the studies and education received in his youth, by the future king, which were not indifferent for the basic fields of his activities and fame achieved — military renown.

Jan Sobieski, born in 1629, was first brought up in the home of his grandmother Zofia née Żółkiewska Daniłowicz, and later in the home of his parents — Jakub and Teofila Sobieski. In these surroundings, the patriotic-chivalrous spirit was instilled in him from early childhood, lustre being shed on this by the splendid example of his great-grandfather Stanisław Żółkiewski, who fell during the battle against the Turks at Cecora in 1620. Together with his elder brother Marek, Jan began his education in the family home at Żółkiew where, under the eye of his demanding parents, responsibility in the carrying out of obligations was inculcated in him.

Marek and Jan spent the years 1640—1645 studying in Cracow. It was here that their father once studied and he now formulated his educational assumptions and course of studies for his sons, in special instructions. The young Sobieskis first studied at the Nowodworski College — a secondary school specializing in the humanities which were experiencing the period of their greatest development. They then went on to the Arts Department at the Jagiellonian University. It is probable that similar to their great-uncle, Jan Żółkiewski and their present-day cousins the Koniecpolskis, both Marek and Jan, apart from a knowledge of the humanities, studies some mathematics and their practical applications in the art of war. At the distinct wish of their father, they also mastered German and the rudiments of Turkish.

The foreign travels of the two brothers took place in the years 1646—1648. Although as the result of the Cossack wars they were prematurely interrupted, the fruits were still very rich. Prior to their leaving, Jakub Sobieski wrote new instructions and just previous to this he had written — after many years — an account of his own educational travels, which could be considered to be a guide for Marek and Jan. Their voyages are known to us thanks to the diary kept by the companion to the young Sobieskis, Sebastian Gawarecki. Other contemporary accounts, in particular those of the Arian Hieronim Moskorzowski and Jesuit Bartłomiej Nataniel Wąsowski, constitute valuable comparative and supplementary material.

The first stage of the peregrinations was a voyage to Paris through Poland, Germany and the Netherlands. On passing through Wielkopolska, they visited their elder cousin, Jakub Rozrażewski in Krotoszyn, from whom they gained information which was undoubtedly useful in their further travels. In Germany, they had the occasion to observe the excellent Swedish army and were entertained by the famous old commander, Lenart Torstenson. The Sobieskis were to return to the Netherlands after a longer stay in France.

Jakub Sobieski, himself educated mainly in Paris, also chose the French capital as the main centre for his sons' education abroad. Despite the fact that shortly after arrival in Paris, the Sobieskis learned of the death of their father, their Paris studies had to continue in accordance with his wishes, in the main points. Jakub Sobieski, student of the famous humanist Izaak Casaubon, wished Marek and Jan to improve their knowledge of Latin and ancient history, in Paris. Unfortunately, the name of the young Sobieskis' Paris profesor is unknown. They were also to gain a good knowledge of French, as Jakub was aware of its growing importance in Europe, the moreso for Poles, as Princess Maria Gonzaga occupied the Polish throne at that time, as the wife of King Władysław IV. In accordance with their father's will, the Sobieskis learned the art of chivalry in Paris, and as we know from Gawarecki's diary, they most probably learned horse-riding and fencing in one of the existing academies in the suburb of Saint-Germain, where they were living.

The Sobieskis' father, who had once made closer acquaintance with Henry IV, reckoned on his sons, after learning the language, entering court circles. This could not be realised in full, however, due to the changed situation during Anne of Austria's regency, immediately before the Fronde outbreak. Even so, at the French court, the Sobieskis observed important personalities, the political and culture life of the French capital.

After a stay of six months in Paris, the young Sobieskis travelled round the main provinces and towns of France for four months, visiting on the way — as they had in the other countries through which their travels had taken them — both churches and castles, looking at works of art and curiosities of nature. Following their father's instructions, everywhere they paid special attention to fortifications and the organization of defences.

Following a brief visit to England, during which they visited the imprisoned Charles I, they stayed in the Hague for six months. Here they came into closer contact with two courts — those of the princes of Orange and Elizabeth the Czech queen. There is no doubt that in these surroudings, they came into contact with the ideals of the "Philosopher in hiding" Descartes, who had been in the Republic of the United Provinces of Northern Netherlands for almost twenty years. This interest in Descartes is manifested in the presence of all the works of the philosopher in the later royal library. The majority was most probably purchased during the voyage through Europe. The subject of studies of the young Sobieskis in the Hague was, however, in accordance with their father's will, mainly military architecture. In the first half of the XVII century, many young Polish magnates and the sons of nobles accompanying them studied this subject in the Netherlands. A religious barrier was maintained until the 1630s — the catholics studied and served in the army of Southern Netherlands, the protestants in Northern. When the scales of victory began to lean decidedly towards the Province, this barier ceased to exist and the catholics, the Sobieskis also, hurried to the north, to gain an education in the best and most modern methods of warfare. The young Sobieskis' teacher in the Hague was Jan Stampioen Jr., ten years previously a fairly unfortunate adversary of Descartes in the filed of mathematics, enjoying at that time, however, recognition and bearing the title of mathematician to William II duke of Orange.

Travelling around the Netherlands, the Sobieskis had the opportunity to get to know the Province during the "golden age", marvel at the political and economic expansion of the young republic, the wealth and splendour of the towns with Amsterdam to the fore, the resilience of the universities at Leiden, Groningen and Utrecht. Visiting the Southern Netherlands, whilst in Brussels they witnessed the ceremonies celebrating the end of the Thirty-Years' War and the Eighty-Years' War of independence of the United Provinces. Immediately prior to this, however, they received word of the death of King Władysław IV and the outbreak of the Cossack wars. Recalled by their mother, they made their way back to Poland. For nineteen-year-old Jan, the times of learning and studies closed and the period of martial practice commenced.

Translated by Betty Przybylska

LES ÉTUDES ET LES PÉRÉGRINATIONS
DE JEAN SOBIESKI

RÉSUMÉ

Le problème de l'éducation du roi Jean III Sobieski n'ayant jamais été analysé en profondeur ni dans sa totalité, les jugements prononcés à ce sujet étaient soit dithyrambiques et dénués de fondement, soit trop circonspects, réservés ou diminuant à dessein son importance. L'exploitation des sources subsistantes nous permet toutefois de mettre en valeur les études et l'éducation que le futur roi avait reçues dans sa jeunesse et qui n'étaient pas étrangères au domaine principal de ses activités — le militaire — où il se couvrit de gloire.

Jean Sobieski, né en 1629, fut élevé d'abord dans la maison de sa grand-mère Sophie Daniłowicz née Żółkiewski, puis dans celle de ses parents, Jacques et Théophilie Sobieski. Dans ces milieux une orientation patriotique lui était inculqué dès ses plus tendres années, illuminée par l'éclatant exemple de l'arrière-grand-père Stanislas Żółkiewski tombé en 1620 dans la bataille de Cecora contre les Turcs. C'est à Żółkiew, propriété familiale, que Jean commença à s'initier aux études avec son frère aîné Marc et fut accoutumé à s'acquitter honnêtement de ses devoirs sous les yeux des parents exigeants.

Les années 1640—1645, Marc et Jean les passèrent en s'instruisant à Cracovie. C'est là qu'avait étudié leur père qui, dans une instruction rédigée exprès exposait les principes pédagogiques applicables à ses fils ainsi que l'orientation de leur éducation. Les jeunes Sobieski fréquentaient d'abord le Collège de la Cour neuve, école secondaire humaniste, florissant à l'époque. Ensuite, ils passèrent à la Faculté des Arts de l'Université jaguellonienne. Il est probable que Marc et Jean, tout comme autrefois leur grand-oncle Jean Żółkiewski et à la même époque leurs cousins germains Koniecpolski, touchèrent non seulement aux humanités, mais aussi aux mathématiques et aux applications pratiques de celles-ci dans les arts martiaux. A la demande explicite du père, ils apprirent également la langue allemande et acquièrent des notions de turc.

Les années 1646—1648 sont marquées par le voyage à l'étranger des deux frères. Bien qu'il fût interrompu à cause de l'éclatement des guerres cosaques, ses fruits n'en demeurent pas moins abondants. Avant le départ de ses fils, Jacques Sobieski rédigea à leur usage une nouvelle instruction. Il venait de mettre par écrit la relation de ses propres voyages éducatifs d'autrefois, que l'on peut considérer comme une espèce de guide pour Marc et Jean. Les déplacements de ceux-ci nous sont connus grâce au journal tenu par le compagnon des jeunes Sobieski, Sébastien Gawarecki. D'autres relations contemporaines, en particulier celles du socinien Jérôme Moskorzowski et du jésuite Barthélemy Nathanaël Wąsowski constituent un précieux matériel comparatif et complémentaire.

La première étape de la pérégrination fut le voyage à Paris à travers les territoires polonais, allemands et hollandais. En passant par la Grande-Pologne, à Krotoszyn les Sobieski firent visite à leur cousin germain aîné Jacques Rozrażewski qui leur fournit sans doute de nombreux renseignements utiles dans la suite de leur voyage. Sur le territoire allemand ils eurent l'occasion d'observer l'excellente armée suédoise et furent reçus par le vieux commandant célèbre, Lenart Torstensen. Quant aux Pays-Bas, ils devaient les regagner après un long séjour en France.

Jacques Sobieski, lui-même éduqué surtout à Paris, choisit également pour ses fils la capitale de la France comme centre d'études à l'étranger. Quoiqu'ils eussent appris la mort du père peu de temps après leur arrivée à Paris, les Sobieski durent suivre, dans leurs études parisiennes, les grandes lignes de ses projets. Jacques Sobieski, élève du fameux humaniste Isaac Casaubon, avait désiré que Marc et Jean approfondissent à Paris leur connaissance du latin et de l'histoire ancienne. Le nom de leur professeur parisien nous est malheureusement inconnu. Les jeunes Sobieski devaient en même temps apprendre bien le français, Jacques s'étant rendu compte de l'importance grandissante de cette langue en Europe, d'autant plus pour les Polonais qu'une princesse française, Marie-Louise de Gonzague venait d'accéder au trône en tant qu'épouse du roi Vladislas IV. Conformément à la volonté du père, les Sobieski suivaient à Paris une formation militaire et, selon le journal de Gawarecki, apprenaient l'équitation et l'escrime, assurément dans l'une des académies d'armes du faubourg Saint-Germain où ils habitaient.

Le père Sobieski, qui avait côtoyé Henri IV, espérait que ses fils, eux aussi, ayant appris la langue, pénétreraient dans les milieux de la Cour. La réalisation de ces visées se trouva quelque peu contrariée par le changement de la situation au cours de la régence d'Anne d'Autriche, juste avant que n'éclatât la Fronde. Les Sobieski examinaient tout de même la Cour française, les notabilités, la vie politique et culturelle de la capitale.

Après un séjour de dix-huit mois à Paris les jeunes Sobieski firent en quatre mois un tour des principales villes et provinces de France et visitèrent chemin faisant, comme dans les autres pays qu'ils avaient traversés, aussi bien des églises que des châteaux, en regardant des oeuvres d'art et des curiosités naturelles. Suivant une recommandation du père, ils faisaient partout attention aux fortifications et à l'organisation de la défense.

Après une courte excursion en Angleterre, où ils étaient allés voir Charles Ier Stuart emprisonné, ils se fixèrent pour six mois à La Haye. Là, ils entrèrent en contact avec deux Cours, celle des princes d'Orange et celle de la reine Elisabeth de Bohême. Dans ces milieux ils tombèrent sans doute sur la pensée du "philosophe caché", demeurant depuis presque vingt ans dans la République des Provinces-Unies du Nord, René Descartes. Cet intérêt pour le philosophie se traduira, ultérieurement, par la présence, dans la bibliothèque royale, de ses oeuvres complètes dont la plupart auront été certainement achetées lors de la pérégrination. L'objet des études des jeunes Sobieski à La Haye était cependant en premier lieu, selon la volonté du père, l'architecture militaire. De nombreux jeunes magnats polonais ainsi que les fils de nobles leur tenant compagnie s'étaient instruits dans ce domaine aux Pays-Bas dans la première moitié du XVIIe siècle. Jusqu'aux années 30 se maintenait une barrière confessionnelle: les catholiques étudiaient et servaient dans le Sud, les protestants, dans le Nord. La balance de la victoire penchant de plus en plus nettement en faveur des Provinces, cette division devint caduque et les catholiques aussi affluaient dans le Nord afin de s'exercer aux méthodes de combat les plus efficaces et les plus modernes. Le professeur des jeunes Sobieski à La Haye fut Jean Stampioen junior, l'infortuné adversaire, dix ans auparavant, de Descartes dans le champ des mathématiques, jouissant tout de même d'un bon renom et mathématicien attitré du prince d'Orange, Guillaume II.

En traversant les Pays-Bas, les Sobieski eurent l'occasion de connaître les

Provinces dans leur „siècle d'or", d'admirer l'épanouissement politique et écono-
mique de la jeune république, la richesse et la splendeur des villes avec, à la tête,
Amsterdam, le dynamisme des universités de Leyde, de Groningue et d'Utrecht.
En visitant les Provinces du Sud, ils furent témoins, à Bruxelles, des solennités
mettant fin à la guerre de Trente ans et à celle de 80 ans pour l'indépendance
des Provinces-Unies. Peu de temps après, ils apprirent la nouvelle de la mort de
Vladislas IV et de l'éclatement des guerres cosaques. Appelés par leur mère, ils
se dirigèrent vers la Pologne. Pour Jean, qui avait dix-neuf ans, prit fin la période des études et de l'apprentissage et commença celle de la pratique guerrière.

Traduit par Andrzej Arustowicz

SPIS ILUSTRACJI

1. Nagrobek hetmana Stanisława Żółkiewskiego i jego syna Jana w farze w Żółkwi, repr. wg Ł. C h a r e w i c z o w a, *Przewodnik po najważniejszych zabytkach Małopolski Wschodniej, związanych z dziejami króla Jana III Sobieskiego,* Lwów (1933) (Fot. Pracowni Biblioteki Jagiellońskiej w Krakowie)
2. Jakub Sobieski, kasztelan krakowski, rycina według portretu z Zakładu im. Ossolińskich we Lwowie, repr. wg J. Ł o s k i, *Jan Sobieski, jego rodzina, towarzysze broni i współczesne zabytki,* Warszawa 1883 (Fot. Pracowni Biblioteki Jagiellońskiej w Krakowie)
3. Teofila z Daniłowiczów Sobieska, kasztelanowa krakowska, rycina według portretu z Zakładu Ossolińskich we Lwowie, repr. wg J. Ł o s k i, *Jan Sobieski, jego rodzina, towarzysze broni i współczesne zabytki,* Warszawa 1883 (Fot. Pracowni Biblioteki Jagiellońskiej w Krakowie)
4. Zamek w Olesku, rezydencja Zofii z Żółkiewskich Daniłowiczowej, babki Jana Sobieskiego i miejsce jego urodzin, rycina z 1820 r., repr. wg A. C z o ł o w s k i, *Jan III i zamek w Olesku,* Lwów 1935 (Fot. Pracownik Biblioteki Jagiellońskiej w Krakowie)
5. Zamek i fara w Żółkwi, odziedziczonej po Żółkiewskich i Daniłowiczach przez Sobieskich, repr. wg L. K., *Jakub Sobieski,* „Przyjaciel Ludu" XI, 1844 (Fot. Pracowni Biblioteki Jagiellońskiej w Krakowie)
6. Zamek w Złoczowie, rodzinna rezydencja Sobieskich, repr. wg L. K., *Jakub Sobieski,* „Przyjaciel Ludu" XI, 1844 (Fot Pracowni Biblioteki Jagiellońskiej w Krakowie)
7. Fragment panoramy Krakowa z dzieła J.L. G o t t f r i e d a, *Archontologia cosmica,* Frankfurt am Main 1649 (Fot. Pracowni Biblioteki Jagiellońskiej w Krakowie)
8. Jakub Sobieski, *Instrukcyja... dana Imć Panu Orchowskiemu, jako dyrektorowi Jmć Pana Marka i Jana Sobieskich... gdy ich na studia do Krakowa oddawał,* rkps 3036 Bibl. Jag. (Fot. Pracowni Bibl. Jag.)
9. Jana Sobieskiego Exercitia in classe rhetorices et dialectices z lat 1641—1643, z okresu nauki w Szkołach Nowodworskich — jedna z mów pt. *Narratio historica successuum Otthomanicorum,* rkps II 3196 Biblioteki Narodowej w Warszawie (Fot. Pracowni Państwowych Zbiorów Sztuki na Wawelu)
10. Widok Paryża z 1620 r., z prawej strony u dołu zaczątki Przedmieścia Saint-Germain, na którym ostatecznie osiedli Sobiescy, rycina z M. Z e i l l e r u s a *Topographia Galliae,* Frankfurt am Main 1655 (Fot. Pracowni Biblioteki Jagiellońskiej w Krakowie)
11. Plac i kościół Sorbony w Paryżu, naprzeciwko którego zamieszkiwali początkowo Germain, na którym ostatecznie osiedli Sobiescy, rycina z M. Z e i l e r u s a am Main 1655 (Fot. Pracowni Biblioteki Jagiellońskiej w Krakowie)
12. Luwr w budowie, rycina z dzieła M. Z e i l l e r u s a *Topographia Galliae,* Frankfurt am Main 1655 (Fot. Pracowni Biblioteki Jagiellońskiej w Krakowie)
13. Ludwik XIII szkolony w jeździe konnej przez Antoniego de Pluvinel, rycina

Crispina de Passe mł. z dzieła A. de Pluvinel, *L' instruction du Roy en exercice de monter à cheval*, Paris 1629 (Fot. Pracowni Biblioteki Czartoryskich w Krakowie)

14. Fortyfikacje Hawru, rycina z dzieła M. Zeillerusa *Topographia Galliae*, Frankfurt am Main 1655 (Fot. Pracowni Biblioteki Jagiellońskiej w Krakowie)

15. Blokada fortu Mardick przez wojska francuskie i flotę holenderską w 1646 r., rycina z dzieła J. Blaeu, *Novum ac magnum theatrum urbium Belgicae Regiae*, Amstelodami 1648 (Fot. Pracowni Biblioteki Jagiellońskiej w Krakowie)

16. Biblioteka Uniwersytetu w Lejdzie, rycina z 1620 r., repr. wg *Athenae Batavae*, Leiden 1976 (Fot. Pracowni Biblioteki Jagiellońskiej w Krakowie)

17. Wóz z żaglem poruszany siłą wiatru pomysłu Szymona Stevina, rycia z dzieła J. Blaeu *Novum ac magnum theatrum urbium Belgicae Liberae ac Foederatae*, Amstelodami 1648 (Fot. Pracowni Biblioteki Jagiellońskiej w Krakowie)

18. Adam Freytag, *L'architecture militaire*, Leide 1635, rycina tytułowa (Fot. Pracowni Biblioteki Jagiellońskiej w Krakowie)

19. Maciej Dögen, *Architectura militaris*, Amstelodami 1647, rycina tytułowa (Fot. Pracowni Biblioteki Jagiellońskiej w Krakowie)

20. Jan Stampioen mł., rycina C. Queborna z dzieła Stampioena *Algebra*, Haga 1639 (Fot. Pracowni Muzeum Boerhaave'go w Lejdzie)

LIST OF ILLUSTRATIONS

1. The gravestone of Hetman Stanisław Żółkiewski and his son Jan in the parish church at Żółkiew
2. Jakub Sobieski, Cracow castellan
3. Teofila née Daniłowicz, Sobieska, wife of the Cracow castellan
4. The castle at Olesko, residence of Zofia née Żółkiewski, Daniłowiczowa, Jan Sobieski's grandmother, and his birthplace
5. The castle and parish church at Żółkiew, inherited by the Sobieskis from the Żółkiewskis and Daniłowicz's
6. The castle at Złoczów, the Sobieski family residence
7. Fragment of the Cracow panorama from 1649
8. Jakub Sobieski, *Instructions... given to the Honourable Gentleman Mr. Orchowski as principal of the Honourable Gentlemen Messieurs Marek and Jan Sobieski.. when they were sent to study in Cracow*
9. Jan Sobieski's „Exercitia in classe rhetorices et dialectices" fronm the years 1641—1643, from the period of his education in the Nowodworski Schools — one of the speeches entitled *Narratio historica successuum Otthomanicorum* first lived
10. View of Paris from 1620, on the lower right, the early stage of the Saint--Germain Suburb where the Sobieskis finally took up residence
11. The Sorbonne Square and church in Paris, opposite which the Sobieskis first lived
12. The Louvre under construction
13. Louis XIII being taucht horse-riding by Antoni de Pluvinel
14. Havre fortifications
15. The blockade of Fort Mardick by the French army and Dutch fleet in 1646
16. The University Library at Leiden, illustration from 1620
17. A cart with sail, powered by wind force, the invention of Simon Stevin
18. Adam Freytag, *L'architecture militaire*, Leiden 1635
19. Mathew Dögen, *Architectura militaris*, Amstelodami 1647
20. Johann Stampioen Jr.

LISTE DES ILLUSTRATIONS

1. Tombeau de l'hetman Stanislas Żółkiewski et de son fils Jean en l'église paroissiale de Żółkiew
2. Jacques Sobieski, châtelain de Cracovie
3. Théophilie Sobieski née Daniłowicz, châtelaine de Cracovie
4. Le château d'Olecko, résidence de Sophie Daniłowicz née Żółkiewski, grand-mère de Jean Sobieski, et lieu de naissance de celui-ci
5. Le château et l'église paroissiale de Żółkiew hérité par les Sobieski des Żółkiewski et des Daniłowicz
6. Le château de Złoczów, demeure familiale des Sobieski
7. Détail de la vue panoramique de Cracovie tirée de l'ouvrage de J.L. Gottfried
8. Jacques Sobieski, *Instruction... donnée à Messire Orchowski en sa qualité de précepteur des Sieurs Marc et Jean Sobieski... lorsqu'il les envoyait faire leurs études à Cracovie*
9. De Jean Sobieski Exercitia in classe rhetorices et dialectices de 1641—1643, de l'époque des études dans les Ecoles de la Cour neuve — l'un des discours, *Narratio historica successum Otthomanicorum*
10. Vue de Paris, de 1620, en bas et à droite le commencement du faubourg Saint-Germain où les Sobieski s'installèrent finalement
11. La place et l'église de la Sorbonne à Paris, en face de laquelle les Sobieski habitaient d'abord
12. Le Louvre en construction
13. Louis XIII s'entraînant à l'équitation sous la direction d'Antoine de Pluvinel
14. Les fortifications du Havre
15. Le blocus de la forteresse de Mardick par les troupes françaises et la flotte hollandaise en 1646.
16. La Bibliothèque universitaire de Leyde
17. Chariot à voile mû par le vent, conçu par Simon Stevin
18. Adam Freytag, *L'architecture militaire*, Leide 1635, frontispice
19. Matthieu Dögen, *Architectura militaris*, Amstelodami 1647, frontispice
20. Jean Stampioen junior

SPIS TABLIC

I Rodzina Jana Sobieskiego 16
II Trasa peregrynacji Sobieskich przez Polskę i Niemcy 58
III Trasa peregrynacji Sobieskich po Francji i Anglii 106
IV Trasa peregrynacji Sobieskich po Niderlandach 132

LIST OF TABLES

I Jan Sobieski's family 16
II The route of the Sobieski's travels through Poland and Germany . . . 58
III The route of the Sobieski's travels in France and England 106
IV The route of the Sobieski's travels in the Netherlands 132

LISTE DES TABLES

I La famille de Jean Sobieski 16
II L'itinéraire de la pérégrination des Sobieski à travers la Pologne
et l'Allemagne 58
III L'itinéraire de la pérégrination des Sobieski à travers la France
et l'Angleterre 106
IV L'itinéraire de la pérégrination des Sobieski à travers le Pays Bas . . 132

SPIS TREŚCI

Wstęp 5
Introduction 8
Avant-propos 10
 I Dzieciństwo i nauki krajowe 13
   1. Domy w Olesku, Złoczowie i Żółkwi 13
   2. W Szkołach Nowodworskich w Krakowie 26
   3. W Akademii Krakowskiej 39
 II Z Polski do Francji 48
   1. Na progu peregrynacji 48
   2. Z Żółkwi do Krotoszyna 55
   3. Przez Niemcy i Niderlandy 59
III We Francji 67
   1. Paryż — octavum orbis miraculum 67
   2. Nauki „paryszkie" 86
   3. Peregrynacja francuska 104
 IV W Anglii 123
  V W Niderlandach 130
   1. Holenderska karta z „wielkiej księgi świata" 130
   2. W progach uniwersytetów 143
   3. W kręgach dwóch haskich dworów 150
   4. W zasięgu myśli „ukrytego filozofa" 160
   5. W szkole batawskiego Marsa 168
   6. W Niderlandach Hiszpańskich 186
Zakończenie 192
Summary 195
Résumé 198
Spis ilustracji 201
List of illustrations 203
Liste des illustrations 204
Spis tablic 205
List of tables 205
Liste des tables 205

CONTENS

Wstęp   5
Introduction   8
Avant-propos 10
  I Childhood and education in Poland 13
    1. The homes at Olesko, Złoczów and Żółkiew 13
    2. In the Nowodworski Schools in Cracow 26
    3. At the Cracow Academy 39
 II From Poland to France 48
    1. On the threshold of travels 48
    2. From Żółkiew to Krotoszyn 55
    3. Across Germany and the Netherlands 59
III In France 67
    1. Paris — octavum orbis miraculum 67
    2. Studies in Paris 86
    3. Travels through France 104
 IV In England 123
  V In the Netherlands 130
    1. The Dutch page from the „great book of the world" 130
    2. On the thresholds of the universities 140
    3. In the circles of the two Hague courts 156
    4. Within reach of the ideas of the „hidden philosopher" 160
    5. In the Batavian school of Mars 168
    6. In the Spanish Netherlands 186
Conclusion 192
Summary 195
Résumé 198
Spis ilustracji 201
List of illustrations 203
Liste des illustrations 204
Spis tablic 205
List of tables 205
Liste des tables 205

TABLE DES MATIÈRES

Wstęp 5
Introduction 8
Avant-propos 10
   I Enfance et apprentissage au pays natal 13
      1. Maisons à Olesko, Złoczów et Żółkiew 13
      2. Dans les Ecoles de la Cour neuve à Cracovie 26
      3. A l'Akadémie de Cracovie 39
  II De Pologne en France 48
      1. Au seuil de la pérégrination 48
      2. De Żółkiew à Krotoszyn 55
      3. A travers l'Allemagne et les Pays-Bas 59
 III En   France 67
      1. Paris — octavum orbis miraculum 67
      2. Etudes parisiennes 86
      3. Voyage à travers la France 104
 IV En   Angleterre 123
 IV Aux   Pays-Bas 130
      1. La page hollandaise du „grand livre du monde" 130
      2. Entre les murs des universités 143
      3. Dans l'entourage de deux Cours de La Haye 150
      4. Sous l'influence de la pensée du „philosophe caché" . . . 160
      5. A l'école du Mars batave 168
      6. Aux Pays-Bas espagnols 186
Conclusion 192
Summary 195
Résumé 198
Spis ilustracji 201
List of illustrations 203
Liste des illustrations 204
Spis tablic 205
List of tables 205
Liste des tables 205

TABLE DES MATIÈRES

Wstęp 5
Introduction 8
Avant-propos 10
  I Enfance et apprentissage au pays natal 13
    1. Maisons à Olesko, Złoczów et Żółkiew 13
    2. Dans les Ecoles de la Cour neuve à Cracovie 26
    3. A l'Akadémie de Cracovie 39
  II De Pologne en France 48
    1. Au seuil de la pérégrination 48
    2. De Żółkiew à Krotoszyn 55
    3. A travers l'Allemagne et les Pays-Bas 59
  III En France 67
    1. Paris — octavum orbis miraculum 67
    2. Etudes parisiennes 86
    3. Voyage à travers la France 104
  IV En Angleterre 123
  IV Aux Pays-Bas 130
    1. La page hollandaise du „grand livre du monde" . . . 130
    2. Entre les murs des universités 143
    3. Dans l'entourage de deux Cours de La Haye 150
    4. Sous l'influence de la pensée du „philosophe caché" . . 160
    5. A l'école du Mars batave 168
    6. Aux Pays-Bas espagnols 186
Conclusion 192
Summary 195
Résumé 198
Spis ilustracji 201
List of illustrations 203
Liste des illustrations 204
Spis tablic 205
List of tables 205
Liste des tables 205

CONTENS

Wstęp 5
Introduction 8
Avant-propos 10
I Childhood and education in Poland 13
   1. The homes at Olesko, Złoczów and Żółkiew 13
   2. In the Nowodworski Schools in Cracow 26
   3. At the Cracow Academy 39
II From Poland to France 48
   1. On the threshold of travels 48
   2. From Żółkiew to Krotoszyn 55
   3. Across Germany and the Netherlands 59
III In France 67
   1. Paris — octavum orbis miraculum 67
   2. Studies in Paris 86
   3. Travels through France 104
IV In England 123
V In the Netherlands 130
   1. The Dutch page from the „great book of the world" . . . 130
   2. On the thresholds of the universities 140
   3. In the circles of the two Hague courts 156
   4. Within reach of the ideas of the „hidden philosopher" . . 160
   5. In the Batavian school of Mars 168
   6. In the Spanish Netherlands 186
Conclusion 192
Summary 195
Résumé 198
Spis ilustracji 201
List of illustrations 203
Liste des illustrations 204
Spis tablic 205
List of tables 205
Liste des tables 205